CHRONOS

Yehosua Mikaela Arcas De La Varga

Andar… sin zapatos

© 2024 **Europa Ediciones** | Madrid
www.grupoeditorialeuropa.es
Curadora: Patricia Mabel Saconi

ISBN 9791220149952
I edición: mayo del 2024
Distribuidor para las librerías: **CAL Málaga S.L.**
Impreso para Italia por *Rotomail Italia S.p.A. - Vignate (MI)*
Stampato in Italia presso *Rotomail Italia S.p.A. - Vignate (MI)*

Andar… sin zapatos

Quiero agradecer a todas las personas que de forma directa o indirecta han formado parte de esta historia. Agradecerles a mis abuelos por sus grandes enseñanzas, a mis padres por la educación que me han dado, por haberme sacado adelante y haber querido siempre lo mejor para mí. También a mis tíos por escucharme, apoyarme y ayudarme siempre, sin ni si quiera pedirlo. Gracias a Laura por ser única e irremplazable en mi vida, mi hermana mayor y mi mayor referente. Gracias a Miriam porque sin ella no hubiera sacado el título del libro, mi hermana pequeña, mi confidente. Gracias a Sebas y a Bolo por salvarme el culo en miles de ocasiones, aun así seguir queriéndome y aguantándome y ser los mejores hermanos que una loca como yo pueda tener. Gracias a Tati, por ayudarme en los momentos más complicados de mi vida y haberme tendido una mano cuando nadie más lo hacía. Gracias a Ana por haber sido un gran apoyo durante muchos de esos años. Gracias a Elena y a su familia por acogerme, darme amor y devolverme la sonrisa en los momentos más crudos de mi vida. Gracias a Rebeca por su terapia sanadora, sin la cual, esto tampoco habría sido nunca posible y al abuelo Miguel por creer siempre en mí y animarme a conseguir cualquier cosa que me proponga, al igual que toda su familia. Y por último pero no menos importante gracias a Harley por quererme incondicionalmente y ser el apoyo más grande e incondicional que he tenido en estos últimos años.

Vosotros le dais luz a mi vida y hacéis que valga la pena tener ilusión por ella. Me dais fuerza y energía para ser cada día mejor persona y creo que eso es lo más grande que puedo tener en la vida, vuestro cariño y vuestra luz.

Prólogo

Esta es la historia de una niña que cae de un edificio de cincuenta pisos, para tranquilizarse mientras cae al vacío, no para de decirse «hasta ahora todo va bien», «hasta ahora todo va bien». Pero lo importante no es la caída... Es el aterrizaje.

Trainspotting /The Louk

Antes de seguir quiero dejar clara una cosa, esto no es una historia y punto, os voy a contar mi historia, sí, pero no se trata de la historia en sí. Se trata de los momentos, las emociones, los pensamientos, los duelos... y de todo aquello que creen que termina determinando a una persona y lo que realmente lo hace.

Yo me crie en los noventa y los dos mil, crecí con las Barbies y los Scalextric, jugaba a los tazos en el recreo, a fútbol, al pillapilla, a la comba o pintábamos la muñeca en la acera con una tiza y a saltar. También se llevaban las chapas, las canicas, la peonza y si había una pelota era ¡lo más! podías jugar a un balón prisionero, a un que no caiga, a la pared... en fin, juegos de patio de recreo.

Como no había móviles, para quedar con tus amigos pactabas una hora, un sitio y todos aparecíamos allí. Y si no te ibas a casa de tus amigos, les timbrabas al telefonillo y bajaban. También podías llamar al fijo, eso sí, como en casa solo había un teléfono para todos y normalmente estaba en el salón o en el dormitorio de «los papás», además de que tus padres escuchaban toda la conversación, no te podías enrollar demasiado hablando por si alguien necesitaba el teléfono. Cuando alguien llamaba al fijo, según sonaba lo cogía tu madre o tu padre primero y como fuera un chico, no se iban hasta que colgases. Como comprenderéis era bastante incómodo y por consiguiente, al colgar te preguntaban:

—¿Y ese chico quién es? Céntrate en los estudios y déjate de chicos a tu edad.

Y a lo mejor solo era un amigo, pero daba igual lo que dijeras porque todo podía ser utilizado en tu contra. Así que si te molaba alguien tenías que echarle muchos huevos, sobre todo los chicos, porque sabías que lo más probable era que lo cogiese el padre de la chica en cuestión y a partir de ese momento ya te iba a fichar y no para bien... pero con todo y con ello la gente se conocía de verdad, se relacionaba, se atrevía. Uno daba la cara y punto, no había ni una sola pantalla de por medio. La única pantalla que existía por aquel entonces, a parte de la del cine, era lo que llamábamos «la caja tonta» y hoy todos nosotros llevamos una en el bolsillo, quién lo iba a decir...

Hemos pasado de salir a buscarnos a tener mil grupos de WhatsApp, que no te da tiempo ni a mirar. A posponer la hora de quedada o, a veces, directamente ni aparecer y solucionarlo con un wasap. Incluso en muchas ocasiones llegamos a decirnos las cosas más importantes también así, hasta en una fecha señalada. No tenemos ni un minuto, vamos tan deprisa que ya no tenemos tiempo para nada, a veces ni siquiera para nosotros mismos.

Las comodidades que nos da la tecnología hacen que acabemos aislándonos cada vez más de forma voluntaria, acostumbrándonos a ello y aceptándolo sin darnos cuenta. Como dijo en su día Oscar Wilde: «Una dictadura perfecta sería aparentemente una democracia, ya que no harían falta ni muros ni rejas. La población amaría tanto su servidumbre, que ni siquiera soñarían con escapar».

Creo que he tenido la suerte de nacer en esa generación «puente» que conoce tanto lo de antes como lo de ahora y puede darles valor a ambas cosas. Porque por supuesto que la tecnología nos facilita mucho las cosas, acelera los procesos y hace que todo sea más eficiente; lo que conlleva que se avance mucho más rápido hacia un futuro cada vez más próximo. Pero que esto sea así, no quiere decir que tengamos que olvidar de dónde vienen las cosas y cómo o qué llegaron a hacerlas así. No implica que no te hagas preguntas existenciales e indagues, experimentes y aprendas sobre tus inquietudes y curiosidades en vez de preguntarle todo a Google o a Siri, que es a lo que estamos acostumbrados a hacer y cada vez con más normalidad. Cada vez más cerca de las palabras de Wilde. Antes nadie se fiaba de lo que leía en internet y el motivo era simple «porque lo podía haber escrito cualquiera». La gente se fiaba solo de lo que sabía o comprobaba, por eso mismo, todos entendían un poco de todo o por lo menos lo intentaban; para defenderte ante la vida y que no te tomasen el pelo cual tonto, «el saber no ocupa lugar» y para saber hay que indagar. Como dirían mis queridas abuelas «de lo que no veas no te creas nada y de lo que veas créete la mitad». También hubo un grande que hizo un tema sobre esto mismo y creo que mejor no lo pudo expresar, este fue Zenit y su tema «Es mentira».

Sin experimentación no hay conocimiento y para experimentar hay que hacer las cosas, no verlas a través de una pantalla, porque a este paso nos terminaremos convirtiendo en seres insípidos, en *insapiens*.

Creo también, que hay que pararse más a mirar y a observar por donde vamos, disfrutar de lo que pasa a nuestro alrededor, reflexionar sobre nuestros pensamientos, nuestras acciones, nuestras decisiones, las de los demás... analizarnos y hacer autocrítica. En vez de evadirnos de la realidad continuamente, esperando que llegue otro día frustrados por no aceptar lo que no nos gusta de nosotros mismos porque no somos capaces de conocernos y, si no te conoces, si no «palpas tus barrotes» como diría Xhelazz[1], nunca llegarás a comprenderte.

Tenemos que mirarnos al espejo y preguntarnos quiénes hemos sido y quiénes somos para poder ir a más. Sobre todo porque no siempre estaremos orgullosos de cómo hemos hecho las cosas, pero lo que está hecho ya forma parte del pasado y no lo podemos cambiar; es lo que nos hace ser quienes somos hoy y gracias a ello podemos transformarnos.

«Humildad» es una palabra muy grande que no cabe en cualquier boca, pero que demuestra mucho de una persona. He de decir que si de alguien he aprendido a ser humilde (y aún me falta) es de mis abuelos y mis abuelas y gracias a ello, creo que con el tiempo he podido comprender muchas cosas que me han atormentado durante años y que hoy puedo contar sin tanto dolor.

---

[1] Nombre artístico de Mario Celimendiz Rodellar, rapero y productor zaragozano.

Capítulo 1

Nací un frío dos de enero de 1992, en Oviedo (Asturias). He de decir que es una tierra preciosa aunque apenas pude conocerla ya que, con un año, nos vinimos a Madrid de nuevo y aquí es donde me he criado toda la vida.

Soy más gata que na' y, como se sale en Madrid, no se sale en ningún lado. Ya sea que hayas empezado de visitas culturales a nuestros parques y museos más emblemáticos, te aseguro que terminarás de cañas, de farra o de tapeo. Porque en Madrid te lías y no sabes cómo... pero te atrapa. Siempre hay algo que hacer, ya sea a la primera hora de la mañana como a última del día, sea lunes o domingo, como se suele decir «Madrid nunca duerme» y es que es literalmente así. Nos gusta la jarana, vamos con prisa a todos lados para que nos dé tiempo para todo lo que queremos y, aun así, siempre se nos queda algo por hacer. ¡Nos faltan horas en el día! Y normalmente paramos porque el cuerpo dice «¡basta!» no porque nos pongamos un límite, ya sea para currar, salir, comer, tomar, etc. El límite es nuestro cuerpo.

Eso sí, la comida de mi tierra es otro nivel, como en Asturias no se come en ningún lado ¡qué manera de hacer las cosas más rica! Y es que además, te hartas de comer pero ¡rico, rico! Sus paisajes de cuento de hadas te hacen olvidar la rutina espantosa a la que estás acostumbrado, te alimentan la mente, la vista y te obligan a desconectar, todo lo cual, sumado a su gente buena, generosa y humilde hace que este sea un completo paraíso terrenal en plena península.

Sin embargo, yo me crie en Madrid, en el barrio de Aluche. Hasta la primaria, no conocí a nadie del barrio, porque la guardería a la que iba estaba en la otra punta, en el barrio del Pilar, cerca del trabajo de mi madre. Ahí fue donde hice mis primeras amistades, me encantaba esa guardería. Era una niña muy extrovertida que disfrutaba de las pequeñas cosas, pero eso cambió por completo cuando «tuve que empezar de cero» en mi nuevo cole.

No conocía a nadie y nadie me conocía a mí. Era una sensación extraña porque el resto de mis compañeros sí parecían conocerse entre ellos y con tan solo seis años, solo podía recordar con añoranza a aquellos que sí sabían quiénes era, los cuales un día fueron mis amigos y parecía que ya no volvería a ver.

Nunca me gustaron los cambios, pero si hoy he aprendido algo es que «La vida es un continuo cambio y quien antes se adapta es quien gana». Siempre me ha gustado conocer a las personas, no acercarme a ellas o descartarlas sólo por la primera impresión. Pero los otros ya tenían su grupito armado, puesto que se conocían de la guardería y al ser yo la nueva, de piel morena y nombre extraño, me sentía la rara y me volví más introvertida.

Me costó un poco pero finalmente hice dos amigos, Rafa y Adri. Me lo pasaba genial con ellos en el recreo. Después de clase solíamos quedar casi todos los días para hacer los deberes y luego jugar a las tinieblas, con los hámsteres de Adri o al pillapilla en el parque. Formamos un buen equipo los tres.

Rafa iba a baile y le encantaba, pero era una afición muy poco habitual entre los chicos de nuestra edad, lo cual dio pie a ciertas burlas; burlas a las cuales él nunca hizo caso. Yo admiraba esa faceta suya, ya que no es fácil ignorar las críticas cuando, siendo tan pequeño, eres el único al que le gusta algo diferente y quieres disfrutarlo. Era capricornio como yo y, cuando quería algo, iba a por ello sin dudarlo, como hizo con Lara, una amiga suya que conocía de parvulitos e iba a nuestra misma clase, de la cual, estaba enamorado. Año tras año, en San Valentín, él siempre tenía un detalle original para ella, no fallaba, pero nunca fue correspondido más que con una amistad.

Cuando nos conocimos en primero de primaria, nos entendimos de maravilla para todo; no éramos conscientes, pero marcábamos la diferencia. A mí me encantaba, era el mejor amigo que podía tener y hacía que no me importara tanto empezar de cero. Rafa además sabía tocar el piano, le encantaba la música y como tanto él como Adri iban al coro, yo me acabé apuntando también. Ensayábamos juntos por las tardes y al final del año competíamos con otros coros. Fue un primer año fantástico.

Llegaron las vacaciones de verano y después de tres meses (que cuando eres pequeño te parecen media vida), volvimos al colegio para empezar el nuevo curso. Con el pasar de los días me di cuenta de que Rafa había cambiado y ya no quería quedar apenas conmigo, me ponía excusas y se iba con Lara. A veces Adri se iba con ellos y otras veces se quedaba conmigo. Yo no entendía qué había pasado en el verano para que la relación cambiase tanto y aunque me quedé con mil preguntas sin respuesta, tenía claro que la vida seguía, entendiera o no las cosas.

Nunca supe qué pasó, durante el resto de la primaria casi siempre estaba con Lía, supongo que la soledad nos hizo juntarnos. Y por otro lado a veces quedaba con Karen para hacer los deberes o jugar en su casa.

Con doce años me cambiaron de instituto junto con Lara y otros compañeros. De nuevo me tocaba «empezar de cero» y volver a hacer frente a mis complejos e inseguridades ante la hostilidad de un nuevo patio de recreo en el que de nuevo volvía a ser «la rara». Y para colmo, como si no hubiesen sido suficientes seis años consecutivos, tenía a Lara en mi clase un año más. Ella realmente no tenía la culpa, pero yo la odiaba con todas mis fuerzas por varios motivos: además de sentir que me «había quitado a mi amigo» para acabar riéndose de él con el tiempo Mi madre, por muy buenas notas que yo sacara, siempre las comparaba con las de Lara, año tras año, examen tras examen. Incluso si yo había sacado un ocho, siempre era poco cuando Lara sacaba mejor nota... y ella siempre sacaba más que yo. Como consecuencia, era inevitable que sintiera que Lara me había quitado todo lo que yo más quería: mi amigo y el reconocimiento de mi madre.

Mis padres estaban separados, lo que en aquel entonces no era tan común como ahora. No es que estuviera mal visto, pero tampoco era algo bien aceptado. La familia de mi madre era de León y la de mi padre de Albacete, gente humilde que me ha enseñado muy buenos valores y a «no hacer lo que no quieras que te hagan».

Mi madre me tuvo ya con avanzada edad, al poco de tenerme mi padre y ella se separaron, por lo que yo nunca les llegué a ver juntos. Era profesora de FP y trabajaba arduamente para sacarme adelante. También era médico homeópata. Debido a su propia disciplina para superar situaciones adversas y complicadas, era muy estricta conmigo en cuanto a las notas y los estudios. Siempre había deseado tener hijos y había padecido varios abortos antes de que yo naciera. Para ella, tenerme fue uno de sus mayores logros, y criar a un hijo sola en aquel entonces tampoco era fácil. No estaba tan aceptado como lo es ahora y la gente podía ser muy crítica. Ser una madre soltera tardía y divorciada no se ajustaba al canon social que se esperaba en ese momento de una mujer, por lo que además tenía que enfrentar las opiniones y miradas de la gente. Sin embargo, ella lo hizo lo mejor que pudo y logró silenciar a muchos.

De pequeña yo solía jugar mucho en casa y disfrutaba el pasar tiempo con mi madre. Sin embargo, a medida que crecía, las diferencias entre nosotras se hicieron más evidentes y la brecha generacional se ampliaba cada vez más en nuestra relación. A los trece años, en plena adolescencia las cosas se complicaron, yo tenía las hormonas revolucionadas y los complejos cada vez más en auge y ella estaba pasando por una etapa en la que a las mujeres se nos apaga la «flor», como se suele decir. Podéis imaginar el cóctel hormonal que se gestaba en esa casa. La situación era complicada, a decir poco.

Nunca me di cuenta de que tenía un nombre poco común hasta que empecé el colegio. Año tras año, padres, compañeros y profesores me preguntaban de dónde venía mi nombre, si era extranjera, por qué me habían puesto ese nombre, y lo que más me molestaba era que nadie lo pronunciara correctamente a la primera e incluso en muchas ocasiones, ni siquiera a la tercera.

Por aquel entonces, se veía mucho el programa de los Morancos con el personaje de Omaita. Como todos sabemos, su broma recurrente durante al menos diez años era gritarle al niño:

—¡Yosuaaaaaaaaaaaaaaaa!, ¡sube pa' casa!

Los mayores siempre me decían:

—¡Uy, qué nombre más raro!, ¿de dónde es?, pero es nombre de chico ¿no?

—¡Anda, como los Morancos! ¡¡Yosuaaaaaaa, sube pa casa!!

Así que, dependiendo del día, fácilmente podían decírmelo entre diez y veinte veces. Pero como todos sabemos, la ley del patio siempre ha sido ir detrás del más débil, el diferente, el callado, el aplicado… y así sucesivamente. No importa en qué te diferencies, irán a por ti, sin más.

Hoy en día, lo considero un entrenamiento para la vida en sí misma y una forma de determinar cómo te vas a defender el resto de tu vida ante situaciones como esa. Porque al igual que en aquel patio de colegio, la vida es maravillosa pero puede devorarte si no le plantas cara cada vez que sea necesario. Al fin y al cabo, ese sería mi nombre para siempre y, aunque no me gustara, así era. En aquel entonces, lo que preveía era que la gente siempre se reiría de mí o que me haría preguntas relacionadas con ese nombre. Como en aquel momento no había tanta inmigración como ahora, tener un nombre poco común era raro. El nombre combinado con mi tez morena y el antojo de nacimiento en mi brazo provocaba que siempre me hicieran preguntas al respecto.

—¿Eres española? Ah…, ¿sí? Pues qué nombre más raro.

—Tus padres son de fuera entonces, ¿no?

A raíz de ello, empecé a odiar mi nombre y por consiguiente a mi madre, la cual lo había elegido y le encantaba. Todo esto fue así porque mi madre pensaba que iba a ser niño y pensaba llamarme «Yehosua Mikael». Aún siendo niña, me llevó al registro civil y dijo que me quería llamar «Yehosua Mikael», a lo que obviamente los funcionarios le dijeron que no podía ponerme dos nombres de varón, ya que era una niña. Por eso, mi madre determinó llamarme Yehosua Mikaela, nombre que me quise cambiar desde entonces. Además de estar hasta las narices y no gustarme para nada, me parecía absurda e injusta la idea de que mi madre simplemente hubiera tenido un capricho con el nombre y no pensase en mí. Si no hubiera sido por los funcionarios que estaban ese día, hoy por hoy tendría no uno, sino dos nombres de chico y si ya se reían de mí con uno ¡imagínate con dos!

Pero al final todo pasa, y ahora debo decir que me encanta mi nombre y me alegro de no habérmelo cambiado. Al fin y al cabo, en esta vida somos quienes somos desde que nacemos, y hay cosas que podemos elegir desde ese momento y otras que no. No se trata de querer cambiar lo que no hemos elegido, cada cosa que nos gusta o nos disgusta, nos hace ser quienes somos. Y por ello podemos cambiar nuestra vida en base a lo que sí podemos elegir. Sin embargo, como seres humanos, siempre tendemos a querer cambiar lo que no nos gusta y nos enfurruñamos al no conseguirlo incluso cuando es algo que no podemos elegir. Eso nos llena de mala energía. Cuando aceptas lo que no te gusta, aprendes a canalizar esa energía para finalmente transformarla en algo positivo para ti, en algo que al final te gusta, te inspira y sin darte cuenta te acerca más a la felicidad.

Eso sí, siendo franca, diré que hasta por lo menos los dieciocho años no llegué a aceptarlo sin sentir algún tipo de complejo. Quiero decir que no fue fácil, pero tampoco imposible y hoy lo grito con orgullo.

Algunos fines de semana, mi madre y yo íbamos a visitar a mi abuela y a mis tíos. Íbamos a comer a su casa o, si no, a algún restaurante de la zona y luego paseábamos por el Manzanares o íbamos a Casa de Campo a pasar el día. Otras veces, íbamos a la Verbena de San Antonio o montábamos en el Teleférico. En San Isidro, nos vestíamos de chulapas e íbamos a la pradera a disfrutar del día. A mi abuela Marga, además, le encantaba el chotis. Siempre le traía recuerdos de mi abuelo Seve cuando solían ir juntos a bailar.

Mi abuela Marga falleció a los 98 años y siempre estuvo adelantada a su época. Le gustaban las tradiciones, pero también aceptaba con facilidad las modernidades. Era una de las pocas abuelas que usaban pantalones. Era muy sabia, amante de los refranes y le encantaba cantar. Leía mucho y caminaba 7 km todos los días. Siempre encontraba tréboles de cuatro hojas donde quiera que fuera. Tenía muchísimos. Una vez compró un marco de fotos, lo llenó de tréboles de cuatro hojas y me lo regaló. Aunque no creo que me haya dado mucha suerte, estuvo colgado en mi pared durante muchos años, hasta que el sol decoloró las hojas por completo.

Mis tíos siempre han sido más tradicionales, pero no eran de mente cerrada, en absoluto. Para mí, en muchas ocasiones han sido como segundos padres. Siempre estaban contentos y dispuestos a hacer planes cuando los veía. Me encantaba quedarme a dormir en su casa. Me han aconsejado, me han apoyado y me han ayudado en todo lo que han podido, siempre desde el corazón. En algunas ocasiones, mi madre ha sentido celos de mi relación con ellos y no la culpo, pero yo era solo una niña.

Mi padre era más joven, más de barrio y me encantaba irme con él cada quince días a visitar a mis abuelos. Con ellos jugaba a las cartas o al dominó. Mi abuelo Juan y yo solíamos ir a caminar al Cerro de los Ángeles, al pinar o a la piscina en verano. Además de disfrutar cada momento a su lado, aprendí mucho de él. Mi abuela Arelisa era la sencillez hecha persona, siempre estaba cosiendo a máquina o cocinando, no podía estarse quieta. Era currante[2] como ella sola. Una vez, mi abuela trajo un conejo recién cazado, lo colgó en el patio y lo preparó para cocinar... Podéis imaginar mi expresión al ver al conejo colgado y despellejado mientras ella lo limpiaba y lo vaciaba para después guisarlo... A mí me tuvieron que hacer una tortilla.

Mi abuelo Juan era muy deportista, íbamos a caminar a cualquier lugar de Madrid y aprovechábamos para visitar todos los museos de la capital. En verano íbamos al pueblo ¡y allí era otra historia! Me bañaba en el caldero en medio del corral, iba en bicicleta a todas partes, veíamos juntos el Grand Prix...

Al final, la vida en el pueblo era muy diferente a la vida en la ciudad y siempre se aprende de lo diferente. De mis abuelos puedo decir que, además de enseñarme grandes valores, me dieron todo lo que ellos no pudieron tener. Los tres estarán siempre presentes en mi mente y en mi corazón, porque hasta el día de hoy sigo aprendiendo de

---

[2] Forma coloquial de "trabajadora".

las palabras que me dijeron algún día y sigo recordando cada momento vivido con ellos como si fuera oro.

Como decía, cada quincena me iba un fin de semana con mi padre y mis abuelos, me gustaba mucho. Sin embargo, también es cierto que en alguna ocasión, acostumbrada a pasar más tiempo con mi madre, había veces en las que no quería ir con él y hacía todo lo posible por evitarlo… pero luego veía cómo se iba sin mí, después de haber venido a buscarme y me sentía mal porque era mi padre y le quería. Así que al final, lo pensaba y corría al telefonillo para gritarle «¡Papá!» y asegurarme de que me iba con él. Solo hubo una vez que llegué tarde al telefonillo y ya se había ido. Debía tener unos cinco o seis años, como mucho y la verdad es que no me gustó que mi padre se hubiera tenido que ir sin mí. No sé, me puse en su lugar y me sentí fatal, pero no había un teléfono móvil al que llamarle ni ninguna otra forma de hacer que volviera en ese momento.

En ese momento aprendí que somos libres de tomar las decisiones que queramos, pero no podemos elegir las consecuencias que deriven de ellas.

Mi padre era la ostia, teniendo nueve años, me gustaban los pantalones campana que eran lo que se llevaba y, aunque a mi madre no le gustaban en absoluto…, ¡mi padre me compró los primeros! Y no sabéis la ilusión que me hizo. Además, a raíz de eso, a mi madre le empezaron a gustar y luego ella también me los compraba, así que todo salió perfecto.

Fue en aquel entonces que mi padre empezó una relación con Elisa. Cuando cumplí diez años además de que

22

yo tomé la Primera Comunión, mi padre y Elisa se casaron, y todo cambió para mí.

A mí ella me caía bien, además era asturiana y cocinaba de maravilla. Pero mi padre cambió casi por completo su forma de ser, incluso conmigo. Ya no era el papá molón que yo tenía, se volvió más estricto y hasta clasista en su forma de opinar sobre cualquier cosa. A ella le gustaba criticar la forma de vestir de la gente y, a sus ojos, casi todos eran horteras. Cada vez que iba con ellos tenía que escuchar críticas continuas hacia cualquier cosa que se cruzaba en su campo de visión, ya fuera en la calle o en la televisión. A mí me daba un poco de pena porque al final criticaban a la gente sin conocerla y para mí, conocer a la gente era lo importante, no cómo estuviera vestida que, obviamente puede gustar más o menos, pero según mi opinión es un hecho secundario.

Él se empeñó mucho en subrayarme que la imagen era lo más importante y quería inculcármelo a mí, pero yo siempre le contestaba:
—Ya, pero ¿y si es buena persona qué más da? —Y él siempre me decía:
—Hija, puedes ser buena persona pero con una mala imagen no vas a llegar a ninguna parte, te cerrarás puertas si no aprendes esto. La gente cuando te conoce, lo primero que ve es tu imagen y si no les gusta o ni se acercarán o se reirán de ti, por eso es tan importante la imagen.
A lo que yo le respondía:
—Ya, pero es que si van a actuar así solo por mi imagen y sin conocerme no me parecen buenas personas... me parece más importante eso que la imagen y si alguien actúa así conmigo, a lo mejor soy yo la que no quiere que

se me acerque, porque para mí lo fundamental es que sean buena gente.

Mi padre me miraba incrédulo, pensando que era una niña inexperta, que no tenía ni idea de la vida ni de lo que decía y que algún día le acabaría dando la razón. Con toda certeza hoy puedo asegurar que ese día todavía no ha llegado.

Así que yo solo veía que mi padre cambiaba y que yo le perdía poco a poco. Parecía que le molestaba mi forma de pensar o de ver las cosas. Yo intentaba que él me entendiera y me conociera, pero él me imponía su criterio y se decepcionaba con mis respuestas, así que la brecha que nos separaba poco a poco se iba haciendo más grande. Y como consecuencia de estas diferencias, cada vez que me iba con ellos me elegían la ropa, el peinado, la forma de hablar, me decían cómo tenía que comer, sentarme, etc. Cómo si no supiera hacerlo...

Mi madre ya me había enseñado modales y educación para cuando estábamos en público, pero en casa yo podía ser natural. En cambio, con mi padre y Elisa no podía relajarme. Todo era una continua crítica hacia todo aquel que no seguía sus cánones y a mí me entristecía porque me parecía que vivir así era de infelices. Estaban todo el día criticando al de al lado, a la famosa que salía en la tele, al compañero, a la prima... No dejaban títere con cabeza, y ellos parecían ser felices así. En cambio, para mí, la felicidad era estar tranquilo con uno mismo, disfrutar de lo que nos rodea y tener cerca personas buenas que valiera la pena conocer. No sé por qué pensaba así desde tan pequeña, supongo que en algún momento me di cuenta de que las apariencias engañan, que no es oro todo lo que reluce y que lo realmente importante está dentro de las personas.

Pues bien, cada vez que me iba con ellos tenía que «disfrazarme», porque para mí era eso, un disfraz. Incluso debía dejar de ser yo misma en ciertos aspectos como el de vestirme a mi gusto, ya que si prefieres un estilo de ropa porque está de moda o porque te sientes cómoda o simplemente porque te agrada -que era mi caso- no podía hacerlo. Yo estaba fascinada por lo bien que me quedaban los campanas y el rollito que me daban, pues a esa edad vas marcando tu personalidad con pequeñas cosas como esas, que luego con los años tal vez vayas o no cambiando; pero ellos eran de los que no te dejaban o incluso lo criticaban o lo afeaban obligándote a usar pantalones rectos, los que llegan hasta los sobacos, vestidos que para mí ya eran de niñas más pequeñas al igual que los peinados...

Mi pelo es rizado y con once años descubrí la espuma del pelo con mis primas en León. Ellas eran mayores que yo y me enseñaron a peinarme con estilo, pero cuando iba con mi padre y Elisa no podía echarme espuma, tenía que llevar el pelo suelto, medio liso y con un lacito al lado... Desde luego para mí era ridículo. Cuando tenía doce años un compi de clase que me regaló una pulsera de hilo, la cual, me puse en el tobillo; era una pulsera trenzada muy simple de varios colores y a mí me encantaba a pesar de su simpleza. En cuanto mi padre la vio, me la cortó con unas tijeras diciendo con cara de acelga:
—¿Qué haces con eso ahí? Eso es de macarras, no te quiero volver a ver con una pulsera así.
Y Elisa apuntó:

—Cariño, cuando seas mayor te darás cuenta de que la gente que lleva collares de cuero o pulseras de hilo es gente mediocre que no tiene nada en la vida, ya verás como con los años te gusta más el oro.

A mí lo que me sí me parecía era que ellos tenían una mentalidad muy mediocre, porque a mí me gustaba el oro, pero yo era exactamente la misma persona aunque un día llevase oro y otro no.

Tenía trece años y la moda *bakala* y *pokera* inundaron mi barrio y otros tantos, a su vez llegaron también los *piercings* que hasta entonces nunca se habían visto y me moría por tener uno. Por aquel entonces también se llevaba mucho el Break dance y se veía a muchos chavales practicándolo en parques o estaciones, a mí me molaba el estilo pero nunca se me ha dado bien bailar, soy un tanto arrítmica. Yo solía escuchar a mis grupos favoritos de Pop, a La Húngara y a Los Chichos. Empezaron a sonar también los primeros temas de reguetón, género que empezó a coger auge a ritmo de Don Omar y Daddy Yankee. Nunca me gustó clasificarme a nivel musical, ya que por aquel entonces o eras de rap o eras *bakala* o eras de flamenquito o de reguetón y, por ende, vestías en base a tu gusto musical y te juntabas con gente que fuera de tu onda. A mí me gustaba un poco de todo.

Cada vez me reafirmaba más en mi forma de ver las cosas, así que por mucho que variaran mis gustos, yo siempre iba a ser fiel a mí misma y eso nadie me lo iba a quitar.

Ese mismo año me eché novio por primera vez, se llamaba Juli de Julio; había repetido curso y nunca antes le había visto por los pasillos pero me encantó, me parecía guapísimo y encima quería salir conmigo. Yo estaba que no me lo creía, por primera vez le gustaba al chico que me gustaba a mí, así que empezamos a quedar a la salida de clase y por fin me di mi primer beso. ¡Fue maravilloso! Blandito, jugoso y tierno, tenía buenos labios y además... sabía a menta.

Quedábamos al salir de clase un rato ya que, al haber repetido, estaba siempre castigado sin salir. Según pasaban los días, yo no lo terminaba de encajar e intuía que le daba vergüenza decir que estaba conmigo y por eso nunca me hablaba en clase, ni quedábamos por las tardes. Nos carteábamos todos los días disimuladamente, quedábamos a la salida para darnos el lote y después nos mensajeábamos hasta quedarnos sin saldo, pero ni un solo gesto cariñoso delante de nadie, que demostrase lo que ya todos los demás sabían.

Me habría encantado poder contarle a mi padre que tenía novio y que me hubiera dado algún consejo ante mis dudas, pero como comprenderéis ni se me pasaba por la cabeza. Realmente me iba sintiendo más mayor, pero él me seguía viendo como una niña y para lo poco que le veía me adaptaba. Y aunque me diera vergüenza ir así vestida, lo hacía. Me mordía la lengua infinidad de veces por no discutir con él o con Elisa y no fastidiar el fin de semana con mis opiniones ya que tenía claro que nunca conseguiría nada bueno.

Respetaba a mi padre y quería que fuera feliz con su mujer por ello intentaba agradarles lo más posible cuando iba a su casa, pero aun así era como estar en un continuo examen... Ni para comer tenía un respiro, pues siempre me decía:

—Cuando vengas a comer con nosotros, es como si estuvieses en un restaurante de lujo. Tienes que comértelo todo a la vez que nosotros, no puedes comer tan lento, porque tenemos que esperarte para sacar el segundo plato y eso no puede ser.

Ella comía siempre un plato diferente de nosotros y muy poca cantidad ya que estaba a dieta, por lo que podía tardar poco en comer. En cambio, a mi padre y a mí nos ponía primero un entrante para abrir boca, después el primer plato lleno hasta el borde, el segundo plato también solía ser bastante copioso y por último, el postre. Así que por muy buen comer que tenga, para comer todo eso una necesita su tiempo y no estar a la carrera porque el de al lado, que ocupa el triple que tú, ya casi se lo ha terminado. Cada vez que iba, tenía que estar atenta a todo para que básicamente me diera su visto bueno y poco más o, al menos, así lo veía yo.

Con mis padres, al final, cuando no era uno por una cosa, era el otro por otra y así sucesivamente...

Como empecé a fumar, cuando iba a ver a mi padre aprovechaba y le quitaba una cajetilla de tabaco del cartón que compraba normalmente. Empecé cogiéndoselas de una en una y terminé de tres en tres hasta que lo cambió de sitio. Siempre las llevaba en la mochila para que mi madre no las viera en casa.

Un buen día, mientras estaba en el recreo, a Lara y a sus amigos se les ocurrió la brillante idea de hurgar en mi mochila y romperme los tres paquetes de tabaco según dieron con ellos. Con tan mala suerte que también encontraron una carta, la cual, escribí un día cabreada para desahogarme, en la que «ponía fina» a Lara. Así que, además de quedarme sin tabaco, me cayó tremenda bronca por la dichosa carta por parte de mis profesores y de mis padres.

¡Qué rabia me dio! Tenía ganas de ir directamente a ella y explicarle claritas las cosas… Pero me enseñaron a no hacerle mal a nadie y a no hacer lo que no quieras que te hagan a ti, por lo que todavía no entendía que, aunque así sea, tampoco debes consentir que te hagan lo que tú no harías y que si eso pasa, debes defenderte también.

Desde que empecé secundaria, me llevé muy bien con Remi y poco a poco nos hicimos mejores amigas. A ella no le gustaba nada Julio y no entendía cómo a mí sí, siempre se metía conmigo en plan broma. Teníamos nuestro grupito que se iba ampliando curso tras curso, pero las que no cambiábamos éramos nosotras. Cuando estaba a punto de finalizar segundo curso, nos dimos cuenta de que una de nuestras amigas, Flor, se dedicaba a malmeter a la una contra la otra para distanciarnos. No solo lo estaba consiguiendo, sino que lo había hecho durante todo el curso aprovechando que ese año ellas iban juntas a clase y yo no. Al darnos cuenta, flipamos en colores al ver cómo nos había manipulado a ambas y lo bien que lo había hecho. Entonces, después de todo el año reprimiendo emociones y rabia, colapsé. Me sentí tan traicionada por haber confiado en alguien que no valía la pena en absoluto y por quien yo había dado la cara mil veces, que la esperé a la salida del colegio, discutimos y le terminé dando dos bofetones.

Cuando mi padre se enteró de que le había dado dos bofetones a Flor, ni siquiera se molestó en saber el motivo. No le interesaba en lo más mínimo. Lo único que me repetía era:

— ¡Has vejado a alguien hija! y eso no se hace. ¿Sabes qué es «vejar»?

Yo flipaba mientras le escuchaba y pensaba: «Es que se la suda... encima se va a poner en modo enciclopedia».

Mi padre ante mi silencio me espetó:

—Te he hecho una pregunta hija. ¿Sabes que es «vejar»?

—No —le respondí.

—Vejar a alguien es humillarle, faltarle el respeto o pegarle, que es lo que tú has hecho. Tú no puedes ir por ahí vejando a la gente, que no se vuelva a repetir.

El mismo día en que tuve la pelea con Flor, Mía que había presenciado todo, después de la pelea se quedó conmigo para hablar y me pude desahogar con ella. A partir de ese momento, empezamos a quedar más y poco a poco nos hicimos amigas.

Al llegar el verano, me fui a Alicante con mi madre. Yo quería hacerme *piercings* por toda la oreja, en el ombligo, en la cara... estaban de moda y yo quería el mío. Después de medio verano insistiendo convencí a mi madre para que me dejara hacerme uno en el ombligo. Acepté las dos condiciones que me puso -no hacerme ni uno más y no contárselo a papá- y por los veinticinco euros que costaba en aquel entonces me hice mi primer *piercing*. Como comprenderéis al salir, me sentía muy adulta a mis catorce años y estaba ansiosa por llegar a Madrid y fardar con mis amigas.

Y así fue cuando regresé al colegio en septiembre, mi nuevo pendiente causó sensación. Me encantaba hacer cosas de mayores, maquillarme cada día de una manera, fumar, hacer botellón... En fin, todo lo que tus padres y quien te quiere te dice que no hagas.

Estaba harta de tener que fingir ser quien no era cada quince días, ya no podía más con ello. Llevando apenas veinte días de curso, reuní el valor necesario para aparecer con mi ropa, mi maquillaje y mi peinado ante mi padre y decirle de una vez la verdad. Me parecía absurdo ser rechazada por mi forma de vestir y tener que aparentar ser alguien que no era cuando estaba con él, pero al mismo tiempo sentía miedo porque sabía cómo iba a reaccionar, quería equivocarme, pero lo sabía.
Al verme, su expresión me lo dijo todo... pero yo no podía seguir viviendo otro minuto más en esa farsa, le miré y le dije:
—Papá esta soy yo y visto así. Me gustan los pantalones campanas, los tops, los aros, maquillarme... y no quiero tener que ponerme tu ropa cuando me voy contigo, quiero ir con mi ropa.

En un primer momento se quedó mudo, pero acto seguido y con la mirada desencajada contestó:
—¡Cómo te va a gustar más llevar eso que la ropa que yo te compro! Así vas como cualquier macarra y vistiendo así no vas a llegar a nada en la vida. ¡A nada!
A lo que yo le repliqué:
—Pues sí, me gusta y creo que es a ti al que no le debería de importar porque yo soy la misma persona ¡tu hija! nada ha cambiado. Sin embargo yo he llevado esa ropa por ti y ya no quiero llevarla porque no me gusta. ¿Qué más da cómo vaya vestida?

Su mirada de decepción me lo decía todo, pero aun así me dijo:

—La gente que se viste así no alcanza éxito en la vida. Si decides vestir así, cuando vengas debes tener en cuenta que no podrás acompañarnos al médico con la abuela, ni tampoco podrás venir a cenar o dar una vuelta conmigo y con Elisa. Entiende que con esas «pintas» no vas acorde a nosotros y no resulta apropiado.

Nunca olvidaré esas palabras. Subí llorando a casa convencida de que mi padre no me quería. Por fin no tenía que fingir nada delante de nadie pero temía por lo que pudiera pasar. Él no era consciente de lo avergonzada que me hacía sentir vestirme y peinarme como él quería, ni el esfuerzo que conllevaba para mí con tal de darle el gusto; él solo veía su decepción y era incapaz de ver más allá. Y como siempre… «Hay un precio que pagar». Así que debido a esto nuestra relación fue estrepitosamente empeorando y cada vez que me iba con él su mirada de desprecio se me clavaba cual cuchillo. Íbamos a penas sin hablar en todo el camino, hasta que me dejaba en casa de mis abuelos y se iba a la suya.

Puedo entender que antes la gente fuera mucho más clasista que ahora y que solamente tus zapatos decían mucho de ti. La gente se fijaba en tu imagen o en tu puesto de trabajo para decidir si le interesaba conocerte o si te aceptaba o no en su círculo. Era muy fácil criticar o desmerecer a alguien por cualquier cosa y que rápidamente se corriera la voz y eso afectaba a toda la familia. Hay que entender que mis padres crecieron y se criaron en una sociedad así. Actualmente, gracias a que todo ha evolucionado de forma brutal, cada uno puede ir con la ropa, pelo, estilo, etc. que le dé la gana sin que nadie lo juzgue y lo mire raro por ello, pero ha costado mucho normalizarlo socialmente hablando.

Creo que además de la muerte, lo único seguro en esta vida es que antes de morir de lo único que se arrepiente una persona es de todo aquello que quiso hacer y no hizo. Porque al fin y al cabo lo que vives es lo que realmente te llevas a la tumba. La vida es demasiado corta como para estar pendientes del «qué dirán», pero tampoco hay que darles «de qué hablar», porque a todo buitre le gusta la carroña.

Mi padre realmente lo hacía con el mejor de los fines, educarme, sin ser consciente de la brecha que crearía en nuestra relación, su manera de imponer su criterio o el de su mujer.

Desde pequeña quise ser abogada y siempre fui muy aplicada en clase. Como ya he dicho, sacaba buenas notas aunque no fueran «las notas de Lara». Sin embargo, debido a la actitud de mi padre cada vez que iba a verle y los comentarios que me hacía a pesar de mis buenas notas, como «que no llegaría a ser nadie en la vida por mi forma de vestir, etc. » hubo algo en mi cabeza que me hizo «clac» y me dijo:
—Da igual lo que hagas o te esfuerces, solo por vestir así no vas a ser nadie para él.
Así que tomé una decisión para que, por lo menos cuando me lo dijera, fuera con razón y poder dársela yo misma, y a lo mejor así veía que no tiene nada que ver con la ropa, sino con el esfuerzo y trabajo de cada uno.

Los fines de semana hacíamos botellón en algún parque del barrio y, si no, en la Dehesa del Príncipe, que estaba al lado. Solo había que coger un autobús para llegar.

Algunos compis del tuto vivían allí y se conocían la zona. Era un barrio de militares retirados y allí prácticamente no nos conocía nadie, por lo que nos pillábamos el pedo como queríamos, fumábamos y de más.

Ese finde[3] había ido con Mía y sus amigas a un cumpleaños y cuando volvimos al barrio, a mí no me había sentado muy bien el alcohol, había vomitado e iba que me caía de lado a lado; mis amigas hicieron todo lo posible por llevarme de una pieza a casa. Mi madre no estaba y me tocaba irme con mi padre, al que había estado dando largas con la hora por quedarme más tiempo en el cumpleaños. Mía me acompañó a casa y según entré en mi cuarto, me quedé dormida. Cuando mi padre empezó a timbrar el telefonillo, yo descolgué y le dije que no quería irme con él.

Como iba borracha no vocalizaba muy bien y él, obviamente, se cabreó más. Me llamó mi madre al móvil para decirme que tenía que irme con él, que no me podía quedar sola en casa, que entrara en razón... Después de un rato que estuvimos hablando, finalmente me cambié y me fui con mi padre, cuya mirada era de vergüenza, decepción y no sé qué más... pero desastrosa y la mía... yo solo intentaba no mirarle a la cara para no tener que hablar de nada. Me hubiera encantado quedarme sola en casa ese fin de semana.

Con Julio nunca tuve nada claro, me dejaba cuando quería, sin motivo aparente y cuando se arrepentía, volvía para que lo perdonara... Y al principio le perdonaba, hasta que me cansé de ser la novata. Nunca llegamos a nada

---

[3] Forma coloquial de "fin de semana".

más que a juegos preliminares, la vez que más lejos llegamos fue en un parque. Estábamos nosotros dos y su amigo con mi amiga. Habíamos estado de botellón y el ambiente estaba caliente. Nosotros nos empezamos a enrollar en un columpio y los otros dos aprovecharon para enrollarse también. La temperatura subía a cada segundo. Yo estaba desinhibida por el alcohol y Julio también. De repente, noté cómo su dedo se introdujo en mí. En ese momento, se activó la parte racional de mi cabeza y no podía parar de pensar en «qué cojones hacer». ¿Qué era lo que seguía a eso? ¿Qué tenía que hacer yo? A mí me bastaba con besar sus jugosos labios y agarrarle el culo con las dos manos. Nunca habíamos llegado a nada más y encima, estaba mi amiga con su amigo al lado y me daba vergüenza que nos vieran así. Así que nos magreamos un poco más y nos fuimos todos a casa.

Semanas después nos dieron las notas del primer trimestre, había suspendido todo menos dos asignaturas y debido a ese bajón escolar, tanto mi tutor como el psicólogo del instituto decidieron reunir a mis padres para hablar con ellos y conmigo.

Me llamaron antes de que finalizase la clase y me llevaron a una sala donde ya estaban mis padres. Les comentaron mi situación académica para buscar soluciones entre todos, ya que quedaba todo el curso por delante y era posible reconducirlo a tiempo. Solo quería darle una lección a mi padre, pero cuando levanté la vista y lo miré, vi la decepción en sus ojos. No se pudo contener y con rabia, me dijo:

—Es que con esas pintas que llevas cómo vas a aprobar. ¿Te has visto la cara? Una niña de tu edad no va así.

A lo que le grité:

— ¡Déjame en paz! ¡Me tienes harta! ¡Eso es lo único que te preocupa!

Salí corriendo de la sala. Mi padre salió detrás y, cuando ya estaba en la puerta del instituto, la sirena había sonado y todos los alumnos estaban saliendo; noté cómo me agarró del jersey, me volteó y me metió cuatro bofetones con la mano abierta delante de todos.

En ese momento, la decepción con mi padre tocó fondo en mí y me fui llorando a mi casa. Me sentía humillada y me daba vergüenza tener que contar el motivo de lo ocurrido cuando me preguntaban por ello; para mí era como «sí venga, ríete tú también, porque ni mi padre me quiere». Me parecía tan ilógico todo... Así que ese día corté la relación con mi padre definitivamente y no volví a verle más, al menos hasta tres años después.

Por aquel entonces en casa había un cóctel de hormonas entre mi madre y yo, debido a la brecha generacional entre ambas, sumado a que ella es Aries y yo Capricornio... Ella no paraba de trabajar y siempre iba con prisas para todo desde primera hora de la mañana. También es muy mística, muy de las energías y de todo aquello que no se ve pero se siente. Yo sin embargo, soy todo lo contrario: tengo que ver para creer, pienso que todo se puede razonar, palpar y encontrar una explicación lógica. Por lo que es juntar dos polos opuestos en el peor de los campos magnéticos y esperar a ver qué pasa... Así ha sido siempre nuestra relación, un tanto *trambólica*.

De pequeña tenía mucha imaginación y vivía en mis mundos de *yupi*. Mi madre, potenciaba mucho esa faceta mía y me hacía creer en hadas y duendes. Pero con los años me di cuenta de que es absurdo creer en fantasías o en cosas no tangibles y preferí empezar a creer en mi propio criterio, en lo que podía palpar y ver, en mi capacidad de análisis para tomar decisiones basadas en la realidad, no en lo que me imaginaba que era la realidad o en lo que me gustaría que fuera. Quería enfrentar la realidad tal como era, aunque no me gustara lo que veía.

Gracias a eso, me di cuenta de que no todo el mundo es capaz de elegir y aceptar. Yo elegí mi forma de ver las cosas y me parecía más convincente la lógica. Pero eso no me impide aceptar lo que es diferente a mí y aprender de ello para después ampliar mi conocimiento y hacer algo que me inspire o, incluso, llegar a conclusiones a las que nunca antes habría llegado. Escuchando a las personas es como más se aprende, pero no todo el mundo sabe escuchar aun cuando no nos interesa lo que oímos o no estamos de acuerdo.

Al final, cada persona tiene creencias y percepciones de la realidad completamente distintas en base a lo que cada uno ha vivido o aprendido. A pesar de todo lo que me habían enseñado mis padres, ellos tampoco tenían la verdad absoluta de nada. Ellos eran lo que habían vivido y punto ¡no podían saberlo todo! Pero cada uno quería moldearme según su propia forma de pensar y yo solo deseaba elegir la mía. Las discusiones con mi madre fueron aumentando cada vez más y las peleas podían surgir por cualquier cosa...

Una mañana por ejemplo, me estaba arreglando para ir al instituto a las ocho de la mañana. Me peiné el pelo con el cepillo de mi madre, ya que era el único que desenredaba bien mi cabello rizado. Solíamos despertarnos más o menos al mismo tiempo y a veces discutíamos por quién usaba primero el baño. Es algo típico; te estás duchando y alguien entra justo para usar el inodoro, además de que el vapor se dispersa y el ambiente se enfría, también te dejan su aroma para que comiences el día con entusiasmo. Y así sucedían muchas situaciones similares. Pero ese día, cuando mi madre se levantó -no sé con qué pie-, fue al baño y, al ver que había usado su cepillo para el pelo, enloqueció y me gritó:

—¡Por qué tienes que usar mi cepillo, al final lo voy a poner bajo llave!

—Mamá, porque es el único que me desenreda bien, ya está, deja de gritarme a primera hora de la mañana, que me tienes harta.

—Tú sí que me tienes harta usando mi cepillo del pelo. ¡Que es mío! A tu madre no le hables así ¡contestona! Que no respetas.

—¡Mamá, que lo uso todos los días! Déjame en paz que al final llego tarde al instituto.

¡ZAZ! Noté un golpe en el ojo, me puse la mano, solo veía chiribitas... y al mirarme al espejo noté que el ojo me lloraba, poco a poco fui abriéndolo y cuando lo conseguí, vi que tenía un derrame y que se me estaba hinchando un poco el párpado.

Me fui cabreada y llorando al instituto pensando en qué excusa pondría cuando alguien me preguntara qué me había pasado... Al final no se me ocurrió nada mejor que decir que me había dado con una regla, cosa que nadie se creyó. Cuando Ignacio, el profesor de historia, me preguntó el motivo del moretón, sin poder contenerme rompí a llorar delante de toda la clase. Era uno de mis profesores favoritos a pesar de su seriedad, porque era auténtico, iba a lo suyo, no seguía estereotipos de nada y era fiel a su criterio. Le llamábamos «El náufrago» en relación con la película del mismo nombre del gran Tom Hanks, por su melena larga con barba y bigote y sus atuendos de lino. Dicho esto, la realidad es que me sorprendió su reacción cuando le conté lo ocurrido entre lágrimas. En vez de algo alentador, me dijo que mi madre era mi madre y que algún motivo habría tenido para actuar así y que no le diera más importancia de la que tenía... Yo no cabía en mí del asombro. Era lo último que me imaginaba que me diría y pensé para mí: «seguro que no se cree que haya sido así y por eso me dice eso. Es de locos...».

Volviendo al día en el que todo cambió entre mi padre y yo, como dije, me fui a casa sola. Y cuando llegó mi madre, me abrazó y me consoló. Al ser ya las fechas navideñas, nos fuimos a Alicante, como cada año para pasarlas allí. Teníamos nuestro pisito y las pasábamos juntas. A mí me encantaba ir allá, tomar horchata y comer helados en La Explanada, pasear por la noche en medio de un ambiente animado, ir a la playa, disfrutar de la brisa marina, la música y los puestos navideños, todo esto bajo la imponente presencia del Castillo de Santa Bárbara.

Esas mismas navidades cumplí quince años. Después de Reyes, volvimos a Madrid para empezar las clases. Todo transcurría con normalidad y llevando apenas una semana de clases, el doce de enero, para ser exactos, tuve «La movida 10.7 megaplus» con mi madre. Sí, como lo habéis oído. Si pensaba que mi vida había cambiado mucho después de lo de mi padre, a partir de este momento todo cambió para siempre.

Era viernes al mediodía después de clase y estaba en casa hablando por el teléfono fijo con una amiga con la que iba a quedar por la tarde. Estábamos hablando tranquilamente sobre qué nos íbamos a poner para salir esa tarde. Desde que empezó la llamada, mi madre me empezó a pedir el teléfono, como siempre, cada vez que yo lo usaba parecía que la molestaba.

—¡Yosu, dame el teléfono que lo necesito ya!

—¡Que me dejes en paz que siempre estás igual!

Volvía al rato y seguía:

—¡Que me lo des ya, que me estás cansando!

—Mamá, que me dejes en paz, que estoy hablando. Eres muy pesada, lo necesitas justo cuando lo cojo, siempre igual ¡pesada!

Ella siguió insistiendo hasta que en un momento dado intentó quitarme el teléfono que era inalámbrico. Aparté mi mano para que no lo cogiera, pero lo intentó de nuevo. Forcejeamos durante un rato y finalmente me lo quitó. Ella no quería devolvérmelo, a pesar de que tampoco lo estaba usando. Discutimos y la discusión fue subiendo de tono. Ella no paraba y yo tampoco, así que `para intentar calmar la situación, se me ocurrió cerrar la puerta del baño tirando desde fuera para que ella se relajara dentro y más tarde abrirle cuando las dos estuviéramos más relajadas. Pero no funcionó, ella intentaba abrir la puerta mientras yo tiraba del picaporte para mantenerla cerrada y, lejos de que se relajara, solo conseguí alterarla más, así que mi idea no fue de mucha utilidad.

A veces, cuando solo puedes empeorar la situación, es mejor tener una puerta de por medio… Pero ella no lo veía de esa manera. Salió del baño y llamó a su pareja de aquel entonces. Más tarde él vino a casa como loco, como si yo hubiera matado a alguien. No me escuchaba; decía:

—Yosu, te vas a enterar, esto no puede seguir así.

A lo que yo le respondí:

—Claro que no puede seguir así, está loca y me va a volver loca a mí.

Discutimos y a los pocos minutos se fueron de casa.

En ese momento, me puse a pensar en todo lo que había sucedido y me pareció un completo drama. Reflexioné sobre mi relación con mi madre, lo que había pasado con mi padre y mi vida en general, y me di cuenta de que siempre sería así. Así que comencé a reflexionar sobre lo que quería en mi vida, lo que no... y tomé los únicos treinta euros que tenía, mi teléfono móvil, mi mp3, los auriculares y el cargador... ¡Y me fui! Me fui con la idea de no volver y de buscar mi propio camino. Sin embargo, no tenía ni idea de cómo empezar. No sabía a dónde ir ni qué hacer con esos treinta euros. En el fondo era solo una adolescente de quince años que ni siquiera podía empezar a trabajar para ganarse la vida. No se me ocurría nada, así que quedé con mi amiga Sara, con quien hablaba por teléfono cuando todo ocurrió y tan pronto como la vi, la abracé fuertemente. Le conté lo que había sucedido y le dije que me iba de casa porque no podía soportar a mi madre. Por supuesto, ella intentó disuadirme y después de hablar un rato, me convenció de no hacerlo e intentar hablar con mi madre para llegar a una solución. Y terminé regresando a casa.

Cuando llegué, la casa estaba vacía. Mi madre y su pareja aún no habían vuelto. Eran alrededor de las tres de la tarde y tenía hambre, así que descongelé un filete de carne y lo hice en la sartén junto con unas patatas. Justo cuando estaba por sacar el filete en su punto perfecto, escuché la puerta de casa abrirse y quedar trabada con el pestillo, por lo que apenas se abrió. Vi que era mi madre y abrí la puerta, cuando me di cuenta de que detrás de ella había dos policías.

—¿Es usted Yehosua Mikaela? -me dijeron.
Contesté que sí, mientras volvía a la cocina para terminar de preparar mi comida. Todos entraron detrás de mí: mi madre, su pareja y los dos agentes. Los policías me informaron que mi madre me había denunciado, que debía acompañarlos. Se me nubló la vista, sólo se me cruzó clarito que no me daría el tiempo para comer. Mi cara de «¡¿O sea, *hello*?!» lo decía todo. No lo podía creer... mi propia madre me había denunciado por un asunto tan irrelevante. Me quedaría sin comer... ¡encima un viernes! Fui volando al baño, intenté ganar tiempo de cualquier manera para pensar rápido en una forma de escapar o de evitar irme con ellos, pero no había nada que pudiera hacer estando en un séptimo piso... Por la ventana, impensable saltar. No tenía más opciones. Así que tuve que irme con los agentes a "la Grumer", que es como llaman en Madrid a los calabozos de menores.

Nunca antes había estado detenida, ni en un calabozo, y mucho menos me imaginaba que llegaría a estarlo. Acababa de cumplir quince años y no podía creer lo que me estaba sucediendo. Estaba completamente asustada y perdida. Además, ya no podía avisar a mis amigas y no tenía idea de qué podía sucederme a partir de ese momento. Todo era nuevo para mí y me quedé literalmente en blanco, sin saber qué hacer.

Bajé a la calle con los agentes y me subí al coche de policía. Me sorprendió bastante el interior del vehículo, ya que hasta ese momento pensaba que era como cualquier otro coche por dentro y resultó ser muy diferente.

Los asientos de la parte de atrás eran de plástico duro, muy incómodos y resbaladizos. Había una mampara entre esos asientos y los de delante. También había pequeños agujeros en la mampara por si querías comunicarte con ellos o viceversa.

De una, tiraron hacia los calabozos y no fueron muy amables conmigo. No sabía qué narices había dicho mi madre para que fuera así, pero lo que desde luego tenía claro es que no era nada bueno... y sinceramente ni siquiera me hacía una ligera idea.

Al llegar, me cachearon y me hicieron depositar mis pertenencias. Tuve que quitarme el *piercing*, los cordones de las zapatillas, los coleteros, anillos y pulseras... En fin, todo lo que llevaba encima, menos la ropa. Sinceramente, estaba hecha un cuadro... aunque era lo de menos. Me dieron unas galletas con leche por si quería comer algo y, como mucho, me comí una galleta. Tenía el estómago completamente cerrado, recordaba el filete de ternera que no me había podido comer cuando me detuvieron y después miraba las galletas que me habían dado... y es que se me quitaba el hambre. Esperaba, sin nada con lo que poder entretenerme, dándole vueltas a la cabeza a cómo podía haber llegado todo a esa situación y pensando qué sería de mí a partir de este momento. Preguntas que luego tuvieron su correspondiente respuesta.

Los fines de semana hay menos abogados y jueces, solo están los de guardia, así que me tocó esperar bastante en los calabozos. No recuerdo muy bien cuánto tiempo estuve, lo que sí recuerdo es que ahí el tiempo pasa mucho más despacio y mientras tanto tu cabeza no para de pensar a mil por hora.

Cuando por fin me llamaron, me llevaron a una sala donde se celebró el juicio rápido y cada una declaró por separado. El fiscal pedía catorce meses de internamiento en un centro cautelar de menores, lo que vulgarmente llamamos reformatorio, y seis de libertad vigilada. Finalmente, la sentencia se quedó en diez meses de internamiento en régimen semiabierto y dos de libertad vigilada.

¡No me lo podía creer! Mi mundo se me vino abajo en un instante. A partir de ese momento, todo cambiaría... Antes del juicio, los trabajadores sociales y los abogados habían hablado con mi madre y conmigo sobre la alternativa de que me fuera a vivir temporalmente con algún familiar en vez de entrar en un reformatorio. Propuse irme a vivir con mis tíos y problema resuelto, pero a mi madre no le daba la gana que me fuera a vivir con su hermana. En cambio, propuso que me fuera a vivir con mi padre, sabiendo lo que había pasado un mes antes con él y con quien no me hablaba desde entonces. Por lo tanto, al no ponernos de acuerdo y no tener adónde ir, no hubo otra opción que internarme en el centro cautelar de menores Puerta Bonita. Era solo para chicas y estaba situado en Carabanchel, en un recinto en el cual hay más centros de menores, de acogida, de desintoxicación, etc. Y ahí comenzaba mi nueva vida.

Como podéis imaginar, el *shock* fue grande... Todavía no me lo podía creer, no daba crédito. Una chica aplicada, que no se metía con nadie ni daba problemas y, de repente, sin comerlo ni beberlo, mi propia madre me estaba metiendo en una cárcel y no había forma de rebobinar, ni dar marcha atrás para darle el puto teléfono sin rechistar... No iba a volver a mi casa, ni a ver a mis amigas, ni a ir a clase, ni nada que se me pasase por la cabeza...

Capítulo 2

Esposada y sin mis pertenencias, me metieron en el furgón rumbo a Puerta Bonita.

Mi cabeza pensaba de todo, pero nada bueno. En ese momento, todo era oscuridad en mí, no sabía lo que me esperaba y la verdad, tampoco quería saberlo. Además, si el coche de policía era incómodo, el furgón ya ni te cuento. En vez de plástico, estaba hecho de metal y, yendo esposada, te haces daño al agarrarte pues tienes los movimientos bastante limitados... Recuerdo que esa noche se puso a llover intensamente, el agua sonaba en el techo y en los laterales del furgón. Solo se podía divisar algo del exterior a través de unos pequeños agujeritos que había en la propia chapa, si atinabas a ver algo...

Cuando llegué, me cachearon de nuevo de arriba a abajo, me pasaron el detector de metales, tuve que hacer tres sentadillas, me revisaron el pelo, detrás de las orejas, las muelas... Sitios en los que ni se me hubiera ocurrido esconder nada. Después, la coordinadora de fin de semana me dijo...
—Hola Yehosua, soy Carmen, la coordinadora. Antes de llevarte a tu celda ¿quieres hacer una llamada?
A lo que yo pregunté:
—¿A quien quiera?
Y su respuesta fue:
—No, a quien quieras no, a tu madre o a tu padre.
Mi cara fue un poema, así que le dije que no quería llamar a nadie. Ella insistió en que hablara con mi madre y yo simplemente flipaba... Sí, flipaba porque ¿en qué cabeza cabía que quisiera hablar, según entro a un sitio como ese, con la persona que me ha metido ahí? Pues al final tuve

45

que llamarla y, como comprenderéis, fue la llamada más seca y corta de toda mi vida.

Después, una educadora y un vigilante de seguridad me acompañaron a mi celda. Subimos por unas escaleras a la planta de arriba, me acompañaron al baño para que me duchara y aseara antes de dormir y para adentro... Ahí se suponía que iba a pasar los próximos diez meses... ¡Diez meses! Joder... me parecía toda una vida.

La puerta de la celda era de hierro, pintada de amarillo clarito y con un cristal blindado a la altura de los ojos para que se pueda ver desde fuera sin tener que abrir. El somier de la cama también era de hierro o acero, estaba atornillado al suelo como el escritorio, que tenía una estructura metálica y dos baldas de madera. Había una ventana con su correspondiente reja y un armario que directamente salía de la pared. Me apagaron la luz y a dormir. Pero... ¡¿quién podía dormir después de un día así?!

De repente, escuché una voz...
—¡Ey, hola!
Vi que no venía de la puerta y no hice caso, supuse que no era a mí, pero al rato volví a escuchar:
—Tsssss, ¡ey! Hola, ¿me oyes?
Entonces fui a la ventana y dije:
—¿Hola?
A lo que me respondieron:
—Soy Ramona, tu compañera de al lado, ¿de dónde eres?
—Yo de Aluche, ¿y tú? -contesté.
—Yo de Móstoles, ¿por qué te han metido? -me dijo.
—Pues no sé, por movidas con mi madre, discutimos y me han traído aquí.

—Ah, por «violencia doméstica» hay otra chica aquí que también está por eso -me dijo.

—¿Y tú por qué estás aquí? -le pregunté.

—Por robar en un chino, fui con una amiga y como el chino ya nos conoce, al final por una palmera de chocolate me han puesto nueve meses.

—Joder… qué putada, ¿y cuánto llevas aquí?

—Llevo dos semanas, así que no te preocupes, ya verás como son todas muy majas. Vas a estar dos días en aislamiento encerrada en la celda y luego te sacarán con todas.

Seguimos hablando, me contaba que habían despedido a personal del centro porque un mes antes se habían fugado unas menores y habían usado gatos eléctricos para abrir la verja y poder escapar, por lo que alguien había tenido que ayudarlas. De repente, se asomó Susi, la chica que tenía la celda al otro lado de la de Ramona, y nos quedamos hablando las tres durante un buen rato hasta que finalmente nos fuimos a dormir.

Me costó muchísimo coger el sueño. Por lo menos, las chicas parecían majas, pero encima me acababa de enterar de que iba a tener que estar 48 horas más, encerrada en esa celda. Con lo largo que se me había hecho el día y eso que, por lo menos, había estado cambiando de un calabozo a otro. No era capaz de apagar mi mente y dejar de pensar. Había pasado de tener una vida normal a estar detenida, pisar un calabozo y un reformatorio por primera vez. No hay dos sin tres ¿eh? ¡Tres primeras veces! Ni más ni menos, y mi madre tan a gusto y tranquila en casa, mientras yo no paraba de comerme la olla en esa celda e intentaba no sentirme una fracasada por estar allí.

Lo tenía complicado, estaba sola, no tenía nada. No podía escuchar música, ni siquiera tenía mi ropa. Me dieron un chándal, unas deportivas, unas chanclas para la ducha, gel, champú y pasta de dientes; eso era todo lo que tenía.

Al día siguiente, por la mañana, me despertaron a las diez. Era sábado, me trajeron el desayuno, unas tostadas y un vaso de leche con Cola Cao. Después de desayunar, pedí papel y lápiz para, por lo menos, poder dibujar. Me encantaba dibujar y no se me daba mal. Lo que más me gustaba era dibujar manga y en el tuto, compañeros de diferentes cursos me pedían dibujos que podía haber vendido, pero yo se los regalaba, me relajaba mucho dibujar.

Después de tirarme casi toda la mañana encerrada, vino un educador, me abrió la celda y dio un paseo conmigo por los jardines del reformatorio. Me explicó que el nombre de Puerta Bonita viene porque antes el reformatorio estaba bastante deteriorado, y entre las actividades que podías desempeñar en el centro de lunes a viernes estaban mantenimiento y jardinería, si eras mayor de dieciséis años. Si no lo eras, solo podías ir a la escuela. Pues las chicas de mantenimiento se encargaron de pintar bonita y rosa la entrada del centro y las de jardinería, de mantener bonitos y bellos los jardines de la entrada. Así que gracias a eso adoptó ese nombre, ya que era el único centro que tenía una entrada tan bonita. Después del paseo, que duró unas dos horas, me volvieron a meter en mi celda y me trajeron la comida. No me acuerdo qué era, pero sé que tenía buena pinta y me lo comí.

Las horas parecían no pasar allí dentro. Tantas horas sola, ahí metida, eran devastadoras, de tanto pensar y no hallar solución… estaba enjaulada, privada de hacer cualquier cosa que me apeteciera. Había momentos en los que pensé en suicidarme, pero no hallaba la manera, ni tenía el valor para hacerlo. Todo era caos en mi cabeza.

No podía llamar a nadie que no fuera mi madre, así que el sábado por la noche, a pesar de no querer llamarla, tuve que hacerlo... Me parecía ridículo, os lo juro. Tener que llamar a alguien con quien no quieres hablar y menos que sepa cómo estás o cómo te sientes. Es como si te echara del trabajo tu jefe sin motivo justificado, te deja con una mano delante y otra detrás sin venir a cuento, y tuvieras que llamarle a él y solo a él todos los jodidos putos días para que te pregunte «qué tal estás». Creo que podéis entenderme, a mí desde luego me parecía ridículo y me hacía sentir aún más humillada.

Al día siguiente, me levanté a las diez, me duché y me trajeron el desayuno; que fue lo mejor del día, porque al ser domingo hicieron churros y ¡madre mía, qué ricos que estaban! No recordaba cuándo había sido la última vez que había churros, pero a partir de ahora iba a comerlos todos los domingos, ¡fabuloso! A las 11:45 nos daban el almuerzo, a las 13:45 la comida, luego la siesta. Después me sacaron de la celda para dar otra vuelta por la tarde durante dos horas. Mientras yo paseaba con el educador por los jardines, el resto hacía deporte en el campo de tierra que había para jugar al fútbol y demás.

Después me hicieron una foto. Allí se la hacían a todas las chicas al entrar y al salir para que vieran el cambio, ya que gracias a los buenos hábitos y la buena alimentación, engordabas. Todas entrábamos muy delgadas.

Cenábamos a las 21:00 y debo decir que la cocinera era brillante, comía mejor que en mi casa. A las 22:00 te apagaban la luz de la habitación y a dormir, si podías, claro. Por la noche hablaba con Ramona y al menos no me sentía tan sola. Tenía ganas de conocer al resto de las chicas, pero a la vez me daba miedo no encajar. Al fin y al cabo, esta era otra de las veces que me tocaba «empezar de cero» y como ya sabéis, era algo que odiaba. Lo único que pensaba era que todas las que estaban ahí habían hecho algo peor que yo; que probablemente todas eran más duras y mayores que yo, pero aun así debía demostrar que no tenía miedo. No iba a consentir que se rieran de mí, ni por ser la más joven, ni por mi nombre, ni por nada.

Después de las 48 horas de aislamiento, llegó el lunes. Para mi sorpresa me despertaron a las 8:00 de un portazo, prendiendo la luz de la celda y al grito de «¡arriba!, ¡arriba!». ¡Qué susto! Vaya forma de despertarte y qué mal humor en un momento… Empezaba bien el día…

Parecía ser que solo los fines de semana te levantaban a las diez, de lunes a viernes había que levantarse a las 8:00 de la mañana. También se cenaba antes, a las 20:30, en vez de a las 21:00. Demasiado pronto para mí ciertamente, pero esta era mi nueva realidad y cuanto antes me adaptase a ella, mejor.

Ramona y yo también teníamos régimen semiabierto, pero durante los dos primeros meses debíamos permanecer en el centro, haciendo las actividades y siguiendo las rutinas que nos indicaban. Supongo que era para evaluar cómo nos comportábamos con las otras ingresadas y en las distintas situaciones que se iban presentando. Poco a poco me iba enterando de cómo funcionaba todo y flipaba con que las chicas, pudiendo escapar cuando salían al recurso o de permiso, no lo hicieran y volvieran al centro como si nada cada día y cada fin de semana.

Las que fumaban tenían que esconder el paquete de tabaco antes de entrar al reformatorio en algún sitio. Me contaban que cuando llovía se les mojaba y era una putada, porque tenías que comprarte otro paquete, pero bueno, cada una tenía una paga de dos euros al día, un total de diez a la semana si no te ponían sanciones. Porque si te pillaban con tabaco, por ejemplo, o un mechero o cualquier cosa no autorizada, te ponían una sanción y dependiendo del tipo de sanción perdías la paga completa o parte de ella. Había tres tipos de sanciones: leve, grave y muy grave.

A mí nunca me dieron paga en casa, siempre le tenía que estar rogando a mi madre para que me diera algo y normalmente la respuesta que recibía era "pídeselo a tu padre, estoy harta de que me pidas de todo, con la mierda de pensión que me paga por ti, que te lo dé él". Entonces empecé a ver el lado positivo al reformatorio. Además de comer mucho más rico y mejor que en mi casa, también me daban una paga semanal. Así, cuando empezara a salir al recurso, podría comprarme chuches, tabaco y alguna revista como *Super Pop* o *Loka*, que eran mis favoritas.

Los fines de semana, para aquellos que aún no salían o no podían salir por motivos educativos o de permiso, siempre había actividades diferentes a las de la semana. Además, los sábados siempre había película y nos permitían comer chuches y bolsas de snacks mientras la veíamos. Siempre ponían buenas películas, de esas que te hacen aprender o por lo menos pensar en las cosas.

Los fines de semana también recibíamos la visita de familiares, que duraba cincuenta minutos cada una. A todo el mundo le hacían ilusión esas visitas, excepto a mí. Desafortunadamente, mis visitas no pasaban de los diez minutos y en mi caso, era fundamental que esas visitas resultaran bien para que me concedieran salir de permiso e ir a mi casa algún fin de semana. Podría haber sido más lista, por así decirlo, pero para mí era imposible. Sentía una rabia interna cuando veía a mi madre sentada frente a mí, tan tranquila como si no hubiera pasado nada, y me preguntaba con una sonrisa:

—¿Qué tal, corazón?

Yo, directamente, enloquecía... Me parecía una hipócrita que interpretaba su papel cada vez que venía, y aunque sabía que lo que necesitaba era fingir para poder salir y quedar con mis amigas, no era capaz de hacerlo.

Cuando llegas al reformatorio, te asignan un tutor legal que es uno de los educadores. Te puede tocar cualquiera de ellos, a mí me asignaron a Gregori. Se encargaba del mantenimiento por las mañanas junto a Farini. Era amable, no era mala persona, pero cuando le dije que quería que mi madre me trajera mis maquillajes además de la ropa, se negó rotundamente. Decía que era muy joven para maquillarme y mi madre, que me dejó maquillarme desde los 14 años, aprovechó para no traérmelos y me quedé sin ellos. Estaba harta. Lo único que podía pensar era: «¿Qué estarán pensando mis amigas? Ninguna de ellas tiene ni la más mínima idea de dónde estoy...». Así que les escribí una carta a los únicos dos amigos de los que sabía la dirección, Félix, mi amigo de Alicante de toda la vida que vivía en el piso de arriba del mío y a Remi. Les conté todo lo que me había sucedido, desahogándome al mismo tiempo, y esperé sus respuestas.

Pasaban los días, una semana tras otra, y no recibía respuesta alguna. Me desesperaba pensando que tal vez no contestarían, que mis cartas se habían perdido y que nunca recibiría respuesta. También me preocupaba que al leerlas, pensaran que yo era mala influencia por estar allí y decidieran no contestarme. Tenía tantos pensamientos en la cabeza... hasta que, después de tres largas semanas, por fin llegaron sus esperadas cartas. Y no solo las suyas, sino también cartas de las chicas, de Julio y de Mía. Ese mismo día contesté todas las cartas con una emoción indescriptible. Algunas amigas me enviaron fotos para que las pegara en la pared de mi celda, hubo dedicatorias, dibujos. Mía me dedicó una canción de Sergio Contreras. Fue como un soplo de aire fresco en mi rostro el recibir esas cartas y saber que todo lo que había estado pensando no era real y que había personas que me esperaban fuera.

Sofía era la única chica que estaba allí por la misma razón que yo. Además, estaba embarazada y había decidido interrumpir el embarazo. Solo tenía 16 años. Si hubiera decidido tener al bebé, la habrían trasladado al Madroño, un reformatorio especializado en menores que eran madres. Las celdas tenían cunas y te permitían tener al bebé durante los primeros meses, no recuerdo exactamente cuánto tiempo. Un día trasladaron a Sofía a otro reformatorio, El Laurel, que se encontraba lejos, en la Sierra de Guadarrama. Al principio, no sabíamos por qué la llevaban allí, pero luego nos enteramos de que estaban llevando a menores de diferentes reformatorios para convertirlo en un reformatorio mixto y especializado en casos de violencia doméstica. Lo más probable era que me trasladaran a mí también, aunque no estaba claro.

Después de un mes y medio, había ganado siete kilos y medio. Pesaba 54 kg cuando nunca antes había pasado de los 48 kg ¡estaba genial! Además me habían trasladado a una habitación doble con Chamina, una menor que fue la que me hizo las cejas por primera vez. Cuando era pequeña tenía unas cejas enormes y mi compañera no paraba de decir mientras me las hacía:
—¡Qué cejas, por Dios!, ¡qué cejas! No se acaban nunca…
Todas las chicas estaban ansiosas por ver cómo quedaban mis cejas y finalmente Chamina las dejó perfectas. Tenía un talento increíble para maquillarse y conseguía hacerse los rabillos de los ojos perfectos. Incluso las educadoras quedaban sorprendidas ante su habilidad para ello. También se trenzaba el pelo de raíz a un lado de la cabeza de manera magistral. Era increíble. Nos hicimos muy amigas y gracias a ella todo se me volvía más llevadero.

Desde que entré, las otras menores siempre me decían que las amistades que hacías en el reformatorio no duraban. Decían que por más buenas amigas que creyeras haber encontrado, cuando las chicas salían se olvidaban de las que se quedaban. Me advertían que no me ilusionara con nadie, que sería en vano. Las educadoras corroboraban esas palabras con su mirada y nos recordaban que no estábamos allí para hacer amigas, sino para aprender. Yo solo pensaba «Vaya mierda todo». Estaba cansada de tantos cambios y además tenía la sensación de que ese año sería un año perdido en mi vida. Había suspendido casi todas las asignaturas en el primer trimestre y en el segundo, al no poder asistir a clases, se quedaban todas sin calificar. No podía ver a mis amigas ni quedar con ellas los fines de semana y para colmo, si lograba hacer alguna amiga en ese lugar, parecía que sería una amistad fugaz y carente de afecto real. Sentía que todo lo que quería se me escapaba y no podía aferrarme a nada nuevo porque no valdría la pena.

A los pocos días, casi a punto de cumplir los dos meses encerrada, tuve una salida educativa y por fin pude acceder a mis pertenencias, incluido mi *piercing* del ombligo. No llevaba ni un año con él y se me había cerrado. Abrirlo de nuevo me dolió, además no podía permitir que los educadores se enteraran, ya que al abrirlo de nuevo podía supurar o infectarse, lo que se consideraba autolesión y conllevaba una sanción leve. Por suerte lo conseguí y no se enteraron, aunque se me infectó un poco. También logré fumarme un cigarrillo a escondidas en esa salida pero después de mes y medio sin fumar, me supo extraño e incluso me mareé un poco. Cuando volvíamos al reformatorio en el metro, en un momento dado, dos de las menores se bajaron corriendo del vagón justo antes de que se cerraran las puertas y se escaparon. Nos quedamos sin palabras, fue visto y no visto.

Esa misma semana empecé a ir al instituto de nuevo y por fin pude ver a mis amigas y abrazarlas. Tenía que caminar hasta la parada del autobús y coger uno que me llevara al metro de Carpetana, iba en metro hasta el Alto de Extremadura y ahí volvía a coger otro autobús que me dejaba al lado del instituto. El primer día me acompañó un educador para comprobar cuánto tiempo tardaba en llegar a mi destino y establecer unos horarios de llegada basados en el trayecto. Fue extraño poder salir, ir a mi barrio, ir a clase, ver a mis compañeros y profesores, fumarme un cigarrillo, pisar la calle... cosas sencillas que me resultaba raro volver a sentir.

Es curioso cómo la vida puede cambiar de un momento a otro y no hay nada qué hacer para evitarlo, solo adaptarnos lo más rápido posible para salir airosos y encontrar algo positivo en esa situación. No es fácil, la mente a veces nos juega malas pasadas y es difícil vislumbrar algo bueno en tanta oscuridad.

«Amor de madre» es una frase hermosa que muchas personas llevaban en alto dentro del reformatorio, que yo ni sentía, ni compartía. Incluso allí dentro me sentía diferente al resto.

Estuve toda la semana yendo del reformatorio al instituto y viceversa, escondiendo mi tabaco antes de entrar al reformatorio y teniendo cuidado de que otros menores no me lo robaran. Cada vez que regresaba del tuto, la misma rutina: cacheo, sentadillas, detector de metales, despeinarme para que revisaran mi cabello... Pasó el fin de semana y llegó el lunes de nuevo, parecía mentira... Cuando estaba en libertad, esperaba ansiosa el viernes para disfrutar el fin de semana, en el fin de semana ansiaba que llegara el lunes para poder ir a clase... Así es la vida, poco a poco me iba dando cuenta de ello.

Fui toda la semana al instituto, poco a poco todo iba cobrando algo de normalidad en mi cabeza.

Otra vez era fin de semana, como siempre hacíamos actividades diferentes y más divertidas que las que se hacían entre semana, pero la que nunca fallaba era deporte. Después tocaba ducha como de costumbre. Ese día dejé las ventanas de la habitación abiertas para que se ventilara mientras me duchaba, al volver a la celda corría un poco de aire y, mojada, lo notaba más. Me quité las chanclas para vestirme rápido cuando de repente vino una ráfaga de viento muy fuerte que empujó la puerta de hierro de la celda y esta iba a cerrar de golpe. Frené el reflejo de poner el pie porque me dije: «te lo vas a destrozar; mejor mete la mano y tiras hacia ti» y así hice. Sólo que no me dio tiempo a tirar, según metí la mano se cerró la puerta y me aplastó los dedos.

—¡¡¡¡Ahhhhhhhhhh!!!!!!! ¡¡¡Ahhhhhhhhhh!!! -grité de forma apabullante.

No sabéis qué puto dolor… Me había pillado dos dedos de la mano derecha, el anular y el del corazón. Me llevaron a enfermería con los dedos hinchados cual tomates, las uñas se empezaban a poner un poco negras. Yo sentía el pulso de mi cuerpo en los dedos y me mataba el dolor. Me los vendaron, me dieron analgésicos y antiinflamatorios, no podían hacer más. Las noches se hicieron tediosas, veía las estrellas incluso con el menor roce de las sábanas. No pegaba ojo. Durante el día el dolor era constante, me molestaba para todo, pero trataba de adaptarme. El lunes tendría que ir al tuto en transporte y sería más complicado, me dolía horrores y cada vez se ponían más negras las uñas. ¡Qué mala suerte que justo me pasara eso cuando había empezado a salir a la calle!

Pues bien, llegó el lunes y apenas había dormido, me dolía horrores la mano, pero podía salir del reformatorio, aunque solo fuera para ir a clase. El martes, todo transcurría con total normalidad hasta que, al volver al reformatorio y después de cachearme, la coordinadora me dijo:
—Yosu, tengo algo que decirte. Es una buena noticia: te vas esta misma tarde al Laurel.
—¿En serio?
—Sí, no te preocupes. Allí, está también Sofía y serán también muy majos todos.
—Ya, pero ¿por qué ahora que acabo de empezar a salir? ¿No podemos hacer nada? —pregunté.
—No, recoge tus cosas. ¡Venga! que van a venir a por ti -contestó.
Subí a recoger mis cosas y me despedí de Chamina. Nos dimos un abrazo, prometimos quedar cuando saliéramos en libertad y, contra todo pronóstico, lo hicimos.

Me monté en el coche policial y nos pusimos rumbo a Guadarrama. Esta vez iba a estar en un reformatorio mixto que se especializaba en recibir a jóvenes con causa similar a la mía. De nuevo, nuevos compañeros y básicamente volver a empezar de cero otra vez. En el camino, el educador que me acompañaba me iba comentando cómo era el nuevo centro, que era muy similar al Puerta Bonita y que iba a estar muy bien allí. Había distintos tipos de reformatorios en cuanto a mayor o menor seguridad y más o menos estrictos dentro de ciertos parámetros. Afortunadamente, los dos en los que estuve para régimen semiabierto eran de los más *light* que había, según me comentaban, y eso, dentro de lo que cabe, me tranquilizaba un poco. Al menos en eso había tenido algo de suerte.

Cuando llegamos, todos los educadores alucinaban con mi mano y mis dedos.

—¿Qué te ha pasado ahí muchacha? —me preguntaron. Expliqué cómo había sufrido la lesión en mi mano y les conté que aún me dolía incluso con el simple roce de la piel. Desvestirme y vestirme era una tarea complicada, ya que tenía que evitar cualquier tipo de roce con el jersey u otras prendas. Después de pasar por el cacheo y la revisión de metales, me cambiaron el vendaje de los dedos. Al quitar el vendaje anterior, pudimos ver cómo mis dedos estaban deformados y parecían dos Chupachups. Volvieron a curarlos y los vendaron de manera diferente para intentar que recuperaran su forma, pero el curarlos, era evidente que iba a ser un proceso largo.

Y por si fuera poco, de repente me informaron que debía estar nuevamente 48 horas en aislamiento, sin previo aviso. Era el procedimiento estándar cada vez que llegaba un nuevo al centro; no había manera de negociar, era obligatorio. Además, me hicieron quitarme de nuevo el piercing. Les rogué que no lo hicieran, pues si lo quitaban, se cerraría y no quería tener que abrirlo de nuevo por el dolor que ya había experimentado. Pero no logré convencerlos. Parecía que la vida quería apretarme un poco más.

Me explicaron que en este centro también había dos módulos, pero a diferencia de Puerta Bonita, en este caso no se determinaba la ubicación según la edad. Aquí se ingresaba directamente en el módulo de desarrollo, que era el «no privilegiado». La buena conducta, con el tiempo, permitía ascender al módulo de hogar, «el privilegiado». En ese módulo, entre otras cosas, se permitía tener un radiocasete en la celda o más ropa. Tu comportamiento se evaluaba mediante una nota que te asignaban. Creo recordar que se ingresaba con siete, nota que podía subir o bajar según se recibieran o no sanaciones.

Este reformatorio había sido exclusivamente masculino, ahora lo estaban convirtiendo en mixto para especializarlo. Las chicas ingresábamos de forma gradual y yo fui la quinta en llegar. Sabía que Sofía también estaba allí, lo cual, en cierta medida, me tranquilizaba. Tenía ganas de verla y que me contara cómo le había ido desde que la trasladaron. Sin embargo, por el momento me tocaba «aislamiento». Al menos me confirmaron que después de las 48 horas volvería a salir al recurso diariamente como había estado haciendo hasta ese momento. Eso me dio fuerzas para aguantar esos dos días.

De repente, alguien me habló. Era un chico.
—¡Hola!, ¿me oyes?
—Sí hola, ¿quién eres? -le dije.
—Soy Rober, ¿y tú?
—Me llamo Yosu -respondí.
—Yo soy de Alcobendas. ¿De dónde eres tú? -me preguntó de nuevo.
—Soy de Aluche.
—¿Por qué te han metido aquí? -me dijo él.
Le conté al chico que me habían trasladado y que ya estaba saliendo al recurso, por lo que me frustraba tener que volver a estar en aislamiento. Él me dijo que llevaba aproximadamente un mes y que también estaba en régimen semiabierto, pero aún no había comenzado a salir. Hablamos un rato de diversas cosas hasta que nos cansamos.

A pesar de que sabía que en dos días podría volver a clase y ver a mis amigas, esa noche estaba triste y no podía dejar de llorar mientras reflexionaba sobre cómo era posible que viviera todo eso con tan solo quince años. Me preguntaba cómo mi madre podía estar tan tranquila en casa y luego hablar conmigo por teléfono o venir a verme los fines de semana como si nada hubiera pasado. No entendía cómo era capaz de hacerme pasar por algo semejante, algo que yo no merecía. Estuve dándole vueltas a estos pensamientos hasta que me quedé dormida. Durante esos dos días que estuve aislada me di cuenta de que aquí también cocinaban bastante bien. Fui conociendo a los nuevos educadores y por las noches hablaba con Rober, que era el único compi que tenía al lado, ya que mi celda estaba en esquina.

Después de las 48 horas de aislamiento, por fin llegó el viernes y con él, el momento de salir nuevamente. Me entregaron mis pertenencias, que guardaban en un cajón personalizado a la entrada del reformatorio y me puse todo; mis anillos, pulseras, pendientes y, por supuesto, ¡mi *piercing*! Me negaba rotundamente a quedarme sin él después de todo el esfuerzo que hice para convencer a mi madre de dejármelo hacer. Sin embargo, se me había vuelto a cerrar, así que decidí guardarlo y abrirlo más tarde cuando estuviera sola, sin que nadie me viera.

Desde Guadarrama debía recorrer un trayecto mayor, así que tenía que madrugar mucho más. Para llegar al tuto a las 8:30 de la mañana, me levantaba a las 6:00 para ducharme y desayunar. El primer día, como mencioné anteriormente, me acompañaba un educador para ver cuánto tiempo se tardaba desde el reformatorio hasta el recurso. Tomamos un autobús en la parada más cercana hasta llegar a Moncloa[4] y desde allí cogíamos el metro. Después de hacer varios transbordos, al final llegaba a mi instituto. Tenía aproximadamente dos horas de ida y otras dos horas de vuelta. Cuando quedé sola, aproveché para abrirme nuevamente el *piercing*. Esta vez me dolió mucho más que la anterior. Había un tapón que no le permitía atravesar el otro orificio, así que apreté hasta lograrlo, pero me hice mucho daño. Además, había supurado. Lo lavé para evitar una infección y confié en que, si lo dejaba puesto, la herida cicatrizaría y nadie se daría cuenta.

Al terminar las clases, me tocaba volver a Guadarrama, pero esta vez estaba sola. Si hasta ese momento había utilizado poco el transporte público y me estaba acostumbrando a moverme de un lado a otro, ahora, con este trayecto, sentía como si estuviera obteniendo un título superior en desplazamientos. Intenté recordar todo para no perderme al regreso y no equivocarme de parada para no exceder el tiempo asignado. Le pregunté mil veces al conductor hasta que por fin llegué a mi parada. Bajé del bus, entré al reformatorio, me cachearon como siempre y me hicieron dejar de nuevo mis pertenencias en el cajón.

Cuál fue mi sorpresa cuando me dijeron que el *piercing* también debía dejarlo ahí...
—Pero si ya salgo al recurso, en el otro centro una vez empecé a salir ya me dejaban con él siempre, -dije.
—Aquí cuando entras durante los primeros quince días no puedes tener *piercing* dentro del reformatorio, es la norma, -fue la respuesta.

---

[4] Intercambiador de transportes de Madrid. En él confluye una estación de las líneas 3 y 6 del Metro de Madrid y una terminal subterránea de autobuses.

—Pero es que si no se me va a cerrar, ya he estado dos meses sin el *piercing* ¿no cuentan aquí?

—Yosu es la norma del centro, cuando pasen los quince días podrás llevarlo siempre puesto ¿qué pasa, que se te ha cerrado?

—No, no, para nada, simplemente me da miedo que se cierre, por eso lo decía, -contesté.

—No te preocupes, como vas a salir todos los días es difícil que se cierre y quince días pasan volando.

¡Qué fácil era para ellos decir que quince días pasaban volando! Yo disimulé como pude, pero lo único que sabía era que después del fin de semana cuando llegara el lunes, iba a flipar en colores para volver a abrirme el dichoso *piercing* de nuevo y rezaba porque no se me infectara más. Me lo lavaba por la mañana y por la noche, pero veía que poco a poco se iba rellenando el hueco y no disponía de nada para abrirlo, pero tenía que aguantar.

Empezó el fin de semana y al bajar a desayunar al comedor conocí a los menores de Desarrollo, mi módulo. Eran casi todos chicos. Cuando vi a Sofía me alegré muchísimo, le di un abrazo enorme y nos pusimos un poco al día después del desayuno, en el tiempo de ocio. Aquí, además de futbolín, tenían ping-pong y, en vez de ser una única sala por módulo en la que se hacían todo, dentro de cada módulo había áreas separadas. El comedor por un lado, la sala de ocio por otro, la de las actividades, etc.

Había otras tres chicas más. La dominicana, Xeira, tenía régimen cerrado con una condena de varios años. Pertenecía a bandas latinas, era adoptada y vivía en Villalba. Me contaba todas las movidas que había hecho por ahí y que incluso se había llegado a pelear con cadenas con otra banda. Era bajita y muy tetona, pero no se arreglaba mucho, como no salía de allí para nada, le daba igual. Estaba la colombiana Maye, que también había pertenecido a bandas y demás. Y luego, Leire, que era española y vivía en Alcorcón con su madre; su padre había fallecido cuando ella tenía 14 años, así que vivía sola con su madre, como yo con la mía. Además, ella era la única de todas las chicas que, como yo, ya salía al recurso y nos veíamos todas las mañanas al salir. Tenía 16 años, era de 1990, así que me sacaba dos años. Estaba ahí, con una sonrisa, contándome que tenía una condena de un año y medio por delante, mucho más de lo que yo tenía en total.

Más tarde, a media mañana, salimos a hacer deporte y ahí conocí al resto de menores de Hogar, el otro módulo. Por el momento, solo había chicos. En deporte juntaban a los dos módulos y jugábamos al fútbol, baloncesto o béisbol. Nunca antes había jugado al béisbol y me gustó mucho aprender. Además, resultó ser divertido. En el colegio, cuando teníamos educación física, jugábamos al fútbol, baloncesto o vóleibol. Incluso había competiciones de atletismo entre colegios. Yo participé en un duatlón de 7 km entre carrera y bicicleta, y quedé tercera. Gané un trofeo para mí y una copa para el colegio. Siempre me ha gustado el deporte y descubrir uno nuevo que *a priori* me parecía aburrido, darme cuenta de que no solo no lo era sino que me encantaba, fue muy gratificante.

Después de hacer deporte, íbamos ansiosos a comer. Entrábamos al comedor, donde había varias mesas con cuatro sillas cada una. Te sentabas en la tuya y te ibas sirviendo de lo que había. Como ya he dicho, tuve la suerte de que en ambos reformatorios cocinaran muy bien, me contaban cosas sobre la comida de otros que me dejaban loca. Eso sí, estuvieras en el centro que estuvieras, estabas obligado a comerte un mínimo del plato que te ponían, ya que si no lo hacías, te endosaban una sanción leve. Así que al menos, si cocinan rico, es más fácil y llevadero. Después de comer, teníamos media horita de ocio, luego nos metían en la celda a echarnos una siesta mientras ellos hacían el cambio de turno.

Por la tarde, volvíamos a hacer deporte todos juntos. Después de ducharnos, teníamos una película en la sala de televisión. Como en Puerta Bonita, podíamos pedirles a los educadores que nos compraran chucherías y cosas así con nuestra paga para picotear mientras veíamos la película. Todas las películas eran constructivas y algunas eran un poco duras, enseñaban varias lecciones, pero sobre todo nos advertían sobre los peligros de las drogas. Algunos títulos que recuerdo son *El pico* (las dos partes), *Réquiem por un sueño*, *El náufrago* y *Trainspotting*.

Esa misma noche, antes de que apagaran las luces, tocaron a mi puerta y entró un chico alto, moreno, serio y muy guapo, que me dijo:
—Hola Yosua, ¿qué tal? ¿cómo estás? Soy Pepe, tu tutor.
—Hola. Bien, encantada -contesté.
—Bueno, cuéntame un poco de tu vida, ¿por qué estás aquí?, ¿qué ha pasado? -me preguntó.
Le conté toda mi historia y luego él me dijo que era educador de fin de semana, así que solo nos veíamos los findes, que me portase bien y así ganaría cosas. También me dijo que me veía bastante madura para la edad que tenía, se despidió y me dejó en la celda. Mi primera impresión fue buena, me había caído bien. Era más joven que Gregori, por lo que pensé que a lo mejor me entendería mejor que él, pero todo eso estaba por verse.

El domingo salí de educativa a un teatro con un educador al que todos querían mazo y que por las noches era portero de discoteca. Estaba cuadrado, se llamaba Eliseo, pero todos le llamaban Muro por lo fuerte que estaba. En el Laurel, a los menores de dieciséis o más años sí les dejaban guardar el tabaco y el mechero en su cajón para que pudieran cogerlo al salir, pero a los que éramos más pequeños no. En esa salida educativa, Juanjo, uno de los menores que había, se encendió un piti y le pedí uno. Me lo dio sin decir nada, Muro no se percató de que yo era menor de dieciséis y no podía fumar. Todo iba sobre ruedas, hasta que salimos del teatro. Nos cruzamos de lejos con otros menores de otro centro que también estaban de salida educativa y conocían a un amigo de Juanjo internado en su centro. Juanjo, gritando, mandó recuerdos para el chaval y cuando estos le preguntaron:

—De parte de ¿quién? -Para que repitiera su nombre.

Yo grité, sin pensar, el apodo por el que le llamábamos en el centro, creyendo que era su mote normal ya que nos estábamos alejando y cada vez se le entendía menos:

—¡¡De parte del Gaitas!!, ¡el Gaitas!

Juanjo me miró con cara de querer matarme y me dijo:

—Pero ¿tú eres gilipollas? Como se te ocurre decir eso, no me vuelvas a hablar.

Me sentí fatal…

—Pero qué pasa, ¿no te llaman así? -le dije.

—No, así me llamáis en el centro.-dijo él.

—De verdad que lo siento, Juanjo, no lo sabía -le dije.

—Me da igual que no lo supieras, conmigo ya cero y Muro, que sepas que te ha hecho el lío, tiene quince años y no puede fumar.

Me quedé blanca. Muro, además, se enfadó mazo conmigo y me puso una sanción leve de cuatro días de PAR, por lo que la nota me bajó de 7,5 que tenía a 5,5 puntos.

Vaya comienzo. Con lo bien que iba, no solo se había enfadado Juanjo conmigo por algo que realmente no hice aposta, sino que Muro también, y encima pensaba que le había engañado cuando yo pensaba que él en todo momento sabía mi edad y que había hecho la vista gorda. Yo en verdad salía todos los días al recurso, me daba igual si fumaba o no en las salidas educativas porque fumaba diariamente. Simplemente aproveché, ya que me lo ofrecieron, nadie puso impedimento y como ahí dejaban fumar al resto, a diferencia del Puerta Bonita en que no dejaban a nadie, tuvieras la edad que tuvieras, no le di ni la más mínima importancia y mira... Así que Juanjo desde ese día ya me cogió manía. Pasó el fin de semana y llegó de nuevo el lunes, madrugón, desayuno y al recurso. Sólo salíamos tres menores al principio: Leire, Juanjo y yo.

Eran las seis y media de la mañana y esperábamos el bus en la parada con el frío típico de la sierra a esas horas. Leire y Juanjo ya habían salido más veces al recurso juntos y se llevaban bien. A mí Juanjo ni me miraba, así que los escuchaba y cuando Leire me preguntaba algo le respondía. Hablábamos de gustos, de música, de ropa y de nuestra vida hasta haber entrado en el reformatorio. Yo tampoco soltaba mucha prenda porque después de la cagada máxima que había tenido con Juanjo, pensaba que era mejor no abrir mucho la boca. Además, yo era la más pequeña. Todos tenían dieciséis o diecisiete años y a esas edades la diferencia de edad se nota mucho, por lo que era mejor hablar solo cuando fuera necesario.

Cuando llegábamos a Moncloa, Juanjo se hacía un *peta*, que le pasaba a Leire y Leire me lo pasaba a mí. Hasta entonces, los había probado algún que otro fin de semana, nada más. Lo que más me gustaba era el sabor, porque era completamente diferente al del tabaco. Al principio me acojonaba un poco ir fumada a clase, pero era porque no lo había hecho antes. Al fin y al cabo, la primera vez que haces algo, sea lo que sea, es cuando más reparo te da. Luego, poco a poco, lo vas normalizando y así fue. Todos los días al llegar a Moncloa nos fumábamos uno o dos *petas* entre todos. Después, Leire y yo nos retocábamos el maquillaje en los baños y... a empezar el día.

Todos tenían su móvil. Lo cogían de su cajón al salir con el resto de sus pertenencias y podían llamar, poner música, etc. Todos menos yo. Mi madre, además de no traerme los maquillajes, tampoco me quería traer ni mi móvil, un Siemens M-55 que me encantaba, ni mi mp3 con toda mi música. Si podía joderme con algo, lo hacía. No le valía con tenerme ahí metida, privada de casi todo.

Me volví a abrir el *piercing* del ombligo y otra vez, no podía. Se había vuelto a cerrar y me traía por el camino de la amargura. Lo abrí como pude y esta vez me hice más daño que las anteriores porque ya tenía una herida que, al abrirlo de nuevo, volvió a supurar. Así estuve durante quince largos días, abriéndome cada mañana el dichoso *piercing* con tal de seguir teniéndolo, pues todas las noches se volvía a cerrar, el cabrón. Mis amigas me decían que me lo quitara y a mí, cabezona que soy, no me daba la gana. Me encantaba ese *piercing* y no estaba dispuesta a renunciar a él por nada del mundo. Con el tiempo me di cuenta de que, abriendo el agujerito tantas veces porque se cerraba, acabé haciéndome uno nuevo y hoy, si te fijas, aún se puede ver la cicatriz del anterior. Así que era normal que me doliera y se me infectara como se infectó.

Al poco tiempo llegó la Semana Santa, del 1 al 8 de abril. No había clases, por lo que me quedé toda la semana en el reformatorio... ¡Qué ironía! Con lo que me gustaban las vacaciones y ese año las estaba odiando con todas mis ganas. Además, hubo dos días en los que Leire como iba a una escuela taller de jardinería que no cerraba la semana entera como el instituto, sí fue a clase. Y en cualquier otro momento hubieras dicho ¡qué putada! Pero en ese momento era toda una afortunada.

Después de esa semana, volvimos a salir y Leire y yo nos llevábamos cada vez mejor. Ella ya había salido de fiesta por las noches, se juntaba con gente de su edad o incluso mayores, mientras que yo, hasta entonces, como mucho había ido a la Fusión, una discoteca para menores que hay en Alcorcón. Había hecho botellones por la tarde en el barrio y había fumado un *peta* en alguna ocasión, pero poco más.

El 4 de abril Leire cumplió diecisiete años y yo solo pensaba: «Qué putada tiene que ser que además de estar aquí metido, tengas que pasar aquí el día de tu cumpleaños», no me lo quería ni imaginar, a mí me fastidiaba increíblemente haber entrado a los diez días de cumplir los quince y tener que pasarlos ahí por completo como para encima cumplir más años ahí dentro... Pero Leire lo llevaba bien, no le daba tantas vueltas a las cosas como yo, veía lo positivo y lo aprovechaba, se llevaba bien con todos y siempre tenía una sonrisa en la cara. Tenía mucho que aprender de ella.

Leire además me veía mazo de guapa, cuando yo nunca me he considerado tal cosa. Además yo era la única virgen de todo el reformatorio, al principio los menores ni se lo creían, pero era la verdad. Así que era una niñata en toda regla y había veces que ni pillaba ciertas gracias... un día Leire dijo delante de todos que le parecía guapa y básicamente se rieron de cómo podía pensar eso y en concreto Chimo, un pelirrojo con pecas, fue el que más se descojonó y me llamó fea en toda la cara. Por aquel entonces muy guapa no me sentía, además me salían mazo putos granos. Después de haberme sentido super *Hi* por las palabras de Leire, volví a la realidad con las de Chimo. A Chimo no le caía muy bien porque era amigo de Juanjo y después que este le contara mi cagada máxima en la dichosa salida educativa, hacían piña entre ellos. Uno de esos días de Semana Santa estaban los chavales hablando en la sala y me metí en la conversación como quién no quiere la cosa. Fue en ese preciso momento cuando Chimo sin cortarse un pelo me dijo: Yosua, ¡chapotea en tu charco! Me dejó sin palabras... no supe qué coño responderle. No me había faltado el respeto, pero me había mandado callar automáticamente, así que me callé y me apunté la frase, que hasta día de hoy he de decir que nunca ha fallado.

A medida que íbamos siendo más menores los que salíamos al recurso, desde coordinación decidieron dividirnos en dos grupos. Despertaban al primer grupo a las 5:30 a.m. y al segundo grupo a las 6:00 a.m. Como yo iba en el segundo grupo y Leire en el primero, intentaba darme prisa para poder coger el mismo autobús que ella, pero no siempre llegaba a tiempo. Además, como ella salía con Juanjo y otros, él obviamente pasaba de esperarme. Aunque luego siempre se quedaban un rato en el intercambiador de Moncloa, que en aquel entonces, nada tenía que ver con cómo es ahora, tan colorido y luminoso. Todo lo contrario, era oscuro, antiguo y lúgubre. Había muchos

70

mendigos alrededor de la estación, dos de los que fingían serlo, eran en realidad de la policía secreta. Pero a los chavales no se les escapaba nada, y allí coincidíamos de nuevo el primero y segundo grupo para fumarnos unos *petas* antes de ir cada uno a su recurso.

Uno de esos días discutí con Carlos, uno de los chavales que salía en mi grupo, porque no me dejaba dormir en el autobús y estuvo molestándome todo el camino. Discutimos y al llegar al intercambiador, seguíamos discutiendo y Juanjo se puso de su lado solo para joderme. No recuerdo exactamente qué me dijeron, pero sí recuerdo que me fui triste y preocupada al tuto, pensando en que siempre se meterían conmigo, como cuando era pequeña, y que no podía hacer nada porque encima eran mayores que yo y siempre saldría perdiendo. Volví triste y desanimada al centro.

Los lunes y martes Pepe también trabajaba y ese día se dio cuenta de que algo me había pasado. Al principio, no pensaba contarle nada, pero él entró en mi habitación a hablar conmigo y me preguntó directamente qué ocurría:
—Te noto preocupada, ¿ha pasado algo?
—No, Pepe, nada, de verdad -le dije.
—Sé que ha pasado algo, te lo noto, dime la verdad, que soy tu tutor y en lo que pueda, te ayudaré -insistió.
A veces cuando quieres ocultar un sentimiento, basta con que alguien note que te pasa algo y te lo diga para que te rompas aunque no quieras.
Así que peté por dentro y le dije:
—Es que no quiero parecer más niñata todavía por contártelo, pero me toca mazo los cojones porque he discutido con Carlos en el bus porque no me dejaba dormir y ha ido todo el camino dándome golpes en el asiento, y

encima cuando hemos llegado a Moncloa y estaba el resto. Juanjo también se ha metido conmigo porque la cagué en una salida educativa y me tiene manía desde entonces, y han aprovechado los dos, pero ya está, ya veré cómo lo soluciono.

—¿Juanjo y Carlos? Si son los dos más niñatos que tú. Sí, tienen más edad, ¿y qué? Se creen que saben y no saben de nada. Tú no dejes que se metan contigo porque eres buena chica y vales mucho. Anda, dame un abrazo que no te quiero volver a ver así por esos dos.

Y en verdad me aliviaron mucho sus palabras, le di un buen abrazo y me fui a dormir tan tranquilamente. Hasta que al día siguiente noté que Carlos, Juanjo y Chimo me miraban mal y ni me hablaban. No le di mayor importancia, pensé: «Algo les habrá dicho Pepe de que no se metan tanto conmigo y seguro que piensan que soy una niñata, pero me la suda. Yo solo me he desahogado, que bastante tengo ya encima, como para que me estén jodiendo porque sí». Hasta que por la tarde vi a Leire que me preguntó.

—¿Por qué les has dicho a los educadores que nos sobra tiempo?

—¿Qué, os sobra tiempo de qué? -le pregunté yo.

—Que nos sobra tiempo cuando salimos al recurso, ¿por qué lo has dicho? -me replicó.

—¡¿Qué dices?! Yo no he dicho eso, yo solo hablé con Pepe porque me preguntó al verme rayada y le conté la movida con Carlos y con Juanjo pero nada más.

—¡Ya! Y que pasó en Moncloa y estábamos ahí cuando pasó ¿no? -replicó de nuevo ella.

—¿Y qué más da? No creo que os pregunten nada y si lo hacen pues hazte la loca si quieres, no pasa nada -contesté.

—Que no, tía, que como nosotros salimos antes al recurso, si nos vemos en Moncloa con vosotros es porque nos sobra tiempo y a Juanjo y a mí nos han quitado tiempo tanto para ir como para volver -dijo ella

—¡¿Qué dices?!, ¿en serio? -pregunté mientras Leire asentía con la cabeza.

—Tía, pues vuelvo a hablar con Pepe y le digo... no sé..., ya veré qué se me ocurre, pero algo -le dije

—No, Yosu, déjalo ya da igual no se puede hacer nada, tienes que estar más espabilada cuando hablas -sentenció.

—Lo siento, Leire, te juro que no ha sido aposta.

Se fue a su cuarto, yo me fui al mío mientras reflexionaba sobre lo que había pasado, cómo había pasado, sus repercusiones y si de alguna forma podía arreglar algo, porque además Leire había salido afectada sin tener culpa de nada. Me sentía fatal y lo peor es que solo me había desahogado sin pensar en lo que decía, así que la culpa era mía y me tocaba afrontarla. Leire creyó en mí cuando vio que no me había dado ni cuenta de lo que había dicho, ni siquiera se enfadó conmigo. Al día siguiente, todo volvió a la normalidad, con risas y buen rollo.

La vida a veces te sorprende, y no siempre para bien. Como ya he dicho, eres tú quien decide si te transformas o te hundes, y eso es lo que hicimos las dos: transformar nuestra realidad en algo inolvidable. Incluso en los peores lugares y momentos, las buenas personas acaban encontrándose.

Las visitas con mi madre seguían igual, sin ninguna mejora. Aproveché para decirle a Pepe que quería más ropa para el día a día, mi móvil, mi mp3 y mis maquillajes. No entendía por qué mi madre no me los traía. Después de la visita, Pepe me dijo:

—Vale, pues en la siguiente visita le digo a tu madre que te los traiga.

Y así fue, pero cuando se lo dijo, ella le respondió:

—Es muy pequeña para maquillarse, el otro tutor no la dejaba.

—A ver, tiene quince años y creo que ella ya se maquillaba antes de entrar al reformatorio, ¿verdad? -contestó Pepe.

—Sí, pero aun así es muy pequeña -respondió mi madre.

—Ya, ¿pero tú le permitías maquillarse?

—Sí, porque con el genio que tiene... -espetó mi madre.

—Me dijo que a partir de los catorce podía maquillarme porque con trece no me dejaba, pero desde que cumplí catorce sí -le dije a Pepe en ese momento.

—Pues ya está, tráeselos el próximo día con más ropa, el móvil y el mp3 aunque si este tiene grabadora no vas a poder tenerlo dentro Yosu, se guardará en el cajón con el resto de las pertenencias -sentenció Pepe.

Por fin había conseguido algo de lo que quería, mi madre estaba que rabiaba pero si se enfadaba por esa tontería se la vería el plumero y saldría perdiendo, así que no le quedó otra que traérmelo en la siguiente visita. El finde siguiente, me trajo los maquillajes y la ropa. El móvil y el mp3 brillaban por su ausencia. Así que directamente le pregunté por ellos, a lo que ella me respondió:

—Ya te los traeré más adelante, de momento no los necesitas.

—Pero si es mi móvil y lo tengo desde los diez años, ¿por qué no me lo traes? Aquí todos tienen móvil menos yo...

—Ya te lo traeré más adelante, Yosu, de momento tienes más ropa y los maquillajes que querías ¿o quieres que me lleve los maquillajes? -contestó ella.

—No, vale pues tráemelos cuando quieras -le dije con la boca pequeña.

No entendía cómo podía ser tan mala, no le bastaba con tenerme ahí encerrada, tenía que fastidiarme con lo mínimo si podía.

Un día, durante una visita, mi madre estaba al otro lado de la mesa, sentada, mirándome con una sonrisa de oreja a oreja. Tenía el brazo izquierdo cruzado, sujetando el derecho mientras apoyaba su mejilla en la mano derecha. Hablábamos de lo que había sucedido el día que me detuvieron y de por qué estaba ahí, ella sonreía y yo cada vez me enervaba más, hasta que finalmente estallé:

—¡Que me dejes en paz! Que no quiero hablar contigo de nada, ¡te odio! La que tendrías que estar aquí metida eres tú por mentirosa. ¡¿Cómo puedes ser tan hipócrita para estar ahí sentada, riéndote mientras me preguntas que cómo estoy o me dices que así nunca podré volver a casa?! ¡¿CÓMO?!

Me levanté mientras le gritaba todo lo que pensaba y a los quince minutos, Pepe finalizó la visita, a mí me llevaron con el resto de los menores y mi madre y él se quedaron hablando. Después vino a verme y me preguntó:

—¿Por qué te has puesto así?, ¿no te das cuenta de que poniéndote así no consigues nada?

—Me da igual, Pepe, tengo razón y soy yo la que está aquí metida, no ella. Y es ella la que tiene que reconocer las cosas y cambiar, no yo -le dije.

—Yehosua, la que tienes que cambiar eres tú, no te puedes poner a gritar así a tu madre cada vez que viene a verte. Gritar no te da la razón… Puedes tener razón en lo que dices, pero la pierdes por completo cuando te pones a gritar como una loca. ¿No te das cuenta? Tu madre está ahí sentada tranquilamente hablando contigo, y tú te pones hecha una fiera y nadie te escucha, es imposible darte la razón. -dijo él

Entonces le respondí:

—¡No puedo perder la razón por gritar! Tal vez no son las mejores formas, pero tengo razón en todo lo que digo. Cuando la tengo delante, me supera y no puedo decírselo de otra manera porque lo siento así. No aguanto su hipocresía porque encima disfruta viéndome así. Si estuviera ella aquí encerrada seguro que vería las cosas de otra manera, pero como ella está libre y puede hacer lo que quiera, le da igual. Encima viene aquí a decirme cómo tengo que ser con ella. Si ella cambia, yo cambio. Si no, es imposible.

—Mira, tienes que entender que tu madre es mayor. Tiene sesenta y dos años y ha vivido otras cosas. Ella es así en base a lo que ha vivido, por lo que es muy difícil que tu madre cambie después de tantos años. Es más fácil que tú, que eres más joven, cambies, para que podáis tener una buena relación cuando salgas de aquí. Piensa que cada vez te queda menos tiempo de internamiento y lo ideal es que antes de salir de libertad hayas salido de permiso a tu casa algún fin de semana y que las visitas vayan evolucionando. Si no, esto no va a servir de nada y acabarás volviendo aquí -contestó él.

—Ah, así que aunque tenga razón, tengo que ser yo la que cambie, ¿verdad? Mira, no es culpa mía si ella es mayor o no, ni que haya decidido tenerme a su edad, ni tampoco el hecho de estar aquí. Todo es culpa suya y la odio por ello. ¡La odio desde el día en que me bautizó! Y si ella no entra en razón y acepta las cosas, nunca podré estar bien con ella después de todo lo que me ha hecho.

—¿La odias desde que te bautizó? ¿Pero por qué? -me preguntó.

—Porque sí, porque solo a ella se le ocurrió ponerme este maldito nombre. Se han reído de mí mil veces, siempre teniendo que explicar por qué es un nombre de chico o de dónde proviene. Y todo porque se le metió en la cabeza que me tenía que llamar así... No pensó en mí, nunca piensa en mí, solo piensa en sí misma.-respondí cabreada

—Bueno, eso no es para tanto. No seas tan dura con ella. Tu madre te quiere mucho, te lo aseguro. Hoy se ha ido muy triste a casa.-dijo Pepe

—¿Y lo triste que me quedo yo aquí? ¿No importa, verdad? Es lo de menos, como ya estoy aquí... le respondí

—No, Yosu, pero ya estás aquí y poco a poco se acaba el tiempo. ¿Quieres salir en libertad para volver en menos de un mes y volvernos a ver? Porque eso es lo que pasará si las cosas siguen así. ¿O prefieres salir en libertad y olvidarte por completo de un lugar como este? Tú decides. Ya seguiremos hablando de ello, ahora baja a cenar.

En mayo, a Xeira y a mí nos cambiaron a Hogar junto con Sofía, quien llevaba ahí desde abril y que estaba saliendo con un chico del módulo. A nosotras nos pusieron en la habitación doble, que era la única que había en todo el reformatorio y era la única de Hogar que tenía una puerta de acero, las demás eran de madera hueca.

Cada una eligió su cama y comenzamos a decorar la celda nuevamente con dibujos, fotos y dedicatorias que teníamos de nuestros amigos, e incluso algunos hechos por nosotras mismas. Como no nos permitían usar chinchetas, los pegábamos con pasta de dientes. En ese momento, Xeira y yo empezamos a conocernos y nos llevábamos muy bien. Ella siempre me pedía que la peinara y que le hiciera churritos en la cabeza, esos que son parecidos a las trenzas de raíz pero que está enrollados en vez de trenzados. Por aquel entonces, sabía cómo hacerlos aunque no tenía mucha práctica, así que me sirvió para mejorar la técnica. Además, ella tenía una plancha de pelo escondida en la celda, entonces, al menos, podía alisarme el flequillo cuando quería ya que llevarlo bien era una de mis mayores preocupaciones por aquel entonces. Y, dado que mi madre -¡cómo no iba a ser de otra manera...!- se negaba rotundamente a traerme la plancha, nos complementábamos muy bien una con la otra.

Sofía estaba con el Cigala, un chico de centro que estaba loco por ella y que además le dedicó la canción "Ojalá pudiera ir" de Fondo Flamenco, una de mis favoritas. Le hablé sobre mi relación con Julio y cómo decidí terminar con él después de unas pocas semanas de asistir al recurso, ya que no veía un futuro en esa relación. Poco después él empezó a salir con otra chica del colegio y además me pidió una pulsera de plata que me había regalado para regalársela a ella... Me pareció muy cutre. Así que por todas esas razones, la relación que tenían ellos dos y cómo se conocieron me fascinaba.

Siempre me ha gustado arreglarme, peinarme y he tenido habilidad para ello. Y Xeira, al estar conmigo y dado que yo la peinaba, se empezó a arreglar más cada día. Yo me maquillaba para salir y al volver al centro me hacían desmaquillarme ya que no estaba permitido, pero ella se maquillaba sutilmente aunque no saliera nunca ya que tenía régimen cerrado y nadie la decía nada. Logró meter dos espejos en la celda, uno para cada una, así que podíamos maquillarnos y peinarnos allí sin tener que esperar a ir al baño. La verdad es que nos arreglábamos bastante bien. Solo nos permitían depilarnos una vez a la semana, pero un día me guardé la depiladora para poder usarla en otro momento, y así lo hicimos. Decidimos utilizarla un día durante la hora de la siesta, cuando todo estaba en completo silencio y había menos personal. Pensamos que nadie se daría cuenta, pero no fue así. Los vigilantes escucharon el ruido que salía de la habitación, avisaron a un educador y tocaron la puerta.

Al abrir, nos preguntaron por el ruido y nosotras negamos cualquier tipo de ruido proveniente de nuestra habitación. Su respuesta fue tajante: o decíamos la verdad o procederían a hacer un registro completo de la celda. En ese momento, nos miramos y decidí arriesgarme con una simple respuesta.

—Registra lo que quieras, no tenemos nada.

Xeira me miró nuevamente como diciendo: «Eres tonta, nos van a atrapar con el resto de las cosas». Así que decidí entregarles la depiladora y explicarles por qué me la había quedado. Incluso intenté persuadirlos para que nos permitieran quedarnos con ella, pero no hubo forma. Al menos no registraron la celda y todo no fue más allá de una sanción leve. Después de eso, tuvimos más cuidado con nuestras cosas, ya que podían realizar cacheos sorpresa en cualquier momento.

Al ser tan diferentes, aprendimos la una de la otra. Como mencioné antes, ella era dominicana y le gustaba la bachata, el vallenato, etc. Yo no había escuchado ese tipo de música hasta llegar al centro y, sinceramente, no me llamaba la atención en absoluto. Sin embargo, con el tiempo empecé a disfrutarlo. Yo solía poner canciones de Camela, Haze, La Húngara, y ella las ponía de Aventura, Anthony Santos entre otros artistas.

También aprendí a jugar al futbolín. Pepe era muy bueno y yo no tenía ni idea. Solo sabía hacer ruleta y poco más. Así que me enseñó a jugar y lo hizo bien. Durante el verano, organizaban pequeñas competiciones entre los menores y el nivel era bastante alto. Era emocionante, nos picábamos y si perdías sin meter un solo gol, tenías que pasar por debajo del futbolín. Luego estaban aquellos que preferían el ping-pong, los que también tenían su "competi". Personalmente, me parecía más aburrido y no me molesté en aprender a jugar.

Mariano era el único menor que como yo tenía 15 años y al igual que yo no tenía permitido fumar, tenía fama de chivato y "sucio" que sumado a que era un niño se ganó la etiqueta de *pipa* y es verdad que era muy *pipa*. Era un poco inmaduro. Hice un esfuerzo por llevarme bien con él, ya que tuve un rollo con un amigo suyo, Richi. Richi era quinquillero, con ojos grandes, azules y muy claros. Era un año mayor que yo, delgado y un poco más bajo que yo. Quedábamos en Moncloa para ir juntos al centro todos los días. Era buena gente y avispado, me sorprendía que Mariano y él fueran amigos, ya que Mariano era un pipilla y Richi no lo era en absoluto.

Un día, salimos juntos del reformatorio Mariano y yo. Cuando le entregaron sus pertenencias, intentaba ponerse en el dedo un sello de oro de su comunión que no le valía, al final se lo metió a presión y cuando estábamos en el bus camino Madrid centro me dice:
—Yosu, se me está hinchando el dedo, yo creo que el anillo me aprieta demasiado, ¿no? -Y me lo enseñó.
—Sí, tío, se te está hinchando el dedo mazo, quítatelo ya mismo -le dije.
—Es que no puedo -respondió él.
—Échate saliva y seguro que sale - dije.
Pero ni con saliva ni con nada salía eso y el dedo cada vez se estaba poniendo más morado, así que cuando llegamos a Moncloa le dije:

—Vamos a buscar un ambulatorio para que te ayuden a quitártelo, que cada vez lo tienes peor.

—Vale, pero no creo que me corten el sello, ¿no? me - dijo.

—Pues no sé, Mariano, pero mejor el anillo que el dedo, ¿no? -contesté.

—No, no, no, el anillo no me lo pueden cortar que es de oro de mi comunión y lo tengo desde siempre.-dijo él

—Bueno a ver que te dicen, es que no sé para qué te lo pones si ves que no entra, solo se te ocurre a ti. Ojalá que no te lo tengan que romper, me imagino que sabrán cómo quitártelo, pero es que cada vez tienes peor el dedo, ¡vamos rápido!

Encontramos un ambulatorio y nos atendieron rápidamente. Lo primero que el médico dijo al ver el dedo de Mariano fue, que tenía que cortarle el anillo, pero Mariano se negó en rotundo. La situación era cómica, tanto para el médico como para las enfermeras, ya que el dedo de Mariano estaba morado y era el sello o el dedo. Finalmente, Mariano entendió la situación y accedió a que le cortaran el anillo. Fue duro para él ver su sello cortado. Es cierto que a veces Mariano actuaba de manera pretenciosa, queriendo aparentar ser más duro de lo que era, y me daba pena ver cómo los demás se metían con él por eso. Aunque también debo admitir que en ocasiones él mismo se lo ponía fácil, como en este caso.

Seguí quedando con Richi diariamente, hasta que me cansé. Era siempre lo mismo todos los días, y al final me parecía injusto que, siendo él libre y yo estando encerrada, tuviera que mantener una relación en la que no podía hacer nada más que madrugar para que me acompañara al tuto y así poder vernos. Cuando realmente él podía estar con cualquier chica y tener una relación de verdad. Por lo que terminé con él. Cuando se lo conté a Leire no se lo creía, me decía:

—Pero tía, ¡¿cómo le has dejado?! Si es guapísimo y se nota que le gustas.

Yo le expliqué mis motivos y ella los respetó, aunque no cabía en su asombro. En el reformatorio había chicos a los que yo les gustaba, pero ellos a mí no, así que pasaba del tema por completo. Pero cuando Leire vio que incluso de un chaval así de guapo y atento pasaba también, se quedó flipando.

Poco a poco llegó el verano, las clases terminaron y con ellas mis salidas al recurso de lunes a viernes. Como os decía, algo que cualquiera desea, que es terminar las clases y disfrutar del verano, a mí se me hizo cuesta arriba. ¿Cómo iba a pasar casi tres meses metida en el reformatorio día y noche sin salir entre semana? No había suficiente actitud positiva para afrontar eso, además me había sido imposible recuperar el curso en junio. Me quedaban 8 asignaturas pendientes para septiembre y no sabía cómo lo iba a hacer, pero me negaba a repetir curso y que mi padre se reafirmase en que no valía para nada. Por muy complicado que se pusiera el panorama, yo tenía que demostrar que se equivocaban tanto él como mi madre y que por más que intentaran hundirme, no iban a conseguirlo jamás.

Entonces, mi madre decidió apuntarme a una academia que había en una calle colindante a la calle Arenal, en pleno centro de Madrid, al lado de Sol. Para que estudiara durante todo el verano, evitar repetir curso y poder seguir saliendo del reformatorio de lunes a viernes.

Con Leire coincidía varias veces al volver del recurso y ella se llevaba muy bien con los moritos de Guadarrama, siempre conseguía que nos invitaran a un porrito y nos ayudasen en lo que necesitásemos, era una jefa la tía. Nada se le resistía, conseguía lo que quería. Gracias a ella aprendía relacionarme con las personas sin prejuicios por absolutamente nada, ropa, cultura, costumbres, etc. daba igual, lo importante era conocerse, aprender y ayudarnos unos a otros. Leire se juntaba con cualquiera, yo era un poco más selectiva y me di cuenta de que no hacía falta serlo.

A veces nos perdemos cosas por ser demasiado selectivos debido a nuestros prejuicios aunque a veces sean infundados y supe que solo atreviéndote a vivir y a conocer es como realmente descubres y le das valor a las personas de las que, además, aprendes por mínimo o fugaz que haya sido el contacto. Eso te hace crecer como persona y formar tu propio criterio sobre las cosas, las personas y la vida en sí.

Ninguna de las dos se imaginó hasta donde llegaría algo que empezó en el sitio menos pensado, ni lo que supondría para cada una de nosotras, pero de eso entre otras cosas trata esta historia.

Capítulo 3

Leire era muy querida en el reformatorio, tanto por educadores como por los menores. Ella se hacía querer siendo como era, sin más. Al poco de entrar empezó a salir con Hassan, el chico más feo de todo el reformatorio, por lo menos para mí. No me digas cómo, ni qué le vio, pero ella se enamoró de él, solían quedar casi todos los días antes de volver al centro. Estuvieron saliendo dos o tres meses hasta que él le puso los cuernos y la dejó. Todos nos quedamos flipando... ¡¿Cómo un feo como ese le había podido poner los cuernos a mi Leire con lo guapa que es y lo enamorada que está?! Pero así fue y hoy puedo decir que si hasta Piqué se los ha puesto a la diosa caribeña de Barranquilla, teniendo familia con ella y con el movimiento de caderas que tiene, ¿cómo no nos va a pasar al resto de mortales?

Leire lo pasó muy mal, yo siempre le decía que se merecía y aspiraba a algo mucho mejor, que ahora se sentía así pero que todo pasa, si éramos capaces de estar encerradas allí con una sonrisa todos los días, éramos capaces de cualquier cosa, bastante teníamos ya encima como para sumar más peso y así fue como poco a poco le fue olvidando.

La vida en el reformatorio era diferente. Cada uno tenía sus carencias y sus lobos en la cabeza. Mantener una relación estable era complicado, porque, por muy intensa que fuera allí dentro, una vez que uno saliera en libertad, la relación inevitablemente cambiaría. Nosotras nos apoyábamos mutuamente y cada vez éramos más amigas, un poco antes de verano entró Saray, una quinquillero de Lucero, ella y Leire se llevaban bastante bien al principio, hasta que un buen día discutieron, no recuerdo bien por qué fue, pero desde ese momento se convirtieron en archienemigas de por vida y este solo fue el comienzo.

En la academia me llamaban todos por mi segundo nombre, Mikaela, yo no estaba nada acostumbrada a que la gente me llamara así, pero era más fácil para todos y así no tendría que estar dando explicaciones. Conocí a mucha gente, gente a la que le caes bien. Te dice de tomar algo a la salida y yo, lo hacía con el tiempo que me sobraba, pero siempre era por tiempo limitado. De quedar por la tarde ni hablar, así que o les dices que no puedes día tras día o finalmente les cuentas tu historia. Que fue lo que yo hice.

Jenny entró a mediados de julio en la academia y encajamos rápido, a las dos nos gustaba el flamenco y fumábamos *petas*. Muchas veces nos volvíamos juntas en metro hasta Moncloa y otras ella se bajaba en Príncipe Pío, al final nos hicimos amigas. Jenny solía hablar de su prima, me decía que también estaba en un reformatorio, pero no recordaba cuál. Esa conversación no fue más allá hasta un día de agosto, que me dijo:
—Mikaela, que mi prima ya sale al recurso como tú y he quedado hoy con ella en Príncipe Pío antes que vuelva al reformatorio, vente conmigo y así la conoces que te va a caer genial.
—Vale, tía, genial. Además, Leire también hace el transbordo en P. Pío y así tú también la conoces que la he hablado mucho de ti y me hace mucha ilusión, te va a caer genial ya verás -le dije.
—Vale, genial, mi niña -me dijo ella.
Y así fue, cuando terminamos las clases fuimos juntas hasta Pío y avisé a Leire para que me esperase allí. Pero

cuando llegamos, por más que la llamaba no me cogía el teléfono. Al mismo tiempo, Jenny llamó a su prima para ver en qué parte del intercambiador estaba y cuando colgó me dijo:

—Mi prima está teniendo movida con una jamba, ¡vamos!

Y para allá que fuimos. Según estábamos llegando, veo a Saray rodeada de sus amigas discutiendo con Leire… Intenté parar la discusión, pero ninguna de la dos me dejó. En ese momento yo me puse al lado de Leire y Jenny al lado de Saray, las dos nos miramos como ¡¿qué haces?! Hasta que nos dimos cuenta de que Saray era su prima y Leire mi amiga. ¡Menuda situación! Yo intentaba evitar la movida a toda costa para no llegar al reformatorio con ninguna señal de pelea y que nos sancionaran.

Leire ya salía de permiso y aunque yo todavía no, tenía buena nota para las salidas educativas entre las que estaba en juego ir al Aquopolis. Al que además de no haber ido nunca, me negaba a quedarme sin ir. Por lo que intenté hablar con las dos pero ninguna me escuchaba y las amigas de Saray no paraban de echar más leña al fuego, Jenny quería defender a su prima a muerte, pero le pedí que me ayudara y se las llevara, el ambiente cada vez estaba más tenso y con que solo una piba, fuera quien fuera hubiera soltado un bofetón, ya se habría liado una pelea parda en la que por supuesto me habría metido a defender a Leire. Finalmente, no llegó a pasar nada, pero por poco.

Me fui con Leire a la estación de autobuses de Moncloa mientras me contaba lo que había sucedido, estaba super rayada. Según me contó, se estaba fumando un piti mientras me esperaba y en cuanto la vieron sola, aprovechando que estaban todas juntas fueron a por ella y la empezaron a montar el pollo. Era un abuso en toda regla, pero me decía que ella no tenía miedo a nadie y la jodía haberse ido así, ya que podían pensar que se había achantado cuando para nada era así. Yo insistí en que fue la decisión más inteligente, ya que no solo estábamos en clara desventaja, sino que nos jugábamos mucho y no merecía la pena perder todo lo que había conseguido por una pelea absurda con gente absurda. A fin de cuentas, ya la veía en el reformatorio y ahí no tendría a sus amigas para hacer corrillo.

Pero para Leire no era suficiente, se había sentido humillada y ahora sí que sí iba a ir a por ella. Encima su prima y yo nos habíamos hecho mazo amigas y Leire no se podía creer que las cosas transcurrieran así, yo la verdad que también flipaba con la situación, pero como le dije, si no llega a ser por Jenny y por mí a saber cómo hubiera acabado la movida. Entendía perfectamente a Leire, pero tampoco iba a cambiar mi relación con Jenny sin que hubiera pasado nada entre nosotras, a fin y al cabo su prima era su prima y ella era ella.

A partir de ese momento, Leire se burlaba siempre que podía de Saray en el reformatorio o en las salidas educativas, ya que estas últimas también iban por grupos y ellas coincidían siempre en el mismo grupo, en cambio a mí nunca me tocaba con ninguna de ellas. La única vez que coincidimos todos fue en el Aquopolis, en agosto, además me lo pasé como una niña chica montándome en todas las atracciones, mientras que Leire no se montaba en nada... ¡con el calor que hacía! Se tiró el día entero con un pareo esperando a que los demás nos montásemos una y otra vez en las atracciones, por no querer enseñar sus piernas, le daba vergüenza, ¡con lo buena que estaba! Al final del día los chicos la cogieron en volandas y la tiraron de una a la piscina de olas para que por lo menos se diera un chapuzón; de película… ¿Quién va a un parque acuático y no se monta en nada? Pues mi niña, que es única e irrepetible.

Jenny y yo seguíamos teniendo la misma relación que antes de la movida y cuando hablábamos del tema ella me decía:
—Como mi prima enganche a tu amiga la revienta, porque mi prima tiene mucha fuerza, es grande y se ha pegado mazo de veces, dile a tu amiga que se ande con cuidado y que no sea tan chula.
A lo que yo le respondía:
—Leire ahí donde la ves tiene muchos huevos y no se achanta por nada. Ellas se llevaban muy bien, un día discutieron por una chorrada y mira hasta dónde ha llegado…Yo no echaría más leña al fuego, porque si se tienen que pegar se pegarán, y si ese día llega y yo estoy delante obviamente defenderé a Leire. Así que mejor dejarlo estar, ya se les pasará.
Así que ni Jenny ni yo teníamos mucho que hacer más allá de chapotear en nuestro charco.

Por ese entonces me empecé a enrollar con un chaval de clase, Juanki, en el descanso nos dábamos una vuelta por las calles de Madrid y nos quedábamos en cualquier portal, cual adolescentes, dándonos el lote hasta que entrábamos de nuevo a clase. No era especialmente guapo, pero me molaba su rollito roquero al puro estilo Nirvana, después de clase quedábamos con todos para tomar algo rápido antes de tener que irme. Hasta que un día, me di cuenta de que algo pasaba, las miradas de mis compañeros les delataban, pero nadie soltaba prenda… Parecía que todo el mundo sabía algo excepto yo… y así fue. Resulta que una de las chicas de la academia, con la que también me llevaba muy bien y estaba de lío con otro chico de clase, Sergi, había estado jugando a dos bandas con él y con Juanki. Cuando me lo contaron me quedé atónita… Además ella ya se había ido a casa y no tuve oportunidad de decirla nada. Sergi fue quien me lo contó junto con Jenny y el resto de los chavales/as. La rabia inundó mi cuerpo, le quería partir la cara por falsa, pero ya se había ido y nunca volvió a aparecer por clase.

Ese mismo día nos fuimos a comer al Burger y, por lo menos, pude desahogarme, la verdad que entre todos la pusimos a caldo, pero es que era para fliparlo. ¿Cómo puedes ser tan zorra? Y Juanki…, en fin, un puto gilipollas, porque para hacer eso coges me dices que ya no quieres liarte más conmigo y santas pascuas, no me haces ese feo delante de todos para acabar yo enterándome la última. Jenny además me decía:
—Como se te ponga chula, la que la revienta soy yo ¡menuda mosquita muerta la pija de mierda!
Pero como no volvió a aparecer, ahí se quedó la cosa.

Durante todo este tiempo yo hablaba por carta con Reme, mi mejor amiga. Si podía y alguien me dejaba el móvil para llamarla aprovechaba para hablar un poco con ella. Pero en esa época casi todos éramos de prepago y era difícil conseguir que alguien te dejara hacer una llamada. Ella estaba de vacaciones en la playa, me decía que iba a estar en Madrid unos días, así que aprovechando que yo iba a la academia y me sobraba tiempo de vuelta, podíamos vernos un día. A mí obviamente me hizo muchísima ilusión, llevaba todo el verano sin verla y todavía faltaba un mes para que empezaran de nuevo las clases.

Así que a mediados de agosto quedamos en la estación Ópera, que estaba al lado de la academia. Salí de clase corriendo a encontrarme con ella y según la vi nos dimos un abrazo enorme, de estos que cuesta despegarte. Después nos pusimos al día de todo, me contó cómo habían ido sus vacaciones y todo lo que había hecho; yo solo con escuchar la palabra «playa», ya me moría de la envidia, jamás había pasado un verano sin ir a la playa. Sin embargo, lo llevaba bien dentro de lo que cabía. Me gustaba conocer gente nueva y me estaba acostumbrando cada vez más a la vida en el reformatorio. Básicamente, había aprendido a valerme por mí misma en cualquier situación, y cada día traía algo nuevo, aunque anhelara la libertad.

Por supuesto que le hablé de Leire y de la buena relación que teníamos. También le conté sobre las actividades educativas en las que había participado y ya que faltaban solamente tres meses para que obtuviera mi libertad, podríamos volver a quedar después de las clases y los fines de semana, como solíamos hacer antes. Cada vez estábamos más cerca de volver a la normalidad. Fue en ese momento cuando ella me dijo:
—Lo necesito, Yosu, desde que te fuiste el grupo ha ido cambiando mazo, ahora siempre se hace lo que dicen Sara y Toñi, les gusta ir a San Chinarro a ver a unos chavales pijos de allí y yo echo de menos los planes por el barrio, pero al final me tengo que adaptar a ellas siempre. Contigo era diferente, siempre decidíamos entre todas.
—¡Qué dices! Si siempre hemos decidido los planes entre todas… No te preocupes, que tres meses pasan volando y en septiembre estoy de vuelta en clase, ¡todo va a ser como siempre, ya verás! Confía en mí -dije yo.

—Por supuesto que confío en ti y así va a ser, ya queda menos. Mira, te he traído esto de la playa, espero que te guste -me dijo.

—¡Ala! A ver ¡qué es! No tenías por qué, pero ¡qué ilusión! -le contesté llena de emoción y de nuevo le dije al abrirlo- ¡Ala, tía, qué bonita, me encanta! Qué buen gusto tienes, pónmela, porfa.

Era una pulsera ancha a la que iban cosidas conchas blancas y piedrecitas azul clarito. El azul es mi color favorito por lo que me encantó y no pensaba quitármela nunca. No cabía en mi felicidad, además de haber venido a verme y estar deseosa de que saliera de libertad, me había traído un recuerdo precioso de la playa que para mí había cobrado un valor incalculable.

Ese mismo día entró en el reformatorio un menor llamado Gales, no le vi hasta pasados los dos primeros días de aislamiento como de costumbre. Concretamente coincidimos en deporte y yo me quedé *flaseada*. Cuando le vi, un escalofrío intenso me recorrió todo el cuerpo de arriba abajo mientras mil hormigas iban de lado a lado de mi estómago. Pensé para mí:

—¡Madre mía, qué pibón!

Y sí, era indiscutiblemente guapo, tres años mayor que yo. Jugaba al fútbol de manera asombrosa, daba unos tiros a la pelota que dejaban a todos boquiabiertos. Mientras lo miraba, me perdí en un mundo de fantasía sin límites.

Además de su atractivo, estaba en una forma física envidiable y se vestía con mucho estilo. Llevaba unas zapatillas Nike doradas y blancas con cuatro muelles, pantalones cortos que marcaban un espectacular trasero, y una camiseta de manga corta que resaltaba sus músculos en el torso y los brazos, todo de marcas reconocidas. A diferencia de mí, su piel no era morena, sino más bien blanca, aunque había adquirido un bronceado dorado durante el verano que lo hacía aún más irresistible. Tenía el pelo moreno y corto, su mirada era penetrante, con ojos que me recordaban a los personajes de los dibujos manga: grandes y con un color que variaba entre un marrón claro y un verde, dependiendo de cómo la luz del sol impactara en ellos.

Tenía unas buenas pestañas, cejas bien definidas y unos labios carnosos que sobresalían ligeramente, invitándote a besarlos sin pensarlo dos veces. ¡Vaya labios! No tenía tatuajes, y su cuerpo estaba perfectamente tonificado de arriba a abajo.

No cabía en mi propio asombro, estaba fascinada por completo jamás me había sentido así al estar delante de un chico y eso que todavía ni le conocía... Todo fuera que luego el chaval resultara un *tolai* o un *pipilla* y todo ese asombro quedase reducido a nada, pero eso estaba por ver y en ese momento tenía que hacer lo posible por conocerle y llamar su atención por poco que fuera. No sabía cómo porque solo coincidiría con él por las tardes en deporte o los fines de semana, pero cuanto antes empezara mejor. Así que me tragué toda mi vergüenza, mi timidez y sin pensármelo dos veces me acerqué a él y me presenté:

—Hola ¿qué tal? Soy Yosu, ¿cómo te llamas?

—Hola, yo soy Gales -contestó él.

—Ya ves, ¿de qué reformatorio vienes? -pregunté de nuevo.

—Del Pinar, ¿lo conoces?

—No, pero me han hablado de él, allí son muy estrictos con todo, ¿no?

—Sí macho, hasta me cortaron las greñas, no me dejaban traer mi ropa y tenía que ir con la mierda que te dan ellos, ¡no veas! -me contestó.

—Ya veo que eres un poco *pijito*, ¿no? -le dije.

—Qué va, ¿*pijo* yo?, ¿por qué lo dices?-respondió sorprendido.

—Porque vas entero de marca y de marcas caras, se te ve *pijillo*. ¿Qué tienes, semiabierto? -contesté

—Ja, ja, ja, ja, qué va, de pijo no tengo nada... Sí, me tienen que buscar un curro para empezar a salir cuanto antes-dijo él.

—¿Un curro? Querrás decir un recurso, ¿no? -pregunté de nuevo.

—No, un curro porque yo cumplo dieciocho años en dos semanas, que será cuando empiece a salir-dijo él.

—Joder, qué guay que te dejen currar, pero qué putada cumplir aquí los dieciocho... Y cuando los cumplas, ¿te llevan a la cárcel porque ya eres mayor de edad? -pregunté de nuevo.

—No, qué va, me han dicho que como la pena me la han impuesto siendo menor de edad la tengo que cumplir aquí. Qué me vas a contar... Yo tendría que ir este fin de semana a Radical, que tenía las entradas con mis colegas para la fiesta de Las Palomas y aquí me voy a quedar. Me han jodido, pero bien -contestó.

—¡Ala, qué guapo al Radical! Yo nunca he estado. Bueno, piensa que te quedan solo dos semanas para empezar a salir, que parece que no, pero pasan rápido. Yo también salgo todos los días, así que cuando empieces a salir nos veremos fuera, aquí vas a estar más a gusto que en el Pinar creo yo -le dije.

—¡¿Nunca has estado en el Radical?! ¿Pero tú cuántos años tienes? -me preguntó.

—Tengo quince, aún no he ido porque está en Toledo, pero en cuanto pueda iré. Yo he salido por discotecas *light* en Alcorcón y cerca de mi barrio -le dije para hacerme la mayor-.—¿Tú de dónde eres? -pregunté de nuevo.

—Soy de Sanse, o sea que nunca has ido a una discoteca tocha como Fabrik o Radi, ¿no? -me dijo sorprendido.

—Qué va, pero no me lo pienso perder por nada del mundo. Aquí ya me han hecho el DNI, que mi madre no me lo quería hacer para que no saliera de fiesta, así que en cuanto salga y tenga la edad, no me pienso perder ni una fiesta, por cierto, ¿dónde está Sanse? -pregunté.

—Como te guste vas a ir todos los findes, hacen unas fiestas muy guapas, a ver si traigo videos que tengo del Radi en DVD, os lo enseño a todos y así lo ves. En San Sebastián de los Reyes, en el norte de Madrid, ¿no lo conoces? -dijo él.

—Ah… donde los sanfermines, que salen por la tele todos los años, ¿no? -respondí.

—Sí, justo. Lo hacen en las fiestas de Sanse, que son de las mejores que hay en Madrid —me aseguró.

Terminó deporte y tuvimos que dejar la conversación para otro momento, me fui a la ducha y cuando entré en la celda, le conté a Xeira que me encantaba el chaval, me tenía fascinada y solo acababa de conocerle. Estaba deseando que llegara el día siguiente para poder volver a hablar con él en deporte y ella me decía:

—Sí, no es feo, pero tiene unas pedazo de orejas…

A lo que yo contesté con orgullo:

—Pues la verdad que ni me he fijado. Me encanta, te lo juro, además de guapo se le ve espabilado y encima le gusta la fiesta, va al Radical y dice que va a traer vídeos para que veamos cómo son las fiestas que hacen ahí.

Con el paso de los días, siempre que llegaba la clase de deporte, intentaba interactuar con él, aunque fueran conversaciones breves. Cada vez me caía mejor, pero no podía evitar pensar que, teniendo él casi dieciocho años y yo tan solo quince, me podía ver como una niña. A esas edades, una diferencia de tres años es muy significativa, y estaba segura de que si todos los demás internos habían tenido experiencias sexuales, alguien tan atractivo como él, que era el más mayor y aficionado a la fiesta. Seguro que había experimentado de todo, mientras que yo apenas sabía nada...

Por lo tanto, procuraba no mostrar en exceso mi interés, además de que todavía tenía los dedos dañados y medio deformes, lo que no era precisamente muy atractivo. La mitad de la uña de cada dedo estaba negra, mientras que la otra mitad seguía pegada a la uña y tenía un aspecto normal. Comencé a preocuparme de que esto fuera un problema cuando creciera la nueva uña, ya que podría no crecer de manera adecuada. Aun así, decidí esperar y ver cómo evolucionaba.

Hasta que un par de semanas después, a finales de agosto, regresando del recurso, la mitad negra de cada uña se cayó, dejando al descubierto unos muñones horribles con montículos y una fina capa de uña que esperaba ser cubierta por más capas para recuperar su forma original. Me preocupaba el hecho de que me crecieran feas por mantener aún media uña sana pero vieja en cada dedo. Así que cuando llegué al reformatorio, después del cacheo, fui a la sala de la coordinadora, le trasladé mis inquietudes y le dije:

—Yo creo que lo que hay que hacer para que crezcan bien es arrancar la parte de la uña que aún sigue pegada, pero creo que me va a doler mucho, ¿no?

Se miraron entre ellos y después me miraron a mí como si estuviera loca por pedirles que me arrancaran las uñas. Así que llamaron a la enfermera a ver de qué forma podíamos solucionarlo. Cuando la enfermera apareció y las vio, me dijo:

—Tenemos dos opciones; una es quitártelas poniéndote anestesia, pero tienes que entender que la anestesia te la voy a pinchar en las propias uñas y va a ser doloroso.

Yo la miré con cara susto y ella prosiguió:

—Y la otra opción es quitártelas sin anestesia, que también va a ser doloroso, pero te ahorras los pinchazos, así que ¿qué hacemos? -me preguntó.

Mi cara era un poema… desde el primer momento en el que lo comenté era consciente de que arrancarme las uñas iba a ser doloroso, pero el hecho de que la propia enfermera me lo dijera así me acojonó bastante. No obstante, le di un par de vueltas rápidas en mi cabeza y le dije:

—Vale, pues con anestesia.

La enfermera fue a buscar los utensilios necesarios para la «operación» y cuando volvió con ellos a la sala de coordinación, preparó la jeringuilla con la anestesia, cogió mi mano para proceder al pinchazo y en ese preciso momento me entró el pánico y la paré en seco.

—Pero ¡¿dónde me vas a pinchar?! -le dije con pavor en la mirada.

—Te voy a pinchar encima de la uña, tiene que ser ahí para que la anestesia te duerma esa parte del dedo -contestó ella.

—¿Y no puede ser en otra parte del dedo? -pregunté de nuevo.

—No, tiene que ser ahí, por eso te he dicho que si no, hay que quitarlas sin anestesia. Está en ti si prefieres aguantar el pinchazo o prefieres aguantar el dolor al quitártela ¿qué hacemos? -preguntó de nuevo.

Estaba cada vez más nerviosa, pero tenía que tomar una decisión y tenía que hacerlo de inmediato. Bajo mi experiencia, en el dentista, los pinchazos de anestesia nunca me dolieron. La aguja es tan fina que apenas la sientes, y una vez que la zona está adormecida, no sientes nada más. Te relajas y permites que el especialista haga su trabajo. Entonces, pensé que el dichoso pinchazo no sería tan doloroso. Sin embargo, al mirar mi uña, o más bien el muñón, solo podía pensar: «Va a doler muchísimo... pero mejor eso que sentir cómo te la arrancan». Así que nuevamente le dije:

—Venga, vale, pínchame la anestesia.

Extendí de nuevo mi mano derecha para que procediera a ello, ella la cogió, miró atentamente según se acercaba con la aguja al dedo corazón, la mano me empezaba a temblar y acto reflejo de forma instintiva yo echaba mi mano hacia atrás. A lo que ella procedía de nuevo a acercársela para poder proceder al pinchazo y de nuevo el miedo me hacía echarla para atrás en cuanto veía cerca la aguja. Así ocurrió incluso un par de veces más, parecía un juego pero en verdad estaba acojonada a más no poder. La coordinadora, dos educadores y un vigilante de seguridad miraban atentos a mi alrededor y me decían:

—Yosu, va a ser un momento y ya vas a tener bien las uñas, tranquila, no tengas miedo.

Así que me armé de valor y le dije:

—¡Venga!, ¡hazlo! Pero sujetarme la mano, porque no puedo evitar echarla hacia atrás. Yo no miro, ¡dale!

Entonces me pinchó y el grito apabullador que metí en ese momento te aseguro que lo escucharon hasta en la China. ¡Qué puto dolor! Jamás lo hubiera imaginado... Lo recuerdo como el dolor físico más doloroso que he sentido jamás, era como si me estuvieran violando el dedo... Cualquier palabra se queda corta para describirlo, pero ya estaba hecho, ahora solo quedaba quitarme la uña.

La enfermera me dijo:

—Vamos a esperar un ratito a que te haga efecto la anestesia y ya te la quito, ¿vale?

—Vale -le dije con los ojos empañados.

Pasados diez minutos cogió el bisturí y antes de hacer nada testeó si sentía algo en la uña y así era, aun no se había anestesiado del todo y tenía sensibilidad en la parte a extirpar, así que me dijo:

—Pues o te la quito así o hay que poner otro pinchazo.

Tenía una expresión de terror en mi rostro. El pinchazo inicial me sorprendió y me encontraba en una encrucijada: soportar el dolor de que me quitaran la uña sin anestesia o recibir otro pinchazo para adormecer la zona. Finalmente, decidí...

—Vale, pues pincha otra vez anestesia.

De nuevo preparó la jeringuilla, los educadores sujetaban mi mano con fuerza. Pero según veía que se acercaba la aguja echaba para atrás la mano con todas mis fuerzas. No podía evitarlo, todavía me dolía el pinchazo anterior y el pánico me ganaba el pulso. Lo intentamos cuatro veces más hasta que finalmente a la quinta me pincharon por fin... De nuevo pegué un grito inhumano que hizo retumbar el reformatorio entero ¡qué mal lo estaba pasando por Dios! Solo me consolaba el pensar: «Ya está, es una vez en tu vida y por mucho que duela vas a tener las uñas bonitas siempre. Si no lo haces ahora, cada vez que te las mires y pasen los años que pasen te arrepentirás de no haberlo hecho y de no haberle echado un par de huevos. ¡Eres dura! tú puedes con esto y mucho más».

Esperamos otros diez minutos, de nuevo cogió la enfermera el bisturí para testear si tenía sensibilidad y, aunque cueste creerlo, la tenía… Además, después de haber aguantado dos pinchazos como esos, me negaba en rotundo a sentir ni un ápice de dolor cuando procedieran a quitármela, por lo que le dije:
—Ponme otra de anestesia.
Y de nuevo otra vez la pelea con mi mano, que no había forma que se estuviera quieta ni de sujetarla, hasta que de nuevo me pincharon y por consiguiente di un tercer grito apabullante y desgarrador de dolor. Al rato comprobaron de nuevo la sensibilidad y por fin parecía que no sentía nada, que ya solo quedaba coser y cantar, o mejor dicho: arrancar y curar.

Sin embargo, la enfermera no me había informado de todos los detalles. Dado que la uña estaba dividida a la mitad, es decir, se extendía desde la cutícula hasta el final de la uña, por el lado derecho de esta. ¡Cuál fue mi sorpresa! cuando supe que necesitaban ponerme otros dos pinchazos en esa última zona, es decir, entre la uña y la yema del dedo. Sabéis dónde suele acumularse la mierda debajo de las uñas ¿no? pues ahí. Y de nuevo, tuve que reunir el valor que no sabía que tenía, para terminar ese maldito calvario.

Entre tanto había llegado la hora de deporte y los menores bajaban a las pistas de futbol y baloncesto con los educadores. El despacho de Susana, la coordinadora, daba justo a esa zona a través de una ventana. Así que según procedieron a ponerme esos dos pinchazos, después de conseguir inmovilizar de nuevo mi mano entre cuatro personas… cualquier grito que hubiera dado hasta ese momento os aseguro que se quedaba corto… Di un grito tan intenso y desgarrador, que hasta los menores pararon de hacer deporte por un momento, mientras que los vigilantes de seguridad que había en las pistas con ellos, vinieron corriendo a la ventana para ver qué narices había pasado y cuál era la procedencia de tal escándalo.

Después de esos dos pinchazos me quitaron por fin la uña sin que sintiera absolutamente nada y cuando parecía que ya todo había pasado y podía quedarse en el olvido… Tocaba la uña del dedo anular. Era como una peli de terror -os lo juro- pero no me quedaba otra, tenía que armarme de valor y terminar con eso de una vez por todas.

Con el dedo anular fue prácticamente igual que con el corazón, con la diferencia de que en la parte superior de esta uña solo me tuvieron que poner dos pinchazos en vez de tres. Los gritos, las miradas de pánico, la mano agarrada por cuatro personas… Nada de eso cambió, los que estaban en deporte flipaban, parecía que estuvieran haciendo la matanza de Texas en esa sala.

Al terminar, me pude ir con mi mano lisiada a ducharme y a cenar. Todo el mundo me preguntaba qué era lo que me había pasado y yo respondía, pero en verdad bastaba con mostrar mis dedos. A veces una imagen vale más que mil palabras. Por lo menos ya podía estar tranquila que mis uñas crecerían sanas y bonitas aunque ahora diera un grima tremendo mirarlas.

Llegó septiembre y con él el momento de demostrar de qué pasta estaba hecha: tenía que recuperar ocho asignaturas enteras. Nunca había tenido que recuperar nada en septiembre, se me hacía raro estar allí el día 1 para examinarme en vez de ir directamente el día 10 para conocer a mis nuevos compañeros y profesores. Hice mis exámenes y a los pocos días me comunicaron que había recuperado siete asignaturas y que pasaba a cuarto de la ESO.

Por fin iba a terminar la secundaria, sin repetir y callando bocas a todos los no confiaron en mí, como mi padre. Le había demostrado que da igual la adversidad que te rodee o como tu entorno perciba tu vida y tus circunstancias. Lo que importa es solo lo que llevas dentro. Siempre que tengas un motivo por mínimo que sea, para seguir adelante; no debes permitir que nada ni nadie te haga agarrarte al resto de motivos que te hacen desistir. Porque eso es lo fácil, dejarte llevar y renunciar a ti. Cada uno somos únicos e irrepetibles, cada uno sabe lo que quiere y por qué. No hay que permitir que otros apaguen nuestra luz, ni siquiera cuando estamos a punto de apagarnos nosotros mismos, porque nunca sabes qué o quién puede hacer que tu llama se avive de nuevo para que deslumbres al mundo con ella.

Cómo hasta el día diez no empezaban las clases, ya había recuperado las asignaturas pendientes, me tocó quedarme de nuevo esos nueve días sin salir.

Con mi padre seguía sin tener relación desde lo ocurrido, la psicóloga del reformatorio siempre me decía que era bueno que viniera a verme también, pero yo me negaba en rotundo. ¡Pasaba de verle la cara! Bastante tenía con ver a mi madre y que poco a poco las visitas fueran durando más, por poco que fuera. Pero de repente un día, en concreto el 4 de septiembre de 2007, me reúnen en la sala de coordinación para darme una noticia completamente inesperada...

—Yosu, verás, tu madre ha hablado con tu padre y nos ha dicho que tu abuelo está ingresado en el hospital 12 de Octubre por un cáncer linfático severo -me dijo Susana.

—¡¿Quééééé?! -interrumpí con la cara descolocada.

—Sí, está en una situación muy delicada y por lo que pueda pasar, que no se sabe, te hemos autorizado mañana una salida por la tarde con una educadora para que puedas ir a verle al hospital.-dijo ella.

En ese momento de nuevo mi mundo se vino abajo, llevaba meses sin poder ver a mis abuelos, me quedaba poco para salir y tenía que ser justo estando ahí dentro cuando pasase algo así... Rompí a llorar desconsoladamente, me sentía culpable de no poder estar a su lado y que encima pensase que no había ido a verle en todos esos meses porque no quería... En ese momento nada podía aplacar mi dolor, solo deseaba que llegara el día siguiente para poder verle mientras no paraba de pensar: «Qué injusta es la vida y qué caprichoso el destino».

Al día siguiente, a eso de las 16:00, me preparé para ir con Amaya, una educadora, al hospital. Estaba de los nervios, pero deseando verle. Cuando llegamos al hospital, buscamos la habitación y al llegar al pasillo al primero que vi fue a mi padre, serio y con cara de pocos amigos, no parecía que se alegrase mucho de verme. Obviamente fui con mi ropa, pero ni siquiera en un momento así y después de todo el tiempo que había pasado era capaz de cambiar su actitud conmigo. Le saludé, luego vi a mi abuela, a la que le di un abrazo y cuando me dispuse a entrar en la habitación para ver a mi abuelo, me quedé pálida. Jamás había visto a nadie con cáncer hasta ese momento, pero es verdad que ni me imaginaba lo que conllevaba. Yo esperaba verle mal, en la cama... Pero cuando le vi sin pelo, sin cejas, sin pestañas... Se me vino el mundo todavía más abajo... Le di un abrazo y no quería soltarlo, intentaba no llorar para que él no se sintiera peor, pero los ojos se me empañaron a más no poder, así que disimulé cómo pude y entonces le dije:

—¿Qué tal estás abuelo?, ¿qué ha pasado?

—Pues hija, ya ves, que me ha dado el cáncer, pero aquí me están atendiendo de maravilla, los médicos están pendientes de todo y dentro de poco volveré a casa -me contestó.

—Ya ves, seguro que sí abuelo, tú eres muy fuerte, pero... ¿por qué no tienes pelo? -pregunté.

—Porque la quimioterapia, que es el tratamiento que me están poniendo, hace que pierdas el pelo, pero no te preocupes, que luego se recupera -me dijo con una sonrisa- Hacía mucho que no te veía. ¿Qué ha pasado, por qué ya no vienes a vernos?

Mil putas emociones recorrieron mi cuerpo, entre rabia, pena, nostalgia, devastación... No sabía qué contestarle, no quería decirle dónde estaba por si pensaba que era una delincuente que no llegaría a nada en la vida, así que cogí las pocas fuerzas que tenía y mentí.

—Nada, abuelito, es que he tenido que recuperar muchas asignaturas y he estado encerrada estudiando mazo. No he visto ni a mis amigas, ni me he ido a la playa tampoco. Pero no te preocupes, que las he recuperado y dentro de poco volveré a verte como antes, que yo te quiero mucho -respondí.

—Vale hija, cuando tú quieras y no te enfades con papá, que te quiere mucho también.-dijo él con los ojos empañados también.

En ese momento entró Amaya para decirme que nos teníamos que ir ya, me despedí de ellos y le volví a dar un abrazo enorme a mi abuelo.

Al salir del hospital no podía parar de llorar, me había quedado impactada por su aspecto físico y no paraba de darle vueltas en mi cabeza: «Si el abuelo se muere mientras cumplo condena, va a morirse pensando que no le quiero por no haber ido a verle... ¡Ojalá supiera lo que me jode no poder estar a su lado y toda la verdad! Pero no se lo puedes contar, porque no lo va a entender...».

Amaya durante todo el camino de vuelta hizo todo lo posible por tranquilizarme y que no me agobiara más de la cuenta. Me ayudó un poco, pero yo estaba sumida en una oscuridad mental en la que solo podía relajarme pensando en canciones de Amaral, Pereza, La Oreja de Van Gogh, El Canto del Loco o Los Rebujitos, eso sí, canciones a cada cual más triste que la anterior... He sido así siempre, cuanto peor me he sentido canciones más tristes depresivas he escuchado para poder salir de mi hoyo mental, y la verdad es que siempre me ha funcionado. Y como en ese momento no tenía cómo escucharlas, las cantaba una y otra vez en mi cabeza. Con el simple anhelo de que todo saliese bien y que pudiera ver a mi abuelo cuando saliera de libertad.

Al volver al reformatorio, me duché, cené, después disfruté un poco del tiempo de ocio echando unos futbolines e intentando no pensar demasiado en lo de mi abuelo. Cuando me fui a acostar me vino todo de nuevo a la cabeza y le estuve dando vueltas hasta que me quedé dormida.

Unos días después llevaron a Gales a la sala de coordinación con Susana por algo que había ocurrido. Nadie sabía qué era lo que había pasado y cuando le vi en deporte le pregunté:

—Tío, ¿qué te ha pasado, que me han dicho que te han llevado a coordinación?

—Ya, es que uno de mis colegas me ha mandado una L en una carta y como te revisan las cartas antes de dártelas, se han dado cuenta y me querían sancionar -me dijo.

—¡Ala! Qué máquinas tus colegas, ¿y al final te han sancionado? -pregunté de nuevo.

—Ya, sí que lo son. No me han sancionado, porque me han pedido explicaciones y obviamente yo no sabía nada, me lo han mandado porque han querido, yo no tenía nada que ver, así que al final lo han tirado y listo -dijo él.

—Joder, qué putada que lo hayan tirado, pero bueno, al menos no te han sancionado-dije yo.

—Ya, menos mal, porque en breves empiezo a salir al curro y ahora tengo muy buena nota. Estoy a ver si Jorge, mi tutor, me deja cortarme el pelo que ya me ha crecido mucho y a mí me gusta corto -dijo él.

—Ya ves, ¿y te vas a volver a dejar las greñas? -pregunté de nuevo.

—Qué va… Ya me las han cortado y con lo que me costó dejarlas crecer ya paso, por eso quiero cortármelo y que me hagan un corte guapo que en el Pinar me lo raparon entero y ahora crece sin forma -dijo él.

—Ya ves, qué pena, porque a ti las greñas te quedarían de puta madre -le dije yo.

— ¿Tú fumas *petas*? -me preguntó él.

—Sí, todos los días cuando salimos al recurso si no es uno es otro el que tiene, así que no te preocupes, que cuando salgas fumarás con nosotros -contesté.

—De puta madre, ¿y qué te gusta más el polen o el paki? -me preguntó de nuevo.

—Pues no sé, la verdad... yo creo que hasta ahora solo he probado el paki, pero tampoco entiendo mucho. No sé cuál es la diferencia.

—Ja, ja, ja, ja, ¿cómo no vas a saber cuál es la diferencia? El paki es más oscuro, burbujea más cuando lo quemas y aparte es lo mejor que hay, el polen a mí no me gusta, es más arenoso y no coloca tanto, me parece una mierda, pero hay gente que lo prefiere -me dijo.

—Ahhhh, vale, pues yo creo que solo he fumado *paki* -contesté de nuevo.

—Ya verás cuando empiece a salir; voy a coger *petas* en mi barrio, que tengo una amiga que pasa unas pelotas ricas ricas y vas a flipar ¡eso sí que está bueno! ¡ya verás! -me dijo él.

—Vale, genial, pues a ver si empiezas a salir pronto y así los cato jeje... -contesté.

Le pasaron a Hogar por buen comportamiento, tenía la nota más alta de Desarrollo y entraban menores nuevos, por lo que se necesitaban celdas libres en ese módulo. Tuvo suerte para el poco tiempo que llevaba y por mí de puta madre, porque ahora le vería mucho más.

Teníamos un tonteo entre los dos que, poco a poco, fueron notando algunos menores, aunque nada significativo. Además, no quería hacerme demasiadas ilusiones,

ya que aunque también notaba que había atracción mu-
tua, podía equivocarme o confundirlo con una amistad,
solo porque a mí me molaba y quería molarle a él.

Lo que desde luego veía es que también tenía atracción
por Xeira. Un día estando en la sala de tele y viendo los
famosos videos del Radical que trajo, los cuales no dejaban indiferente a nadie ya que te enseñaban de principio
a fin cada fiesta. Hablaban con cada uno de los DJ y te
mostraban el espectáculo que montaban en cada fiesta dependiendo de la temática de esta. En casi todas, iba una
conocida *stripper* que subía al escenario semidesnuda,
con el *toto* lleno de lo que fuese, podían ser pañuelos de
colores, banderillas de feria, collares de perlas...que
poco a poco empezaba a sacar. Se iba a un extremo del
escenario mientras lo sacaba para que un tío to' cuadrado
lo agarrase con los dientes y de ahí se iba al otro extremo
del escenario en el que se encontraba otro tío cuadrado
que también lo agarraba con sus dientes y así hasta sacar
5m. de lo que fuese, era alucinante la verdad.

Ese día hablando con Gales sobre el vídeo, no sé por
qué la conversación derivó en las tetas de las *gogós* y yo
cogí y le pregunté:
—Y... ¿a ti cómo te gustan las tetas?
A lo que él me respondió, mostrándome su gran mano
abierta:
—Yosua, mira mi mano, ¿tú qué crees?
—Ah, claro, claro -contesté mientras pensaba «nunca le
vas a gustar, porque le gustan las tetas supergrandes,
como las de Xeira, y tú nunca las vas a tener así».
Así que sí, tenía esa sensación y a mí cuando me da una
sensación no suelo equivocarme, os lo aseguro. Sí que es
verdad que en ese entonces dudaba de mi instinto, pero

por falta de experiencia, porque si supiera todo lo que sé ahora, ni se me habría pasado por la cabeza dudar de él.

Encima el Richi quería volver conmigo y Mariano siempre que me pillaba por banda me decía que era tonta por haberle dejado, que con ese chaval no me hubiera faltado de nada…Además, me contaba que cuando se liaba conmigo, hablaba maravillas de mí a todos sus colegas y primos. Según él, les decía que yo era la chica más guapa de todas, etc. ¡Vamos, que me ponía por las nubes!

Y aunque me hizo dudar, porque en ese momento jamás hubiera pensado que nadie me pudiera ver con esos ojos, yo no quería volver con él. Me parecía muy bonito que me viera así, pero me gustaba demasiado Gales. El chaval no se merecía, si le gustaba tanto como me decía Mariano, que además de adaptarse a mis horarios de mierda, a mí no me gustase como yo le gustaba a él, porque con esos ojos con los que él me veía, era con los que yo veía a Gales. Aun así lo utilicé en otro momento, el cual detallaré a continuación, para poner celoso a Gales cambiando algún que otro detalle. Aunque he de decir, que no me salió demasiado bien.

En las salidas educativas, Gales solía ir en mi grupo y ese fin de semana fuimos al cine a ver *Los 4 Fantásticos* y después fuimos a una feria medieval que había en Guadarrama. Al llegar a la plaza, me tropecé con un adoquín del suelo y se me rompió la sandalia en el acto. Eran blancas, de estas que se cruzan entre el dedo gordo y el índice del pie, las típicas ¿Sabéis cuáles verdad? Pues bien, se habían roto justo de ahí y no podía andar bien si no era descalza… ¡Qué vergüenza y encima delante de él! No sabía qué hacer para arreglarlo y entonces le dije a Nuria, la educadora que nos llevaba:

—Seguro que en algún puesto de estos pueden arreglármela, vamos a preguntar, porfa, Nuri.

Nuria accedió y enseguida encontramos un puesto en el que cosieron la sandalia, la arreglaron en un momento y por lo menos me quedé más tranquila. Porque entre la chancla, los muñones que tenía por dedos, algún grano que me había salido y que encima era la más canija, me moría de la vergüenza en esa situación.

Gales tenía dos hermanas, una mayor y otra menor, y ese día en un momento de la conversación me dijo:

—Si mi hermana pequeña, siendo un año mayor que tú me parece una niñata y eso que solo nos llevamos dos años de diferencia. Tú, Yosu, por muy mayor que te creas, eres una niña.

A lo que yo para hacerme la mayor y mostrar algo de indiferencia le dije:

—Pues tan niñata no seré cuando tengo novio, a lo mejor el niñato eres tú -dije haciendo referencia al Richi, aunque realmente no estaba con él.

—¡Ah! Que tienes novio -contestó él.

—Sí, bueno, nos estamos conociendo, nada serio -dije yo.

—Eres tú la que ha dicho novio -contestó de nuevo.

—Ya, bueno, pues un rollo, nada serio, pero que no soy una niñata -dije yo.

—Vale, vale, señorita mayor con novio -me dijo en tono jactancioso.

—¡Que no tengo novio! Es un rollo -contesté, alargando mi mentira e intentando cambiar de conversación.

Al poco tiempo Gales por fin empezó a salir al recurso y le pusieron en el primer grupo de salida. Yo hasta el día diez que empezaran las clases no salía, pero en cuanto llegó ese día, si antes me daba prisa por salir para coincidir con Leire y los demás, ahora, con más motivo. Me acostaba incluso peinada para tardar lo menos posible, cuando el educador venía a despertarme ya estaba levantada, con la cama hecha, vestida y peinada. Iba al baño me lavaba la cara, me maquillaba y bajaba corriendo a desayunar. Me tomaba rápidamente el Cola Cao, los bollos me los metía en la mochila, cogía mis pertenencias del cajón e iba corriendo a la parada de bus.

Como todos los días, estos tenían que buscar los *petas* que escondían fuera, en el campo antes de entrar al reformatorio, en lo que tardaban en ello yo buscaba mi tabaco, llegaba a la parada y ya me iba con ellos. Gales nos enseñó a todos la pedazo de bola que le habían regalado sus colegas y nos decía que íbamos a flipar de lo buenos que estaban esos *petas*. Al llegar a Moncloa todos los chavales sacaban su china y se ponían a liar, a Leire y a mí nos pasaban todos lo *petas*, luego como siempre nos esperaban a que nos arreglásemos en el baño de nuevo y ya cada uno tiraba para su recurso.

Un día, al volver de clase, me encontré con Gales en Moncloa, nos montamos en el bus y fuimos hablando todo el camino, y así nos dimos cuenta de que algunos días coincidíamos a la hora de volver, así que decidimos quedar para volver juntos en esas ocasiones. Como yo seguía sin tener el móvil, quedábamos de palabra y siempre cumplíamos. A mí me encantaba volver con él, me deleitaba con su belleza mientras hablábamos y nos íbamos conociendo poco a poco. Uno de esos días me dijo:
—Déjame sentarme a mí primero y así me pongo de lado y te recuestas sobre mí, ¿vale?

—Ah, sí, vale -dije yo mientras mi corazón latía a ritmo de *hardstyle*.

Me recosté sobre él y fuimos hablando como de costumbre, pasado un rato me empezó a hacer caricias por el hombro, yo no me lo podía creer pero a la vez no me quería hacer ilusiones, así que actué como si nada y seguimos hablando. Mientras su mano poco a poco iba bajando por mi pecho suavemente caricia tras caricia; estaba en la gloria pero a la vez me daba vergüenza que me tocara una de mis trufis, que es como las llamo cariñosamente, puesto que siempre han sido muy pequeñas y en esa época tenía mucho complejo por ello. Además, después de saber que a Gales le gustaban las tetas grandes como su mano, me daba todavía más vergüenza pensar que le parecerían poca cosa, pero me gustaba tanto… que puse de lado la timidez y le dejé. Hasta ese momento nunca antes nadie me había tocado las *trufis* por lo que yo pensaba: «Lo siguiente será enrollarnos». Además me moría de ganas de
probar esos morros carnosos y jugosos que tenía, los cuales provocaban de todo en mi cuerpo al verlos, pero no fue así. Llegamos a Guadarrama y fuimos juntos al reformatorio. Él no dijo nada y yo tampoco lo hice. Entramos, nos cachearon y después comimos juntos en el comedor.

Volvimos a quedar para volver a los dos días y de nuevo pasó lo mismo, solo que esta vez su mano llego antes a mi *trufi* y… finalmente… llegó a mi pezón, el cual, me acariciaba de un lado a otro, lo estiraba, lo rodeaba… Básicamente jugaba con él a su antojo, mientras yo me derretía entre sus piernas sin entender por qué no me daba un puto beso. Por lo que mil pensamientos recorrían mi cabeza a cada segundo que pasaba «¿Será que los mayores no se besan?». «¡No digas tonterías, claro que se besan! A lo mejor no te besa porque no le gustas, pero le gusta tocarte las *trufis*». «¡Como te va a tocar las *trufis* si no le gustas! Yo no le tocaría las *trufis* a alguien que no me gusta si fuera chico... pero a saber...». «Porque... no creo que esté esperando a que le dé yo un beso ¿no? El mayor es él, así que él tiene que lanzarse, que sabe más que yo de estas cosas y si le dejo tocármelas por algo será». «Tía, pareces una guarra que se deja tocar por nada, se está aprovechando y seguro que es porque al estar en el reformatorio no tiene nada mejor, pero seguro que le mola alguna de su barrio que estará to' buena como él y no será una niñata como tú, que pareces tonta». «No eres una guarra porque te gusta y por eso le estás dejando, pero no sé por qué no te besa, ¿y si lo haces tú?». «La verdad que me muero de ganas de besarle, pero si no lo hace es por algo y a lo mejor te lanzas, te para en seco o quita la cara y quedas como una niñata, que es lo que piensa que eres». «Es que buah..., me encantaría perder la virginidad con él, lo tengo claro». «A lo mejor a los adultos les gusta jugar así cuando les mola alguien o no sé..., a lo mejor no tiene claro si le gusto o no y si te lanzas la cagas. Mejor que sea él el que lo haga, si se atreve a tocarte las trufis se atreverá a besarte. Tú ya le estás dejando y se nota que te mola, así que no te rayes y deja que todo fluya».

Sí, pensamientos de todo tipo me inundaban la cabeza. No sabía qué hacer, porque me sentía en la gloria pero a la vez me dejaba un sabor amargo ya que nunca llegué a entender que clase de relación teníamos.

En el tuto a Reme y al resto de mis amigas les tocó otra clase distinta a la mía, así que solo coincidía con ellas en

113

el recreo. En clase me llevaba con Isa, que la conocía de cursos anteriores, y empecé a llevarme también con Silvana, una chica que había repetido curso y que me cayó muy bien desde el minuto uno. Además su novio era de Alcorcón, justo de donde era Leire.

Habían transcurrido apenas diez días de clase, cuando una mañana, en concreto la del 20 de septiembre, Reme me cogió por banda antes de salir al recreo y me dijo:
—Tenemos que hablar.
Inocente de mí y tan tranquilamente le dije:
—Sí, tía, dime.
A lo que acto seguido me dijo:
—Mira, Yosu, las chicas y yo hemos estado hablando. Durante todo este tiempo nosotras hemos cambiado, tú también has cambiado y sé que has pasado por algo complicado, pero la verdad es que ya no tenemos nada en común...
— ¿Qué me quieres decir? -le pregunté.
—Pues que como ya no tenemos nada en común, no vamos a seguir siendo amigas, si te quieres venir con nosotras en recreo porque no tienes con quién, puedes venirte, no te vamos a dejar de lado. Pero no va a ser lo mismo.

Mi cara era un poema... No podía creer lo que mis oídos escuchaban, además veía a las chicas un poco más adelante, en corrillo esperando a Reme, que terminara de darme la noticia y lo veía claro. Pero me costaba creer que a falta de mes y medio para salir de libertad fueran capaces de hacerme eso, así de repente. Con la voz un poco entrecortada y aguantándome las lágrimas la miré a los ojos y le dije:
—Pero, tía, ¿qué ha pasado? Si hace un mes nos hemos visto y estabas deseando que volviera para que todo fuera

114

como antes... Si me dijiste que estabas hasta la *polla* de que hicieran lo que quisieran y que me echabas de menos ¿y ahora me dices esto y que, si no tengo con quién ir, puedo hacer de bulto en el recreo? ¿...con gente que no quiere ser mi amiga?

—Ya... Yosu, yo lo siento, pero es así, lo hemos hablado entre todas -me dijo de nuevo.

— ¡Pues ya me buscaré la vida, pero yo no voy a estar donde no me quieren! -le espeté y me fui a llorar al baño.

Después de eso ya no podía ni prestar atención en clase. Era lo último que me imaginaba. Si ya me había pasado de todo... esto ya era la gota que colmaba el vaso. Ahora ya no tenía sentido salir de libertad. Lo que tanto había estado deseando y anhelando ahora había perdido todo su significado. Me sentía sola, incomprendida y devastada por la situación, nada tenía sentido.

Silvana se dio cuenta de que algo me pasaba y me preguntó, a mí me daba vergüenza contarle a alguien que acaba de conocer, por muy bien que me cayera, que todas mis amigas me habían dejado de lado. Bastante raro era ya estar en un puto reformatorio para que encima te pase eso y cualquiera pensaría: «A saber qué clase de piba es para que la hayan dado de lado sus amigas», pero aun así se lo conté entre lágrimas... y ella me dijo:

—Tía, si han hecho eso es que muy amigas tuyas no eran... No te preocupes, vente conmigo y con mis amigas en el recreo, que a mí me caes de puta madre.

Yo agradecí sus palabras y las tomé en cuenta, pero en ese momento no había nada que pudiera aplacar mi dolor. Cuando parecía que ya todo iba a acabar de repente ¡PAM! A empezar otra vez de cero y con más dolor del que tenía antes porque todo iba sumándose a la mochila que cargaba, decepción tras decepción.

Ese día había quedado con Leire en Moncloa, como yo no tenía móvil, intentaba ser lo más puntual posible y aparecer a la hora que pactábamos. Ese día yo estaba destrozada, no paraba de darle vueltas a todo, preguntándome mil putos ¡porqués! Sin encontrar respuesta alguna... el peor de todos era ¡¿Por qué a mí me había tocado vivir esa puta mierda de vida!? ¡¿por qué no podía tener una vida normal como la del resto de las personas y tenía que estar viviendo ese calvario en casa, en el reformatorio, con mis amigas y conmigo misma?! ¿tan mala era como para merecer eso?

Cuando llegué a Moncloa, estaba deseando darle un abrazo a Leire y contarle todo lo que me había pasado, para así poder desahogarme, ya que sentía que ella era la única que podía entenderme. Para mi sorpresa, cuando llegué, resultó que Leire había coincidido con Saray en el intercambiador y estaban en plena movida, discutiendo como locas y diciéndose de todo. Cuando Leire me vio llorando, dejó la movida a un lado, me abrazó con todas sus fuerzas y me dijo:
— ¿Qué te pasa? ¿Qué ha pasado Yosu?¡¿Por qué estas así?!
Yo casi no podía ni hablar y entre balbuceos le dije:
—Que mis amigas me han dado de lado y me han dicho que ya no quieren serlo.
Me miró a los ojos y me dijo:
— ¡¿Qué?! Espera un momento.
Se giró hacia Saray y le dijo:
— ¡Que te calles, zorra! A ti ya te pillaré ¡vete a la mierda *paya* arrepentida!

Acto seguido me miró a los ojos y me dijo:

— ¡Tú vales oro y no te vas a quedar sola, porque no me da a mí la gana! Tú te vienes conmigo a Alcorcón, que yo te voy a presentar a un montón de gente que vale la pena y que les den por el culo a las falsas esas.

Me quedé flipando, no me esperaba esa respuesta. Sabía que me aliviaría hablar con ella. Yo estaba a punto de salir y a pesar de ser muy buenas amigas, después de lo que me había sucedido y de cómo la gente tiende a olvidarse una vez que sale del reformatorio, no pensé que realmente quisiera seguir manteniendo el contacto conmigo fuera de allí.

Seguimos hablando hasta llegar al reformatorio, al llegar nos cachearon por separado y luego comimos juntas en el comedor. Después nos llevaron a cada una a su celda, la mía estaba más vacía de lo habitual. Xeira había salido de permiso por buen comportamiento y aprovechó para fugarse, así que estábamos mi cabeza y yo. Tumbada en la cama miraba las fotos que me habían mandado durante todo ese tiempo las que se suponía que eran mis amigas, releía las cartas que me habían escrito, las dedicatorias... todo mentira. No entendía cómo habían sido capaces de estar escribiéndome durante meses para que finalmente todo acabara así. Pero ese día me di cuenta de algo importante y lo grabé en mi mente y en mi corazón. Nunca conoces por completo a las personas. Al igual que la gente puede decepcionarte, también pueden sorprenderte para bien y mostrarte que la vida puede ser ilógica o injusta, pero vale la pena seguir viviéndola. Leire fue quien me demostró esto. La persona de quien menos esperaba cogió mi mano y nunca la soltó. Comprendí que a veces debes pasar por lo que no deseas y no entiendes, para conseguir lo que siempre anhelaste.

Ese día causó un antes y un después en mi vida, porque ya no le tenía miedo a nada, después de cómo me había sentido, podía venir lo que viniera, que buscaría la forma de transformarlo en algo que me hiciera sonreír y no volvería a permitir que nada ni nadie apagara de nuevo. La vida era injusta, pero a su vez me ponía delante lo que me haría no tirar jamás la toalla. La hermana que nunca tuve.

Al día siguiente ya era viernes, fui a clase, realmente iba triste, pero no iba a permitir que mis examigas se dieran cuenta de ello. En el recreo estuve con Silvana y sus amigas. A Mía la vi a la salida del tuto, nos quedamos hablando y cuando le conté lo ocurrido con estas flipó en colores y me dijo:
—Si ya te decía yo que Flor no era de fiar y mira cómo acabasteis…A mí es que estas chicas siempre me han parecido muy tontas, no sé cómo te ibas con ellas. Pero no te preocupes que a mí me tienes para lo que sea y cuando salgas de libertad te vienes con nosotras, que te lo vas a pasar de puta madre y a ver si conozco a tu amiga Leire, aunque por lo que me cuentas, no sé si es una buena compañía para ti.
—Ya, tía, pues yo jamás me lo hubiera imaginado… pero bueno que me la suda ¡que las den! Y Leire es una máquina, yo creo que os vais a llevar bien ya verás. Es más fiestera y tal porque es más mayor que nosotras, pero es buena gente y a mí me ha demostrado mazo, si no es por ella no sé… -le contesté.
—Vale, tía, pues ya la conoceré, pero que sepas que a mí me tienes para lo que necesites siempre, que no se te olvide -dijo ella.

Después de un rato hablando ya me tenía que volver al reformatorio y empezaba mi fin de semana. Por lo menos las visitas con mi madre iban un poco mejor ya que duraban más tiempo, pero en realidad no evolucionaba mucho nuestra relación.

A los pocos días me trasladaron a una habitación individual y pusieron en la doble a Leire y a Saray... Hubiera sido genial que hubieran puesto a Leire directamente conmigo, pero los educadores lo hicieron aposta para que aprendieran a llevarse bien. Todos nos mirábamos diciendo: «No van a durar ni dos días juntas». Ese mismo día tuve la visita con mi madre después de hacer deporte. Hablé con ella tranquilamente, le pedí el mp3 y el móvil, pero no dijo nada. Al terminar la visita, como había durado los 50 minutos completos sin ningún contratiempo, accedió a traérmelos la siguiente visita. Estaba feliz, aunque me tocaba esperar otra semana para por fin tenerlos.

De nuevo era lunes, los lunes y los miércoles normalmente tenía horario partido, las clases terminaban a las 13:00 y se retomaban de 15:00 a 17:00. A diferencia del resto de días que finalizaban un poco antes de las 15:00, pero al ser septiembre, me ahorraba las clases de la tarde. Ese mismo día Silvana me regaló dos *petas* de su novio para que me los fumara cuando quisiera. Estaba llegando a Moncloa de vuelta al reformatorio y me encontré a Gales fumando. En cuanto le vi, se me dibujó una sonrisa en la cara automáticamente. Le enseñé los *petas* que tenía para invitarlo a uno y me dijo que me los guardara, que me invitaba él. Yo insistí porque como siempre era él quien me invitaba, me hacía ilusión poder invitarlo yo. Además, según me había dicho Silvana eran unos *petas* muy buenos y quería que los probara, pero él insistía en que los suyos eran mejores, que me los guardara para mí. Se hizo uno de los suyos y nos pusimos a hablar. Después cogimos el bus, íbamos hablando todo el camino como siempre mientras me acariciaba las *trufis* y yo moría de deseo en su regazo esperando que llegara el momento del beso. Como en las películas, pero nunca llegaba...

Al llegar a Guadarrama, como me sobraba algo de tiempo, le insistí de nuevo para que se hiciera uno de mis *petas*. Finalmente aceptó y el bruto le echó la china entera. Después se lo encendió, le dio tres caladas y me dijo:
—Toma, que yo entro ya, ¡fúmatelo!
— ¡¿Qué?!¿Yo sola? Pero ¡qué dices! Me voy a quedar to' fumada -le dije sorprendida
—Qué va, si tampoco son tan buenos. Son mejores los míos -contestó mientras entraba por la puerta del jardín.
—Ya, tío, pero que has echado todo y eran dos *petas*, quédate por lo menos a fumártelo -le dije de nuevo.
—Yosu, que tengo que entrar ya, fúmatelo tranquila y luego te veo -contestó.
Y ahí me quedé tranquilamente fumándomelo hasta que me lo terminé, fui a la puerta y entré.
Como era de esperar me quedé *fumadísima*. Al entrar me cachearon como de costumbre. Yo intentaba no mirar mucho a los ojos a los educadores para que no notaran nada raro. Después me llevaron al comedor donde estaba Gales empezando a comer. Cuando me vio, me dijo con una sonrisilla:
—¿Qué tal vas?
—Bien... un poco *fumada*, la verdad, no sé por qué no te has esperado a fumar conmigo -le dije.
—Porque yo ya iba justo y si entrábamos a la vez a lo mejor se fijaban más en los ojos -contestó él.

Apareció Saturnino, el educador que nos traía la comida ese día. Saturnino normalmente trabajaba en turno de mañana enseñando Carpintería. Era gordito, de unos cincuenta y pico años, y tenía los ojos muy saltones. No sé por qué, pero según le vi me empecé a partir de risa yo sola, de esta risa de no puedes controlar y por desgracia cada vez iba a más... supongo que fue de la *fumada*. Cuando se iba a la cocina a por platos se me pasaba, pero era verle y escucharle decir con su vocecilla:

—¿Qué te ha pasado antes, de qué te reías?

—Nada, Satur, un chiste que me ha contado Gales -respondía yo.

Mientras me empezaba a partir de risa de nuevo. Satur me miraba cabreado y cuando se metía de nuevo a la cocina Gales me decía:

—¿Pero qué te pasa? Para ya, que te van a sancionar.

Y yo le contestaba entre risas:

—Es que no lo puedo evitar... ¿le has visto los ojos? Y es que encima se está cabreando y me hace más gracia, ja, ja, ja, ja, ja.

—Pues por eso te van a sancionar; para ya, por favor -me decía de nuevo.

Saturnino volvía, cada vez más cabreado y yo intentaba pedirle perdón mientras me descojonaba otra vez porque no podía controlarlo. Aunque Gales pasó un mal rato, yo lo recuerdo superdivertido. Y al final, ni me sancionaron.

El miércoles le dije a Gales de quedar a la misma hora en Moncloa y así lo hicimos. Repetimos la operación, pero sin fumar antes de entrar. También aproveché para que apuntara mi número de teléfono, ya que ese mismo fin de semana me traería mi madre el móvil. Para mí, todo era una hermosa casualidad que podría convertirse en algo muy especial. Habernos conocido en lugar semejante, siendo de barrios tan distantes. En circunstancias normales habría sido completamente diferente. Sin embargo, tuve la suerte de que lo detuvieran cuando era aún menor de edad y lo trasladaran al Laurel antes de que yo saliera en libertad. Que, además, en poco tiempo le subieran a Hogar y finalmente coincidir con él a la vuelta del recurso o en las salidas educativas. Para mí era una maravillosa casualidad. Si en ese lugar fui capaz de encontrar a alguien como Leire ¿por qué no podía ocurrir lo mismo con Gales?

Al día siguiente, después de regresar al reformatorio, llevamos a cabo las actividades habituales como la clase de deporte. Luego, nos duchamos y bajamos a cenar como siempre. Después de la cena, llegó el tiempo de ocio, durante el cual se desató una discusión entre Gales y Mariano. Gales se enfureció y llamó a Mariano «pipa». Pepe escuchó la discusión y les pidió explicaciones. En ese momento, Mariano se hizo la víctima a saco, Gales se cabreó mucho más y empezó a gritar mientras le explicaba a Pepe lo que había sucedido. Pepe era muy serio y Gales no le caía especialmente bien. Como Gales no paraba de gritar y Mariano no paraba de dramatizar, Pepe finalmente sancionó a Gales por insultar a Mariano. Esto enfureció aún más a Gales, pues le pareció injusto. La discusión se tornó cada vez más acalorada hasta que finalmente Pepe le puso una sanción muy grave y lo trasladó al módulo de Desarrollo. En ese mismo instante le ordenaron recoger sus pertenencias y lo cambiaron de módulo.

Fue todo tan rápido que no podía creerlo... Otra vez estábamos separados...

Capítulo 4

El tiempo y las circunstancias corrían otra vez en mi contra o, mejor dicho, en contra de mis intereses, puesto que ahora, además de no poder coincidir con él en las cenas o en los pasillos de Hogar, tuvo que estar en aislamiento durante tres días. Así que tampoco le iba a poder ver en todo el fin de semana, ni siquiera en deporte. Y encima le había puesto la sanción Pepe, mi tutor, que mira que le quería, pero me jodió de lo lindo, toda mi maravillosa casualidad daba un giro de 180 grados.

Se me hizo largo el fin de semana... hasta que llegó el domingo cuando por fin mi madre me traería mi Siemens y mi mp3. Era el último fin de semana de septiembre, el lunes ya era 1 de octubre, así que literalmente me quedaba mes y medio para salir libre, pero lo importante es que ya podría hacer los recorridos en metro con mis cascos y mi musicón, además de estar localizada. Ya que habían cambiado a Gales a Desarrollo, por lo menos en cuanto saliera podría llamarme si quería y podríamos vernos, ya que ahora con el horario de tarde no coincidiríamos tanto.

Mi madre, además, me dijo que el abuelo iba mejorando, seguía ingresado, pero no tardarían mucho en darle el alta. Para mí fue un alivio, ya que podría verle de nuevo cuando saliera de libertad y demostrarle que nunca me había olvidado de él y que nunca había querido que las cosas fueran así. Tenía claro que nunca volveríamos a estar así de distanciados. Me mataba pensar que no estuviese cuando saliera libre o que creyera que no iba a verle porque no le quería. Pero poco a poco todos esos pensamientos se fueron disipando y dejando entrar algo de luz en mi cabeza.

Cuando mi madre se fue, me enseñaron las cosas que me había traído y cuando me quise dar cuenta vi que mi móvil no era mi móvil... me había comprado un móvil que parecía que te lo habían regalado con los krispys...No tenía ni politonos siquiera, era plateado con una pantalla que ocupaba, como mucho, medio dedo meñique en horizontal, con antena... y con teclas minúsculas .En vez de traerme mi maravilloso Siemens M-55, con mis politonos, mis juegos y todos mis contactos; ya que en esa época no existía la famosa copia de seguridad que hoy te facilita la vida. Y la realidad es que no tenía nada de eso... se había gastado el dinero en esa mierda antes que traerme mi móvil... No le bastaba con haberme tenido ocho meses sin móvil ni música ¿tenía que joderme hasta el final con lo que pudiera? ¿Qué la costaba dármelo? Yo solo entendía que era para putearme con lo poco que pudiera y tenía claro que no le iba a dar ese gusto por lo poco que me quedaba. Además Gales ya tenía mi número, habíamos quedado para volver juntos el lunes y con eso me bastaba.

Pensé «Si Gales me llama para quedar, me salto las clases de la tarde para volver con él y si me dicen algo en el reformatorio, me hago la sorprendida diciendo que no me había dado cuenta de que era día 1 y pensaba que seguíamos en septiembre» ¡Un lapsus! Total... ¿Quién iba a querer volver seis horas antes al reformatorio? Jamás sospecharían que lo había hecho aposta jeje...

El lunes salimos del reformatorio y estuvimos un rato en Moncloa como de costumbre antes de ir a nuestros respectivos recursos. Gales y yo quedamos en que él me llamaría para volver juntos cuando saliera, pero como siempre, las cosas nunca salen según las planeas y en vez de llamarme a la salida, me llamó cuando ya había llegado a Moncloa:

—¡Ey!, Yosu, ¿qué tal? ¿Cómo vas?

—Bien, aquí en mi barrio, tú qué, ¿ya has salido? -le dije.

—Sí, ya estoy en Moncloa saliendo del metro, ¿tú por dónde vas?

—¡Ah, que ya estás en Moncloa! ¿Y cómo no me has avisado antes? Yo desde aquí tardo media hora o cuarenta minutos en llegar -contesté de nuevo.

—¡Ah! Pues no sé por qué pensé que estarías de camino, ¿entonces no vienes? -me dijo él.

¡No sabía qué hacer! Si ir o quedarme. Si iba, cabía la posibilidad de que si tardaba demasiado en llegar, él se tendría que ir sin mí y al final habría hecho *pellas* para nada. Si me quedaba, tenía un día menos para ir con él... Era todo un dilema y los pensamientos pasaban a la velocidad de la luz por mi cabeza hasta que finalmente le dije:

—¿A qué hora tienes que estar en el refo?

—A las 15:00 -me respondió.

—Vale, pues mira, yo creo que me da tiempo, espérame hasta las dos que justo a esa hora pasa un bus. Haz algo de tiempo mientras tanto, yo me voy a dar toda la prisa posible.- contesté

—Vale Yosu, yo te espero. Pero si no estás a las dos me monto en el bus, que no puedo llegar tarde -contestó él.

—Sí, sí, no te preocupes, que llego a tiempo -dije yo.

Así que nada más colgar salí escopetada. Cogí el bus que me llevaba a Carpetana y bajé corriendo las escaleras como alma que lleva el diablo bajándolas de dos en dos.

La hora se me estaba echando encima, al menos desde ahí tenía línea directa a Moncloa, según mis cálculos iba a llegar justo a las dos. No tenía saldo, por lo que me era imposible avisarle. Eran las 13:59, acababa de llegar a Moncloa. Solo me quedaba subir corriendo dos tramos completos de escaleras para llegar al intercambiador de autobuses. Iba corriendo como una loca, a contrarreloj, subiendo las escaleras de dos en dos .Le faltaba un minuto al bus para salir, corrí todo lo que pude y mientras buscaba a Gales con la mirada, vi cómo el bus se iba. Aun así yo le seguía buscando convencida de que aún estaría esperándome, cuando justo me suena el móvil. Era él, nada más descolgar le dije:

— ¿Dónde estás que no te veo?

—Joder, acabo de ver cómo has perdido el bus -me dijo.

—Ya tío, ¿tú dónde estás? -le dije yo.

—Montado en el bus -respondió él.

—¡Qué dices, tío! ¿Cómo no te has bajado? -le pregunté.

—Porque ya había arrancado, Yosu. ¿Qué hago?¿Le paro? -contestó.

—Ya, tío… joder…Bueno, pues nada, luego te veo -le dije mientras me cagaba en la maldita mala suerte que me acompañaba. ¡Por un puto minuto no iba en ese bus con él! ¡Por un minuto! Y para colmo iba a entrar cinco horas antes al reformatorio, porque sí…

Pensé en volver al barrio e ir a clase, pero no me daría tiempo a comer en el comedor y no iba a estar todo el día sin comer. Así que, ya de perdidos al río… Lejos de volver al barrio, me quedé esperando al siguiente bus que fuese a Guadarrama. Pasados diez minutos llegó uno y me monté, Gales me llamó y fuimos hablando por teléfono parte del camino. Cuando nos dimos cuenta de que el bus en el que yo iba era directo y el suyo, en cambio, pasaba por varios pueblos antes de llegar a Guadarrama y que yo iba a llegar antes que él... ¡No me lo podía creer!

Pero, como diría nuestro querido Antonio Recio, "en el sótano de mi fracaso siempre cabe un piso más" y por si no había tenido suficiente mala suerte por un día... Ni cinco minutos pude estar con él antes de entrar. Pues a mitad de trayecto un vigilante del reformatorio se había montado en su autobús. Y cuál fue mi sorpresa, cuando veo que bajan juntos hablando. Me saludaron y entraron directamente al reformatorio. En mi cabeza solo podía pensar «¡Esto te pasa por gilipollas!¡Tenías que haber ido a clase! Encima a él se la suda el viaje que te has dado... Ni siquiera es consciente de lo que has hecho con tal de verle... Eres idiota y eres una niñata. Esto a una mujer de verdad no le pasa. Seguro que ni le gustas y te estás coronando, haciendo el subnormal».

Cuando entré, como era de esperar, me preguntaron por qué había llegado tan temprano y alegué que no me había dado cuenta de que ya era octubre. Después del registro fui al comedor, pero Gales ya había terminado de comer, así que tampoco pude comer con él. Ya solo me quedaba verle en deporte... A no ser que los planetas se alinearan de nuevo para que no fuera así. En fin... como dijo el famoso Fortachón:« Por amor siempre se hacen grandes locuras» y os puedo asegurar que a pesar de lo estúpida que me sentía esta sólo fue la primera de muchas.

Puesto que, como capricornio cabezota que soy, y después de haberle dado mil vueltas... decidí, que si el lunes no me había funcionado, lo haría de nuevo el miércoles y ya vería que excusa se me ocurría poner a los educadores para entonces. Y así fue, llegó el miércoles y quedé con él, esta vez a la hora correcta. Nos sentamos en los asientos del fondo como siempre. Esta vez, como tenía mi mp3, podíamos ir escuchando música juntos.

Gales se sentó de lado como siempre y yo me recosté sobre él una vez más. De nuevo, mil mariposas recorrían mi estómago de arriba abajo mientras pensaba «En algún momento os tendréis que liar. No seas niñata y ten paciencia que seguro que valdrá la pena la espera. De momento pon música guapa». Y así hice, encendí mi mp3, fui directa a la carpeta de reggaetón y empecé a poner mis mejores temas. Cuando de repente Gales me dice:

—A mí no me gusta el reggaetón, ¿no tienes otra cosa?

—Sí, tengo flamenco y bakalao, ¿ponemos flamenco? -respondí yo.

—No me gusta el flamenco tampoco. Déjame ver qué temitas tienes de bakalao -me dijo él.

—Tengo mazo, pero es lo que menos escucho. Toma ¡échale un ojo! -le dije mientras le daba mi mp3.

Según empezó a mirar los temas de esa carpeta flipó y me dijo sorprendido:

—¡Joder, Yosu! Tienes unos temazos que flipas. ¿Cómo puede ser que sea lo que menos escuchas?

—Ya tío, es que soy más de flamenco y reguetón. El bakalao también lo escucho y me gusta. Pero como casi todas son en inglés, escucho más las otras carpetas. Pero mira, las que más me gustan son estas, y encima cantan en español. -Le puse las míticas cantaditas de *No voy a llorar*, *Solamente tú* de Versus…Incluso le puse el remix que tenía de *Celos* de Andy y Lucas con *Aleluya* o el de *Me duele el corazón de quererte tanto,* de la Húngara al más puro estilo Masia, a lo que él con una sonrisa en la cara me dijo:

—¡Si de todos los temazos que tienes esas son las peores! Las cantaditas molan, pero la base y cómo lo mezclan es lo que mola de cada tema ¡Si tienes hasta el himno del Radical! ¡Mira qué *poki* más guapo! ¿Escuchas los pititos? Ahora va a romper, ¡Qué temazo! Me recuerda mazo al Radi…A ver qué más tienes -me decía to' contento mientras me ponía tema tras tema y me enseñaba a diferenciar un estilo de otro.

—Sí, si ya te digo que me gusta. Pero me mola más cuando cantan, aunque para mí todo es bakalao, porque no diferencio entre un estilo y otro -contesté de nuevo.

—Yo te voy a enseñar, porque tienes de todo. Tienes temazos de *harstyle*, de *poki*, de *remember*… ¿cómo puedes tener estos temazos y no saber diferenciarlos? -me preguntó

—Porque la música me la metió una amiga, dado que mi madre no me deja usar ni Ares ni Emule. Mi amiga me la dividió en carpetas y aunque me gustan todas, es verdad, que escucho más las otras dos que esta. -respondí

—Pues conmigo solo vas a escuchar esta. Ya verás, vas a aprender a diferenciarlo. Yo te voy a enseñar. Que si quieres ir a Radi, tendrás que saber que están pinchando je, je -dijo sonriendo.

Continuamos el camino con la música a todo volumen, mientras su mano coqueteaba con mi *trufi*. Estaba extremadamente feliz; disfrutábamos de la música y me enseñaba las diferencias entre *poki, hardstyle* y *remember*. Solo me faltaba el beso, pero nunca llegaba... Aun así no cambiaba ese momento por nada.

Al regresar al reformatorio, recibí una buena reprimenda por parte de los educadores, como era de esperar. Pero como se suele decir «Sarna con gusto no pica».

Simplemente les dije, que no tenía activado el comedor y que no me iba a quedar sin comer hasta las nueve de la noche. Finalmente, no me sancionaron por ello.

Esa misma semana entró una nueva menor, Loles. Era punki, tenía diecisiete para dieciocho, al igual que Gales. Al parecer al entrar la lio y tuvieron que engrilletarla antes de subirla a su celda. Debido a esto y a cómo era la chica, decidieron asignarle a Pepe de tutor. Pero no era lo habitual.

Pepe, al ser educador de fin de semana, solo podía tener un menor a su cargo a diferencia de los educadores que iban entre semana, los cuales podían tener más de uno. Acostumbraba a tener a Pepe solo para mí, inevitablemente me puse celosa ya que a partir de ese momento, tendría que compartir su tiempo con las dos.

Pepe se reía cuando le reclamaba atención y me decía:
—¡Pero si tú vas sola ya! Yosu, ¿qué pasa?, ¿estás celosa?
A lo que yo le contestaba medio refunfuñando:
—No, pero es que no te he visto en todo el finde y yo también quiero hablar contigo.
—Vale, pero tienes que entender que justo estos dos días no puedo. Tengo que estar con ella, ahora mismo me necesita más, ten en cuenta que acaba de entrar -respondía.
—Vale Pepe… -asentía mientras agachaba la mirada.
—No te preocupes, en esos días en cuanto tenga un rato me paso a verte y hablamos de lo quieras ¿vale?
—Vale.

A pesar de mis celos iniciales, cuando Loles salió de aislamiento me intrigó conocerla aunque no estaba segura de que me fuese a llevar bien con ella. Cuando la vi, me pareció increíblemente atractiva, con su cabello rubio, ojos verdes, y una mirada felina.

Comenzamos a hablar y, debo decir, que me cayó muy bien. Era auténtica, sincera y había vivido de todo para lo joven que era. Al final terminamos hablando de drogas, ya que ella había probado casi de todo y me daba curiosidad por saber sus experiencias y que me contara sobre ellas:

—El cristal es lo mejor que hay. A mí me encanta, pero hay que tener cuidado, porque mira, ¿ves estas rajitas que tengo en los piños[5]?-dijo ella

—Sí -contesté.

—Esto te lo causa el cristal si abusas. De tanto apretar los dientes, se pueden empezar a rajar. Y aunque ahora casi no se nota, en un futuro puede ser un problema -me explicó

—¡Ala ya ves! Yo quiero probarlo, me han hablado mucho del cristal y me han dicho mola mazo. Pero no quiero que me pase eso en los dientes… -le dije.

—Sí, mola mazo la verdad. A mí me encanta, pero es como todo, no se puede abusar porque si no mira… -me dijo ella.

Esa imagen se me quedó grabada para siempre y me prometí a mí misma que probase lo que probase nunca dejaría que me enganchara y menos que me afectara físicamente. Lo tenía claro. Además, después de haber visto pelis como *Trainspotin* o *Requiem por un sueño*, tenía más que claro que si las drogas te dominan, acabas

---

[5] Forma coloquial de "dientes".

viviendo por y para ellas. Es una espiral que siempre tendría presente y en la que me negaba a entrar.

Si hoy en día hay una frase que me define es: «Vive como si fueras a morir mañana y aprende como si fueras a vivir para siempre».

Con el paso de los años te vas dando cuenta que casi todo el mundo se droga. Si no es de una forma es de otra y si no de otra. Te das cuenta de que da igual a qué se dedique la gente, la edad que tengan o cómo se vistan. Al final la gran mayoría se droga. Incluso muchos de los artistas más reconocidos han creado sus mejores obras de arte gracias a las experiencias extrasensoriales que te dan ciertas drogas. Por eso, creo que no hay que tenerles miedo. Hay que tenerles respeto para que nunca te aparten de tus metas.

Me hice la promesa de que siempre sería fiel a mí misma, a quien soy. Sin dejar que las personas, las drogas, las opiniones o el tiempo cambiaran mi esencia. Aunque las experiencias y el paso de los años pueden alterar nuestra perspectiva… nunca debemos olvidar quiénes éramos y las motivaciones que guiaron nuestras decisiones en su día. Esas elecciones nos moldearon en la persona que somos hoy y por ello también nos definen.

Creo que debemos valorar cada momento y circunstancia en consecuencia, a pesar de que nuestra perspectiva haya cambiado. Porque crecer y aprender es cambiar. Está en nuestra naturaleza y no por ello tenemos que estar en duelo con nosotros mismos. Somos exactamente los mismos, pero debemos aceptarnos en todas nuestras facetas, momentos y circunstancias, porque si las olvidamos... estaremos condenados a cometer los mismos errores y en consecuencia, a no entender por qué.

Es fundamental mantener nuestra esencia y alma intactas. No debemos permitir que las adversidades oscurezcan nuestra verdadera naturaleza ya que, de lo contrario, nos perderemos a nosotros mismos.

Después de hablar con Loles, entendí por qué le pusieron a Pepe como tutor. Pepe, también era *punki* y como tutor sabía muy bien hacer su trabajo. Era serio y empático a la vez. Sabía escuchar, era reflexivo y sabía aconsejar como nadie por lo que era el tutor ideal para ella, al igual que lo fue para mí.

Leire y yo cada vez afianzábamos más nuestra amistad, los días que yo salía a las tres coincidíamos y siempre me volvía con ella. En el intercambiador de Moncloa había tiendas de ropa, comida, etc. Éramos jóvenes y rebeldes; llevábamos casi un año sin ropa nueva y nos negábamos a ello, por lo que entrábamos en las tiendas y cuando veíamos la ocasión nos mangábamos gilipolleces varias como camisetas, pendientes o sombras y por lo menos, le daba algo de emoción y diversión a esa etapa en la que sentías que podías hacer todo, menos lo que querías.

Le contaba todas las que liaba para coincidir con Gales en el bus y a la vez le pedía consejo para no parecer una niñata ante él. Pero ella siempre me decía lo mismo: «Sé tú misma, si le gustas le vas a gustar por cómo eres y si le pareces una niñata, que le den por el culo. Porque si no ¿a qué juega? Yo creo que le gustas, por cómo te mira a veces, pero no lo sé, no estoy en su cabeza».

Aproveché para contarle, aunque me daba mucha vergüenza… todo lo que pasaba en el bus cuando volvía con él. Necesitaba hablarlo con alguien que arrojara algo de luz ante tanta duda:

—Tía, te voy a contar algo, pero no pienses mal de mí, ni se lo cuentes a nadie *porfa* -le dije.

—Sí tía, claro. No te preocupes, cuéntame ¿qué te pasa? -respondió ella.

—Pues tía, cuando Gales y yo vamos en el bus solos, yo me tumbo encima de él. Uno de esos días, me empezó a hacer caricias en el hombro y poco a poco fue bajando la mano hasta el pecho y como me gusta, le dejé. Pensaba que después nos enrollaríamos, pero no pasó nada más ni hemos hablado de ello. Cuando hemos vuelto a quedar para volver juntos ha pasado lo mismo, pero nunca nos liamos y no sé cómo actuar. Yo creo que le molo, pero no entiendo por qué no se lía conmigo. No quiero que piense que soy una guarra que me dejo tocar sin más, pero tampoco me atrevo a preguntarle si le gusto o por qué actúa así conmigo y no sé qué hacer, la verdad… ¿Tú qué opinas? -le dije.

—¡Joder con el Gales! ¿y no os habéis dado ni un beso? -dijo ella.

—Qué va, tía, es lo que más me raya y yo creo que llegados a este punto, el que se tiene que lanzar es él ¿no? -contesté

—A ver, sí…Es lo suyo, lo que pasa es que a lo mejor no se atreve -me dijo ella.

—Yo creo que es porque como él es mayor de edad, le da vergüenza liarse con una niña de quince… Pero creo que le gusto, porque si no… ¿para qué me toca? -le dije de nuevo.

—Puede ser… No lo sé, Gales es que es muy reservado para esas cosas. Una vez le pregunté si tenía novia y me dijo que no, que hace tiempo se lio con una chica, pero no me contó mucho más… -contestó ella.

—Pues tía no sé qué hacer…No me atrevo a preguntárselo porque entonces va a saber que me mola mazo y a lo mejor no quiere ser ni mi amigo…-le dije.

—Ya tía, es raro la verdad. No sé qué decirte, nunca me ha pasado. Está en ti el cortarle o esperar a ver qué pasa. Dependerá de lo que te mole o de que te canses de esa situación -sentenció finalmente.

Así que no conseguí disipar ni una sola duda, pero por lo menos había podido compartir con ella mis inquietudes.

Seguimos hablando y me contó, que tanto Aaron como Joel (otros dos menores) estaban interesados en ella y no sabía por quién decidirse. Cada uno la conquistaba de manera diferente. Los dos eran muy altos, Joel tenía la piel morena, cabello rubio oscuro y ojazos azules; cuando entró, cautivó a casi todas las chicas. A mí particularmente nunca me atrajo. Era muy guapo y nos llevábamos muy bien, pero no era mi tipo. Aarón tenía la piel más pálida, ojos verdes, cabello rubio con rizos. Ya estaba en el Laurel cuando nosotras llegamos. Dibujaba super bien y hacía unos grafitis únicos, caricaturas o cualquier cosa que le pidieran. Tenía arte para ello. Ambos tenían su toque callejero, aunque quizás Aaron era un poco más «bandolero» que Joel, y a Leire siempre le han atraído más los tíos con calle. Aun así, no se decidía por ninguno de los dos, y a menudo me pedía opinión y me preguntaba:

—A ti ¿quién te parece más guapo?

—Pues tía es que ninguno es mi tipo. No sé qué decirte, no me parecen ni feos ni superguapos -le respondía yo.

A lo que ella me contestaba de nuevo:

—Ya, pero alguno te parecerá más guapo que el otro.

—A ver, si tengo que elegir por físico me quedaría con Joel, que además pegáis mazo, está loco por ti desde que entró al reformatorio y vuestros barrios están al lado -decía yo.

—Pero Aarón también es guapo ¿no? Tiene los ojos verdes y tiene más calle -me respondía ella.

—Ya...Yo qué sé tía, no es mi tipo. Pero si a ti te gusta es lo que te tiene que importar. A mí me gusta Gales y es que no hay nadie que me parezca más guapo que él, es perfecto -contesté de nuevo.

—Ya tía... Es que de cada uno me gusta una cosa y como ya elegí mal con Hassan, no quiero que me pase lo mismo. Pero están los dos pico pala, te lo juro -me decía ella.

Al final parece que no, pero en muy poco tiempo vivimos de todo juntas y eso nos hizo inseparables. Éramos como hermanas, nos contábamos todo y siempre íbamos juntas a cada lado.

La semana fue pasando y llegó de nuevo el finde. Estábamos jugando todos a baloncesto. Cogí la pelota, avancé con ella y en un momento dado ¡tropecé! Ya estaba visualizando mi cara en el suelo, cuando de repente, Gales me agarró con sus brazos mientras me decía: «¡Ten cuidado! No te vayas a hacer daño».

¡Buah...! en cuanto noté sus fuertes brazos abrazarme para no caerme y le escuché decir eso...me quedé flotando en el mundo de *yupi* ¡Me derretía en sus brazos! Como diría El Canto del Loco «Tenía una sensación extraña, que se adueñaba de mi cara y jugaba con una sonrisa dibujándola a sus anchas» la cual por supuesto, me delataba.

Una vez más llegó el lunes y salimos todos al recurso. Como de costumbre yo salía ya vestida y peinada para tardar lo menos posible y pillar a Leire y a Gales a tiempo para ir con ellos en el bus. Pero ese día no me dio tiempo porque, dado que en mi grupo no estaban todos listos, los educadores no me dejaban bajar sola a desayunar. Así que tuve que esperarles.

Cuando llegué a Moncloa ya no había nadie. Iba con la hora un poco justa para llegar al tuto, así que con las prisas, me olvidé por completo de encender el móvil. No lo hice hasta que salí de clase a las 13:00 y cuál fue mi sorpresa, cuando vi que tenía, como diría el Zurdo, ni una, ni dos, ni tres…¡Sino tres llamadas perdidas de Gales! La última, a las 11:00. Mi corazón se puso a mil por hora, mientras que mi cabeza me decía: «Idiota, idiota, idiota, ¡cómo se te ocurre tener el móvil apagado!».
Silvana me estaba viendo, me decía:
—Tía si te ha llamado tres veces a esas horas es porque ha querido, porque nunca quedáis a esa hora.
—Ya, tía…¡Joder, me cago en la puta! ¿Tienes saldo para llamarle? -le pregunté.
—Qué va tía, yo también estoy sin saldo -dijo ella.
—¡Joder, tía! para una vez que me llama… ¿qué querría? tres llamadas son tres llamadas… -le dije.
Esperé a que me volviera a llamar, pero no fue así. Solo podía darle vueltas en mi cabeza, mientras que inevitablemente me ilusionaba pensando que seguramente quería volver conmigo al reformatorio y al no haber coincidido por la mañana me llamó cuando pudo. Pero ese día yo tenía clase por la tarde y no hubiera podido de todas formas.

Llegué a las 21:00 al reformatorio, pero tampoco coincidiría con él hasta la mañana siguiente como pronto. Bajé al comedor para cenar, cuando Leire me pilló por banda y me dijo:

—Tía, que a Gales le han desaparecido los *petas*...

—¡Qué dices tía!¿Y eso?-pregunté sorprendida

—Pues ya ves... Él cree que se los ha quitado Carlos, pero me ha dicho que la única que sabía dónde los escondía eras tú -me dijo Leire.

—¡Ala! no jodas...Con razón me ha llamado tantas veces...Y yo con el móvil apagado y sin saldo...Pero te aseguro que yo no le he cogido nada tía. Jamás lo haría. Encima que nos invita todos los días a *petas* -contesté

—Ya, si yo sé que tú no has sido. Pero estaba to' rayado y te digo lo que me ha dicho. Que cree que ha sido Carlos -dijo ella.

—¿Y por qué Carlos? -pregunté de nuevo.

—Porque el viernes por la mañana salieron juntos y cree que vio de dónde los cogía -contestó Leire.

—¡Ala! no jodas... ¡qué cabrón! Joder que putada no poder hablar con Gales... Yo que pensaba que me había llamado para volver juntos... Pobrecillo, encima que siempre nos invita a todos. -le dije.

Después cenamos, vimos un poco la tele y nos subieron a acostar. Una vez sola, me puse a escribir en mi diario y le conté todo lo ocurrido. Llevaba tiempo sin escribir en él. Cuando terminé me dormí.

Al día siguiente tampoco me dejaron salir antes que mi grupo, a pesar de estar lista. Así que no pude coincidir con Gales ni con Leire. Ese día en educación física, nos pillaron a Isa, a Silvana y a mí fumando un *piti* en los vestuarios del gimnasio, por lo que nos castigaron a limpiar dos semanas las pizarras de toda secundaria una vez terminaran las clases. Al llegar al reformatorio, me cayó la respetiva bronca. Pero como ya me habían castigado en el tuto, no me sancionaron.

Después me cambié, bajé a deporte y por fin vi a Gales. Me acerqué a él y le dije:
—Tío, ya me ha contado Leire lo que ha pasado. Té juro que yo no he sido.
—No, si sé que ha sido el pipa de Carlos. Verás cuando le pille, la «galleta» que le voy a dar -dijo él.
—¿Y por qué crees que ha sido él? -pregunté.
—Porque el viernes por la mañana me vio coger los *petas* y vio dónde los escondía. Vuelve más tarde que yo y estoy seguro de que los ha cogido él, antes de entrar al centro. Además, esta mañana no solo no los he encontrado, sino que casualmente él tenía una bola como la mía. Dice él que la ha pillado en su barrio y te digo yo que son mis *petas* -contestó cabreado.
—Joder…¡Qué descarado macho! Es que no tengo *petas*, si no te daba los míos, que tú siempre andas invitando -le dije.
—Bah, no te preocupes, Yosu, mis coleguitas ya me han dado otra bola. A mí *petas* nunca me faltan, pero gracias. Si lo que me toca la polla es el idiota del Carlos, se cree que se va a reír de mí y lo lleva claro -sentenció él. Era algo que Gales no iba a olvidar ni tampoco pasar por alto. Pero no tenía pruebas, era sólo su intuición.

El tiempo pasaba y ya apenas pensaba en quienes alguna vez habían sido mis amigas. Silvana y yo cada vez éramos más amigas y Leire se había convertido en mi apoyo fundamental. Pero cuando me las cruzaba en los pasillos o el recreo los recuerdos volvían a mi mente. Especialmente las palabras de Reme, cuando me había dicho que ya no éramos amigas. No entendía cómo alguien podía cambiar tan repentinamente de parecer así que prefería no pensar en ellas. Faltaba poco para que saliera libre y no tenía intención alguna de volver a incluirlas en mi vida. Cuando la gente te falla una vez, es más que probable que vuelvan a hacerlo de nuevo. Cuando reflexionaba sobre esto no podía evitar pensar en cómo a veces suceden las cosas ¿no? Al entrar solo deseaba salir de allí para volver a mi vida de siempre y, ahora que estaba a punto de conseguirlo... sentía que no tenía nada afuera. En cambio, parecía que dentro iba quedarse una parte de mí. El reloj jugaba de nuevo en mi contra.

La semana pasó y una nueva comenzó. Cada semana que transcurría era un paso más hacia la libertad. A Gales le habían cambiado el horario en el trabajo, lo que nos permitía coincidir de nuevo. Como siempre, íbamos juntos con la música y gracias a él, empecé a entender más de música electrónica.

En todo ese tiempo no habíamos pasado ninguna línea, pero aquel día fue diferente, pues me atreví a devolverle las caricias. Su piel era pura seda... Como de costumbre, iba apoyada sobre él. Poco a poco, fue bajando lentamente su mano, caricia tras caricia, hasta mi abdomen, de manera sensual. Jugó un rato con mi *piercing* y nuevamente, continuó jugando con sus dedos hacia abajo. Una vez que llegó al botón de mi vaquero, lo desabrochó. En seguida en mi cabeza apareció una voz que me decía: «¡No te ha dado ni siquiera un beso! ¿En serio, vas a permitir que te toque como si fueras una cualquiera?». La respuesta era claramente que no. Así que le quité la mano y me abroché el pantalón. Eso no impidió que siguiéramos en la misma onda, aunque no pasara nada más allá.

Podía haberle preguntado muchas cosas y a lo mejor encontrar alguna respuesta, pero no tuve el valor.

Finalmente llegamos al reformatorio y una vez cacheados nos llevaron a cada uno a su módulo. Al llegar a Hogar, me enteré de que Xeira había vuelto para terminar de cumplir su condena. No le había durado mucho la fuga. Tenía ganas de verla y darla un abrazo, pero estaba en Desarrollo y hasta que no pasase los dos días de aislamiento y coincidiéramos en deporte no podría verla.

De nuevo el miércoles Gales y yo coincidíamos a la vuelta. Él estaba más seco de lo habitual conmigo, iba recostada sobre él, con la música como de costumbre. Pero apenas me hacía caricias y tampoco hablábamos mucho. Al llegar a Guadarrama me dijo:

—Ahora los educadores verán que volvemos juntos y pensarán que tenemos algo.

—Ya, pero no tenemos nada, ¿no? -contesté.

—A mí ya me lo han preguntado varias veces. Están pendientes -contestó él.

—Bueno, no es la primera vez que volvemos juntos. Si coincidimos en Moncloa porque volvemos a la misma hora, es normal. Igual que los días que coincido con Leire y volvemos juntas -contesté de nuevo.

—Sí, sí, lo digo porque como ahora coincidimos más que antes seguro que piensan que es por eso -dijo él.

Me rayé un poco, puesto que nunca le había importado o por lo menos no me lo había hecho saber. Pero no soy tonta, casualmente coincidió con la vuelta de Xeira, que además estaba en Desarrollo con él y algo me decía que las casualidades no existen. Así que cogí y le pregunté claramente:

—¿A ti te mola, Xeira?

Me miró a los ojos y mientras se reía me dijo:

—A ver, esta to' buena la Xeira.

No me esperaba para nada esa respuesta. Por un momento, pensé que me iba a coger y a decirme: « ¡Pero chica eres tonta! ¿No ves que la que me molas eres tú?» Pero no fue así, por dentro me quería morir… Pero saqué a paseo mi más completa indiferencia y le dije «Ya, claro» Sin más, entré al reformatorio para que me cachearan y cenar.

Cuando estaba en pleno cacheo, de repente me dicen:

—¿Y esto?

Miré y vi un mechero…Mechero que se me había olvidado esconder antes de entrar. Lo que me faltaba para rematar el día, una sanción. Así que les dije:

—¡Ala, no me he dado cuenta Susana! Sabes que fumo tabaco y que a diferencia de los mayores de quince, no puedo guardarlo en el cajón con mis cosas. Ha sido un descuido de verdad.

—Me da igual, sabes que tú no puedes traer mechero. Te voy a poner una sanción grave, ahora vemos cuál. Cuando termines el cacheo pasa por mi despacho, que tenemos que hablar -contestó ella.

Así que al terminar el cacheo me llevaron a su despacho y me dijo:

—Xeira nos ha contado que Leire y tú tenéis unos espejos en la habitación que son suyos.

No me lo podía creer… Esos espejos los usábamos para maquillarnos en la celda y punto. Además, como volvió al reformatorio, Leire se encargó de decirle a algún menor de Desarrollo, que le dijera que los teníamos para así poder devolvérselos en deporte o cuando coincidiéramos sin que los educadores se enterasen. Y en vez de hacer eso, cogió y se lo dijo a los educadores, a pesar de que de esa manera tampoco podría tenerlos ella en su celda. ¿A santo de qué se comportó así?

Así que con cara estupefacta le dije a Susana:

—Sí, los tenemos porque a mí me dejaba uno cuando estábamos en la doble, para maquillarnos y demás. Pero se los íbamos a devolver.

—Ya, pero ¿sabes que está prohibido tener espejos en las celdas, verdad? -me dijo Susana.

—Sí, pero solo los hemos usado para maquillarnos -contesté de nuevo.

—Vale, pues me los tenéis que dar y tenéis una sanción grave cada una. Ya te puedes ir -sentenció.

Mi día ya no podía ir a peor. Me pusieron tres días de aislamiento por el mechero y debido al espejo, perdí la salida de 8:00 h con mi madre, salida que era crucial, ya que en toda mi condena nunca había llegado a tener ni un solo permiso para ir un finde a mi casa y ya quedaban pocos fines de semana antes de salir de libertad.

Cuando Leire me vio, vino corriendo y me dijo:

—Tía, ¿ya te han dicho lo de Xeira?

—Sí tía, me han puesto una sanción muy grave y he perdido la salida con mi madre. Pero es que además me han pillado un mechero en el cacheo y me han puesto otra grave con tres días de aislamiento. Estoy flipando… ¿no le dijiste que los teníamos nosotras? -contesté.

—¡Claro que se lo dije! ¡No sé por qué no se ha esperado a que se los diéramos! Por su culpa he perdido el permiso de este fin de semana y tenía mazo planes hechos ¡Es que menuda gilipollas! -dijo Leire.

—Ya tía, si lo llego a saber no la decimos nada. ¡Qué hija de puta! ya no me fío de ella -contesté yo.

—Ya, yo tampoco… Con lo bien que nos hemos llevado siempre, parece que tiene envidia o algo. Si le corría tanta prisa que nos lo hubiera dicho a nosotras, pero jodernos así los permisos encima que acaba de llegar… -dijo Leire.

No me entraba en la cabeza como había sido capaz de hacernos algo así, estaba furiosa. Además, después de la conversación con Gales antes de entrar, no podía parar de darle vueltas una y otra vez a lo que me había dicho. Pensando mil cosas y ninguna buena… Siempre creí que le molaba Xeira por las pedazo de tetas que tenía, pero después del tonteo que teníamos y del magreo del día anterior en el que yo le paré solo porque necesitaba un beso para seguir adelante, el hecho de que me dijera entre risas que estaba «to' buena» me hacía sentir estúpida, muy estúpida y además me jodía enormemente. Lo que más me jodía era pensar que ella conseguiría en dos días lo que yo no había conseguido en dos meses. Y teniendo en cuenta que me quedaba un mes allí dentro, si sucedía, lo iba a pasar realmente mal y nunca más volvería a creer en el amor.

Leire me decía que no me rayase, a fin y al cabo nosotros salíamos a la calle. En cambio, ella no. Insistió en que lo que teníamos Gales y yo, aunque aún no nos hubiéramos enrollado, no lo iban a tener ellos dentro del reformatorio. Yo tenía el run-run en mi cabeza y era por algo, pero de momento solo podía esperar a ver cómo transcurrían los acontecimientos. Cada vez que pasábamos por Desarrollo para ir a la sala de informática, Xeira le estaba dando un masaje en la espalda a Gales o, simplemente, aprovechaba cualquier ocasión para ponerle las "tetas en la cara". Siempre que podía se abrazaba a él. Ella era así con todos los menores que le interesaban, pero con Gales era peor. Parecía que lo hacía aposta. Cada vez que juntaban los módulos en deporte o cuando fuese, se pegaba a él como una lapa y yo solo podía limitarme ver a una mierda de amiga calentándole la polla al chico que más me gustaba aun sabiéndolo. Y lo peor es que él se dejaba a pesar de todo lo que habíamos compartido en nuestros viajes y vueltas, se dejaba y le daba exactamente igual que yo lo viera o no.

Pasé los tres días de aislamiento, los cuales, fueron eternos. Me entretenía dibujando Manga, escribiendo dedicatorias o las letras de mis canciones favoritas... y, por supuesto, le contaba todo a mi querido diario, el único con quien en aquel momento me podía desahogar.

Cuando estás en aislamiento es como cuando estás detenido, solo tienes tiempo para pensar, pensar y pensar. Aunque no quieras hacerlo. Pensamientos de todo tipo, pero da igual lo que quieras hacer porque no vas a poder. Tienes que dejar que el tiempo pase mientras te comes la olla con todo, para que, aunque parezca que no pasa el tiempo, llegue el día en que salgas de tu jaula. Y en esos días, entre otras muchas cosas, con respecto a Gales pensé que «no me iba a quedar parada sin hacer nada mientras la otra se reía en mi cara sin pudor alguno; que Leire tenía razón, yo por lo menos le veía a fuera y tenía que saber cómo aprovecharlo». «Que Nunca le diría que me gustaba a no ser que él me lo diera primero, porque no quería que nadie se riera más de mí y de mis sentimientos. Si no era así es que él no era para mí».

Y entre tanto pensamiento y conclusión, le escribí una carta diciéndole todo lo que le quería. Que pasase lo que pasase entre nosotros y aunque pasase mucho tiempo sin vernos, siempre podría contar conmigo para lo que fuera. Que siempre estaría ahí. Le hice un dibujo con su nombre además de escribirle varias dedicatorias en el mismo. Quería dárselo, pero no sabía si le parecería infantil, cursi, o a saber qué... Como podéis ver, las dudas en mi cabeza eran infinitas. Leire empezó a salir con Aarón, así que aproveché para hacerles también un dibujo a lápiz con sus nombres.

Aunque estaba en aislamiento se escuchaba cuando hablaban en el pasillo o subían de la cena los menores, etc. Para mi sorpresa, mientras yo estaba en aislamiento, por necesidad de plazas en Desarrollo para nuevos menores que entraban, subieron a Gales de nuevo a Hogar dado que era el que mejor nota tenía.

Ese mismo día después de la cena, vino Pepe con Elisa a verme, hablar conmigo y ver qué tal estaba. Elisa era una de las educadoras con las que mejor me llevaba y a Pepe le adoraba. Pasado un rato Elisa se dio cuenta de que en mi escritorio había un diario. Apenas lo vio, lo cogió ¡Y no lo podía permitir! A pesar de toda la confianza que tenía con ellos, no podían leer lo que pensaba de Xeira o lo que sentía por Gales porque además me desahogaba «hablando en plata y sin pelos en la lengua», como quien dice. Así es que alarmada les grité:
—¡Noooooooooooooooooooo!¡Porfa, dámelo, Elisa!
—Déjame leer un poco, a ver qué escondes... -me decía ella entre risas mientras le pasaba a Pepe el diario.
—¡Que noooo! ¡Por favor!¡Pepe, dámelo, que no quiero que lo leáis! -les decía mientras intentaba cogerlo sin éxito.

Pepe se lo pasó de nuevo a Elisa, intenté quitárselo pero me bloqueó el paso para que ella pudiera leer algo mientras tanto. Yo no sabía qué hacer para impedirlo y finalmente escuchó…

—¡No me lo puedo creer! ¡¿Te gusta Gales?! -dijo Elisa. Y ante la cara de estupefacción de Pepe, contesté con la cara roja como un tomate, mientras bajaba la mirada:

—Sí, me gusta Gales ¿Qué pasa?

—¡¿Que te gusta Gales?! -dijo Pepe; que todavía parecía no creérselo.

—Sí, sí, le gusta Gales y a la que no puede ni ver es a Xeira… ¡Madre mía, las cosas que pones aquí de ella Yosu! -dijo Elisa entre risas y sorprendida a la vez.

—¡Ya está! ¡Dame mi diario! ¡Sí, me gusta y la otra es una guarra calientapollas que ya se podía haber quedado fugada en su barrio! -contesté cabreada y avergonzada a la vez.

—¡Pero cómo no me lo has contado antes, Yosu! -dijo Elisa de nuevo.

—Porque sí, porque me da vergüenza. Soy una niñata y no quiero parecerlo más, así que me lo como con patatas en mi diario, me desahogo y ya está. -contesté de nuevo.

Fue entonces que Pepe le pidió a Elisa que se fuera un momento, para poder quedarse hablando conmigo. Al quedarnos a solas, me preguntó:

—¿Cómo te puede gustar Gales?

—Pues no sé, pero me gusta. Me gusta desde que entró, Xeira lo sabe y me jode que esté todo el día encima de él… ¿Qué hago? -contesté mientras intentaba relajarme.

—Pues no sé qué le ves…Pero ese chico no es para ti. No te conviene y si está todo el día con Xeira a ti te tiene que dar igual. Porque tú vales mucho más que eso -dijo contundentemente Pepe.

—Ya, Pepe…Pues no puedo evitarlo… -contesté yo.

—Haz lo que quieras… Pero te voy a dar un consejo; aléjate de él, ese chico no vale la pena. Tú te mereces algo mejor -respondió.

—Ya…Pero es que no es algo que yo haya elegido. Me gusta y punto, no lo puedo evitar -dije de nuevo.

—¿Te merece la pena estar así por ese chaval, en vez de centrarte en tus cosas? -respondió él.

Yo me quedé callada por un momento y Pepe continuó:

—Ese chico es una mala influencia que no te va a traer nada bueno y cuanto antes te alejes de él mejor. Sé que vas a hacer lo que quieras, pero ten en cuenta mi consejo porque sé de lo que hablo. Eres muy joven, ya conocerás a alguien fuera de aquí, no tengas prisa.

—Yo cuando salga de libertad quedaré con Gales y con Leire cuando tengan permisos. Son mis amigos -dije convencida.

—Yosu, ¿de verdad tú crees que cuando Leire o Gales salgan de libertad van a ir a verte? -me preguntó él.

—Pues sí, sí que lo creo. De Gales no lo sé al cien por ciento, pero de Leire seguro que sí, a mí Leire me lo ha demostrado y sé que fuera, aunque no sea lo típico, seremos igual de amigas. Lo sé. -contesté.

—Mira, tú vas a salir libre dentro de veinte días y ellos seguirán aquí. Poco a poco tú volverás a tu vida de antes y cuando ellos salgan de libertad también harán lo mismo, es lo que pasa siempre. Yo pienso que tendrías que quedarte más tiempo aquí dentro para realmente arreglar las cosas con tu madre, porque no has llegado a tener ni un solo permiso y no creo que estés preparada para volver a casa. Pero no puedo hacer nada al respecto. Así que piensa en todo lo que has aprendido aquí y cuando salgas mira hacia el futuro, no hacia atrás -dijo seriamente-. Yo te lo digo por ti porque te aprecio, aléjate de Gales, no te conviene -volvía a insistir.

—¿Pero por qué?, ¿qué es lo que no me conviene? Si es un chaval de puta madre -volvía a preguntarle.

—Porque no te conviene. Te conozco, le conozco y sé que no te conviene para nada. Pero insisto, haz lo que quieras, es solo un consejo -dijo mientras me daba un abrazo y después se iba por la puerta.

Cuando terminé el aislamiento y coincidí de nuevo con Gales para volver al reformatorio, estábamos como siempre, con nuestra rutina de música y caricias mientras íbamos hablando de cualquier cosa y en un momento dado le dije:

—¿Sabes que el día de mi libertad eres el último en verme?

—¡Ah!, ¿sí? Pues te despedirás de mí entonces, ¿no? -contestó él.

—¡Pues claro! Y tú de mí ¿no? -pregunté.

—¡Pues claro! —me dijo mientras me pellizcaba el brazo, a lo que yo reaccioné con una queja:

—¡Ay! ¡qué daño!

—Joder, te quejas por todo… -dijo él.

—Es que soy muy delicada y a mí hay que tratarme con cariño -le dije con una sonrisilla mientras le ponía ojitos.

—Ya, pero es que tú a mí no me dejas tratarte con cariño, porque cuando quiero hacerlo me apartas -contestó él.

En ese momento me vino a la cabeza la imagen del bus en el que yo le aparté la mano de mi tanga y me abroché el pantalón ¡Y no podía creer que me lo dijera por ese momento! Porque además… ¿qué hay más cariñoso que un beso? El beso que nunca me dio… Para mí nada, os lo aseguro. Pero por no decirle eso, bajé la mirada como una cobarde y no dije nada.

Unos días después vi a Leire y le di el dibujo que le había hecho, su cara me lo dijo todo ¡Le encantó! Y aproveché para pedirle consejo:

—Tía, le he hecho otro dibujo a Gales y le he escrito una carta.

—¡En serio! ¡Qué bien! ¿Y qué le dices en la carta? -preguntó ella.

—Nada… le digo lo siento por él, que le quiero mucho y que aunque pase el tiempo siempre voy a estar. Pero no sé si dársela, porque a lo mejor lo ve infantil… ¿Tú qué harías? -pregunté de nuevo.

—A ver…No sé exactamente qué pondrá, pero yo se la daría. No tiene por qué pensar que eres una niñata -dijo ella.

—Ya, yo qué sé… Nunca sé cómo actuar con él… ¿Me harías un favor? -volví a preguntar.

—Sí, tía, dime -dijo ella.

—¿Te la puedo dar a ti, para que la leas y si no te parece de niñata, se la das tú de mi parte, porfa? Si te parece de niñata no se la des -contesté.

—Sí tía, sin problema. Dámela cuando puedas y yo se la doy -dijo Leire.

—¡Muchas gracias, tía! Dame un abrazo, anda, que te quiero mucho -exclamé.

Ese mismo día por la tarde, me escapé de clase y me fui con Leire y una amiga suya a Alcorcón. Estuvimos por allí de aventura, como quien dice… y conseguimos tres cervezas que al final no nos bebimos. Al llegar a Guadarrama, Leire entró primero, ya que a mí me sobraba un poco más de tiempo y aproveché para esconder todo lo que no podía meter en el reformatorio. Además del tabaco y el mechero, también tenía una cuchilla que me había dado Isa para depilarme si necesitaba, una colonia… Guardé todo tranquilamente, fui a la gasolinera mientras hablaba por teléfono, a hacer un pis. Al entrar al baño colgué la llamada, dejé el móvil encima del lavabo, hice pis y me fui.

Como no sabía qué hacer y hacía frío, entré diez minutos antes de mi hora. Según me empezaron a cachear, me di cuenta de que no tenía el móvil y de repente grité:
—¡El móvil!
—¿Qué pasa con el móvil? -dijo Susana.
—Que he ido al baño de la gasolinera y me lo he dejado ahí ¿Puedo ir corriendo para que nadie me lo quite? -le pregunté.
—No, una vez entras ya no puedes salir. No te preocupes, que después del cacheo me acerco yo a por él -contestó ella.
—Ya, pero va a pasar más tiempo que si voy yo ahora mismo corriendo y si entra alguien se lo va a llevar, aunque sea una mierda de móvil -contesté de nuevo.
—¡Que no, Yosu! Voy yo luego no te preocupes -dijo ella.

Encima que había entrado antes, no me dejaban ir en el momento a por él. De locos… Solo me quedaba la pequeña esperanza, de que al ser un móvil tan básico y pequeño nadie se lo llevase. Aunque no las tenía todas conmigo, estaba dándole vueltas cuando de repente escucho a Susana:
—¿Y esto qué es? -Mientras sacaba las tres latas de cerveza de mi mochila.

Mientras yo miraba esas latas con cara de asombro, pensaba en una excusa rápida y creíble; aunque ya estaba visualizando la sanción que me iban a poner... y dije:

—Es que como es Halloween...Al salir de clase iba con dos amigas, una de ellas ha comprado tres cervezas y como mi mochila era la más grande las he guardado yo. Después me han acompañado al metro, íbamos hablando y al final me he ido con las cervezas sin darme cuenta. Es que ni me he acordado de que las traía en la mochila... Si no obviamente las hubiera tirado... ¿Para qué iba a entrar con ellas aquí? ¿para qué me sancionéis?

La cara de Susana era un poema, pero me creyó y me dijo:

—De verdad que lo tuyo es único... ¿Qué hacemos contigo? Porque yo te tengo que sancionar por traerlas, aunque haya sido así y perderías de nuevo las ocho horas de salida con tu madre este fin de semana...

—¿En serio? Joder, es que no me he dado cuenta. Ni siquiera eran para mí, yo solo las he guardado Susana. No me he bebido ni una -contesté yo.

—Bueno, lo hablaré con los educadores y con tu tutor. A ver qué sanción te ponemos, pero lo tienes complicado -dijo finalmente ella.

La realidad era que me quedaban quince días nada más para irme de libertad y si perdía esas ocho horas con mi madre, el finde siguiente saldría de salida educativa y posteriormente saldría libre. Por lo que no habría más posibilidades de hacer esa salida con mi madre antes de irme.

Cuando llegué al comedor solo podía pensar «Verás cuando se lo cuente a Leire...Se va a partir de risa». Pensaba contárselo después de la cena, pero al entrar Gales me preguntó en alto:

—¿Qué te pasa, Yosu?

—Nada… —contesté yo intentando no mirar a Leire a la cara para no reírme.

—Yosua, ¿qué te pasa? -preguntó Leire, por lo que al final lo solté sin más dilación.

—Nada, que me han pillado con tres cervezas en el cacheo y me han sancionado -contesté, mientras todos los menores se partían de la risa al unísono.

Intenté contenerme todo lo que pude para no reírme. Os puedo asegurar que fue una situación verdaderamente cómica y digna de ser publicada. Porque mientras hacía un esfuerzo sobrenatural por no reírme mientras me sentaba en mi sitio, Leire, que se sentaba a mi lado pero en otra mesa, me volvió a preguntar entre risas:

—¡Qué dices! ¿cómo que te han pillado con cervezas?

Y claro, al levantar la mirada para intentar contestarle con plena naturalidad, le dije:

—Sí…, porque las tenía en la mochila y ja, ja, ja, ja, ja, ja, ja, ja, ja, ja, ja, ja, ja, ja, ja, ja…, se me olvidó que las tenía… ja, ja, ja, ja, ja,ja.

No lo pude evitar, me partí de risa sin cortarme. Leire se partía a la vez mientras me miraba y por ende el resto de la sala. Cuál sería mi sorpresa cuando al subir a mi celda apareció Susana para decirme:

—Yosua, he estado hablando con tu tutor y el resto de los educadores y como es necesario que tengas la salida de ocho horas con tu madre antes de irte, te voy a poner la sanción grave más *light* que hay. Son siete días de PAR (sin tiempo de ocio) ya que si te pongo aislamiento te quedarías si ella.

—Ahh genial Susana, muchas gracias -respondí yo.

—No obstante, me han dicho los educadores que te has estado riendo en la cena mucho por el tema de las cervezas y no comprendo cómo después de lo que te ha pasado y de lo que te juegas, has podido estar riéndote tanto. Te lo digo porque no me han gustado nada los ojos que traías y en el cacheo me has dicho que te da hambre en los recreos, cuando te llevas siempre un bocadillo... No me cuadra. Así que no vayas de lista, porque a lo mejor te mando al hospital del Escorial a que te hagan análisis de sangre para ver si fumas porros, que es lo que me parece que pasa... -me dijo tajantemente.

—¡Pero qué dices! ¡¿Cómo voy a fumar yo de esa mierda?! Me he reído porque todos se estaban riendo. Han hecho bromas con ello y me ha hecho gracia, nada más. Me puedes llevar a hacer los análisis cuando quieras, que no va a salir absolutamente nada. No sé cómo puedes pensar que yo fumo de esa mierda -le dije convencida y sin titubear.

—Bueno, pues ándate con ojo que no soy tonta -sentenció.

Tuve bastante avidez en ese momento y me salió bien la jugada. Nunca me llevaron a hacer ninguna prueba de nada. Además, para lo que me quedaba dentro tampoco iban a conseguir mucho, tenían más menores de los que ocuparse.

Llegó el fin de semana y por fin tuve la salida de ocho horas con mi madre. Vinieron su pareja y ella. Nos fuimos a comer a un restaurante muy *plus* en San Lorenzo del Escorial. Recuerdo que me comí un solomillo exquisito con salsa de ciruela que me impresionó bastante. Me encanta la carne en su propia salsa y no estaba segura de que me iba a encajar la mezcla de sabores, pero lo cierto es que me encantó. Estuvimos hablando de todo un poco. En un momento dado, me llegó a insinuar:

—Te veo diferente -dijo con mirada pícara.

—¿A qué te refieres? -pregunté extrañada.

—Te veo diferente, más mujer… ¿Has tenido relaciones? -dijo ella.

—¡Pero qué dices, mamá! ¿En dónde te crees que me has metido? Yo flipo, de verdad… -dije molesta a la par que sorprendida.

—Vale, hija, vale. No te enfades, solo preguntaba, nada más -contestó ella.

Después de la comida fuimos a un centro comercial de la zona. Dimos un par de vueltas y terminamos tomando algo en la plaza de Guadarrama antes de volver al reformatorio.

Cuando llegamos, Pepe nos esperaba. Habló con mi madre y después de cenar fue a mi celda para hablar conmigo:

—¿Qué tal con tu madre?, ¿cómo ha ido la salida?

—Bien. No sé por qué ha venido con su pareja, pero bien. No hemos discutido y me lo he pasado bien.

—¿Tú crees que estás preparada para salir? -preguntó de nuevo.

—Sí, Pepe. Claro que estoy preparada. Y cuando salga, en cuanto cumpla los dieciséis años me voy a poner a trabajar para ganarme mi dinero y no tener que pedirle nada ni a mi madre ni a mi padre.

—¡¿Piensas dejar los estudios?! -me preguntó preocupado.

—No, pienso trabajar y estudiar -contesté firmemente.

—¡¿Cómo que trabajar y estudiar?! No eres consciente de lo complicado que es, eso no lo hace cualquiera. Lo que tienes que hacer es acabar tus estudios y más después de todo lo que has conseguido este año con lo difícil que lo tenías. Has pasado de curso, no lo tires todo por la borda. Tú querías ser abogada ¿no? -me dijo él.

—Sí, pero después del año que me he tirado aquí, voy a aprovechar mi vida. Al igual que mucha gente estudia y trabaja, yo lo voy a hacer también. Porque aunque me digas que no, sé que puedo. Lo que no voy a hacer, es estar mendigándole a mi madre para que me compre un bote de espuma o para que me compre ropa. Al fin y al cabo por esas cosas entre otras siempre hemos discutido y yo necesito tener mi dinero -le dije.

—Yosu, ya te lo dije en su momento... No te veo preparada para ir con tu madre. Ten en cuenta que tienes dos meses de libertad vigilada y vais a tener que ir ambas a hablar con la trabajadora social. Como tu madre diga que no estás cumpliendo o que tenéis cualquier tipo de movida, directamente vuelves a entrar aquí. ¿Es eso lo que quieres? -me dijo muy serio.

—No, claro que no quiero eso. Tengo claro que no voy a volver pero no voy a hacer lo que ella quiera. Si al cumplir dieciséis quiero trabajar, no me lo puede impedir. Y si no, se lo hubiera pensado antes de encerrarme aquí un año entero. Lo tiene que entender -dije yo-. Sé que no curras el jueves que es mi último día, pero ¿vendrás a despedirte de mí?

—No puedo, Yosu. Pero no te preocupes, te voy a ver lunes y martes que sí que curro y, por supuesto, que me voy a despedir de ti -dijo-. Dame un abrazo, anda.

Nos dimos un abrazo y después se fue. Al acostarme, pensé en todo lo que me había dicho y... por un lado, tenía ganas de ser libre, pero por otro, me hubiera gustado estar unos meses más allí. A fin y al cabo ahí tenía una paga semanal que mi madre nunca me daba, tenía un referente como tutor que me encantaba aunque a veces no estuviéramos de acuerdo en todo; tenía a la que se había convertido en mi mejor amiga sin esperarlo, había conocido al chico de mis sueños, comía mejor y más rico que en mi casa… Y me jodía dejar atrás todo aquello a lo que ya me había acostumbrado. Entre tanto pensamiento, tenía miedo de no volver a ver a Gales y que Pepe tuviera razón cuando me decía que una vez saliera libre, se olvidaría de mí. Con Leire, sin embargo, no tenía para nada esa sensación. Pero como con él, sí… Me dije a mí misma: «No te puedes ir de aquí sin que te vea con el pelo liso, que te queda de puta madre». Así que empecé a pensar de qué forma podía sacar tiempo para plancharme el pelo, pues me llevaba dos horas hacerlo. En el reformatorio no podía porque, aparte de no tener mi plancha, con la cantidad de pelo que tenía, además de largo y rizado, era imposible convencer a nadie para que me dejara peinarme durante dos horas. Le estuve dando varias vueltas y no encontraba la manera. Pero tenía que hacerlo. Necesitaba impresionar a Gales y que se quedara con ese recuerdo de mí. Estaba convencida de que funcionaría porque nunca me había visto con mi melena lisa. Y finalmente supe cómo hacerlo.

Era lunes, intenté hacerlo en casa de Isa en las horas previas a que empezaran las clases de la tarde, pero no pude. Ese mismo día por la mañana, le di a Leire la carta y el dibujo de Gales para que se lo diera si no le parecía infantil. Después de las clases quedé con él para volver juntos y le fui contando la historia real de las cervezas que me incautaron. Fuimos muy a gusto todo el camino. Cuando llegamos, nos cachearon y nos llevaron a cenar con el resto de los menores. Después de la cena, nos subieron a la celda a todos los que teníamos que cumplir

PAR, por lo que no me dio tiempo a hablar con Leire y preguntarle qué le había parecido la carta.

Una vez en mi celda, no paraba de darle vueltas a que se me acaba el tiempo. En tres días salía de libertad y tenía que encontrar la forma de alisarme el pelo antes de ello.

Así que al día siguiente, sin pensármelo dos veces, según salí del tuto a las 14:40 h, me fui corriendo a casa. Timbré, mi madre me abrió el portal y cuando llegué a arriba me preguntó extrañada:
—¿Qué haces aquí?
—Nada, que vengo un momento a lavarme el pelo, que me lo quiero alisar -le dije.
—¿Pero lo saben en el reformatorio? -preguntó ella.
—Sí, mama, no te preocupes. No me entretengas que tengo el tiempo justo -contesté mientras me ponía al lío. Cuando terminé, le llamé desde el móvil de mi madre y quedé con él en Moncloa.

Mientras iba de camino pensaba: «Si no me da un beso así… es que no le molo». Iba nerviosa. No sabía ni si se iba a fijar en el alisado o si lo había hecho todo para nada. Nunca me había saltado el horario de vuelta al reformatorio y no sabía qué me iban a decir a la vuelta, pero en ese momento poco me importaba. Llegué a Moncloa, subí las escaleras para ir a la zona donde solíamos fumar. Y ahí estaba, fumándose un *piti* tranquilamente mientras me esperaba. Le di dos besos y le dije:
—¿Qué tal?, ¿llevas mucho esperando?
—No, ¡qué va! Acabo de llegar. ¡Qué guapa! -dijo.
—Gracias… -contesté sonrojada.

—Te queda muy bien el pelo liso. ¿Por qué no te lo alisas más? -preguntó.

—Porque tardo casi tres horas y no siempre puedo alisármelo -dije.

—Joder… ya ves, sí que tardas… toma. ¿Quieres un *piti*? -preguntó.

—Sí, claro, nos lo fumamos y vamos al bus -respondí.

—Sí. ¿Y cómo es que hoy vuelves a esta hora? Tú normalmente los martes llegas antes al reformatorio, ¿no? -preguntó extrañado.

—Sí, lo que pasa que me he tenido que quedar más tiempo en clase. Tenía que recuperar y he aprovechado para pasar por donde mi madre y así te llamaba para quedar -respondí.

— ¡Ah! pues muy bien entonces ¿Vamos al bus? -dijo él.

—Sí, claro, vamos.

Íbamos en el bus como siempre. No sabía si Leire le había dado la carta y el dibujo que le había hecho, así que ni lo mencioné. Esperaba que de ser así fuese él quien sacase el tema. A mí me bastaba con poder irme una vez más con él en ese bus.

Pero al llegar al reformatorio, todo cambió. Según llegué, Susana me miró y me dijo:

— ¿Y estas horas de llegada?

—Pues… es que me he tenido que quedar en clase recuperando, por pasarme notitas con una compi. Y como no había comido, cuando he terminado he ido a mi casa a por algo de comer y ya me he venido -contesté.

—Ya… pasa al cacheo, anda -dijo ella.

Estaba claro, daba igual lo que dijera. No eran tontos y se olían la verdad. De todas formas, Susana no se iba a molestar en saberla, para lo que me quedaba allí dentro. Simplemente se iba a limitar a sancionarme y punto.

Cuando llegué al comedor Pepe tenía una cara de mala hostia que alucinas… Era el último día que le vería antes de irme y nunca le había visto así de cabreado conmigo. No me dijo nada, solo me miraba fijamente. Después de cenar, mientras recogíamos y salíamos del comedor, aproveché para preguntarle a Leire rápidamente:

—Tía ¿has leído la carta?

—Sí -contestó ella.

—¿Y qué te ha parecido? -volví a preguntar.

—Me ha parecido muy bonita -dijo ella.

—¿Y se la has dado? -pregunté de nuevo.

—No he podido, pero esta noche se la doy. No te preocupes -dijo ella.

—Vale tía, gracias -contesté.

—Nada tía, para eso estamos. Por cierto qué bien te queda el pelo liso -contestó.

—Gracias tía. Ya te contaré... -Y justo apareció Pepe para decirme:

—Venga, vamos para tu celda, que tenemos que hablar.

—Sí, sí, voy -dije yo.

Subimos las escaleras y al entrar en la celda Pepe me dijo:

—¿Tú no tenías que estar aquí a las 17:00?

—Sí… -respondí.

—¿Y cómo es que llegas ahora? -preguntó de nuevo.

—Porque he tenido que recuperar horas por estar hablando en clase con una compi y como no había comido me he ido a casa de mi madre a comer y…

Pepe me interrumpió y me dijo:

160

—Ya… y yo me chupo el dedo ¿no? ¿Qué te crees que soy tonto? Tú has venido ahora para venir con Gales. ¿Te crees que porque te queden dos días no te vamos a sancionar? No me esperaba esta actitud de tu parte, desde ahora estás en aislamiento por dos días.

—¡Pero Pepe si salgo en dos días! ¡Qué más te da! -le repliqué.

—Las cosas no son como tú quieras que sean. Te dije que no te iba a traer nada bueno y mira…los dos días que te quedan los vas a pasar aquí metida -dijo seriamente.

—Pero Pepe…

—Ni Pepe ni nada, espero que hayas disfrutado… -contestó él.

—Por lo menos me dejaréis despedirme del resto de menores antes de irme como hacen todos, ¿no? -pregunté

—Estando en aislamiento no puedes despedirte de nadie, haberlo pensado antes -dijo mientras se iba por la puerta.

—¡Pero Pepe, que no es para tanto! -le dije mientras vi cómo se cerraba la puerta.

Y ahí me quedé con mi gozo en un pozo, literalmente… Jamás pensé que mis últimos días los pasaría encerrada, pero era martes 13 y así fue. Y lo que son las cosas… Lo que más me fastidiaba en ese momento no era ni la sanción, ni la decepción de Pepe, ni siquiera el no poder ver a Gales al día siguiente. Lo que más me fastidiaba era no poder despedirme de mis compañeros. Pero luego pensé, que Pepe a lo mejor, lo había dicho por el cabreo del momento y que el último día me dejarían despedirme de todos aunque me tuvieran en vilo hasta entonces.

He de decir que no fue así, no me dejaron despedirme de nadie. Ese día Pepe no curraba. Antes de acostarnos estuve hablando con Elisa y al final le acabé pidiendo que me dejara despedirme, pero ella se negó rotundamente. Y como nunca me rindo, le hice otra petición:

—Pues déjame despedirme solo de Gales y de Leire ¡Porfa! solo de ellos.

—No, Pepe ha sido muy claro con ello. Pero en el caso de dejarte, te dejo que te despidas solo de uno. ¿A quién eliges?

— ¡¿En serio?! Si están en habitaciones contiguas. ¿Qué más te da? Solo son dos... nadie se va a enterar -le repliqué.

—Es eso o no despedirte de ninguno, así que dime ¿qué decides? -contestó de nuevo.

—Vale, pues a Leire -contesté.

—Venga, vamos -dijo ella.

Salimos del cuarto, tocamos la puerta de Leire y nadie contestaba. Elisa abrió, Leire ya estaba dormida. Intenté despertarla, pero apenas hubo respuesta más allá de cuatro balbuceos que ni yo entendía y le dije:

—Leire, despierta que solo me dejan despedirme de ti y tiene que ser rápido

Sin obtener respuesta, continué:

—Tía, que te quiero. Que nos vemos fuera y que me tienes para lo que necesites. Que nada va a cambiar aunque me vaya, te lo juro

Me respondió con un balbuceo más un «te quiero, Yosua» y Elisa me llevó a mi celda.

En ese momento intenté que me dejara despedirme de Gales, ya que Leire estaba dormida, pero no me dejó, me dijo:

—Es lo que has elegido y yo he cumplido el trato. Venga, entra en tu celda. -Y entré a mi celda.

Elegí despedirme de Leire, porque siempre tuve claro que los chicos van y vienen, pero cuando tienes amigos de verdad, personas a las que realmente les importas sin que nada las obligue a ello. Esas personas están contigo antes, durante y después de cualquier relación sentimental que puedas llegar a tener. Es la familia que eliges. Y Leire me había demostrado el valor de eso y de mucho más. Era mi hermana aunque no llevara mi sangre ni yo la suya y... Nunca me he arrepentido de mi decisión, si volviera hacia atrás, volvería a elegirla a ella.

Capítulo 5

Amanecí como cada día en mi celda y como diría Amaral se acercaba «el principio del final». Tenía una sensación extraña, entre miedo y ganas. Las conversaciones con Pepe me rondaban la cabeza una y otra vez, mientras que al mismo tiempo, pensaba en que Gales ya habría leído mi carta y no sabía qué impresión habría causado en él. Por lo menos me había atrevido a algo, aunque no fuera a besarle o a decirle las cosas a la cara y ver su reacción en el momento.

Era medio día, los educadores me ayudaron a embalar mis cosas y me acompañaron a la entrada, donde me esperaba mi madre. Me despedí de ellos, salí por la puerta con todas mis cosas y según me alejaba, a pesar de la nostalgia, tenía claro que jamás volvería a pisar un sitio como ese. Me monté en el coche, no recuerdo muy bien de qué íbamos hablando, pero sí recuerdo que en un momento dado me dijo:

—¿Vas a ir a ver al abuelo?

—Sí, el sábado iré a verle. Tengo muchas ganas.

—Me alegro, le hará mucha ilusión. Cuando vayamos a ver a los tíos, no les cuentes nada del reformatorio -dijo ella.

—¿Por qué? -pregunté.

—Porque me han estado preguntando por ti y no les quería contar ni lo que había pasado ni dónde estabas. Así que les dije que debido a la discusión que tuviste con tu padre, estás yendo a una psicóloga que te ha recomendado que no hables con nadie y que te centres en los estudios -contestó.

—¡Qué dices! ¿Y se lo han creído? -pregunté sorprendida.

—Sí, aunque me siguen preguntando por ti y les digo que estás bien, que ya queda poco para que puedas verlos— dijo ella.

—Vaya tela, no sé cómo se lo han podido creer, no tiene ningún sentido. ¿Qué psicólogo te dice que no hables con tu familia por suspender todo y tener que estudiar?

—Bueno Yosu, es lo que les he dicho y te lo estoy pidiendo por favor ¿Lo vas a hacer o no? -preguntó queriendo zanjar el tema.

—Que sí, que vale, que yo les digo eso. Pero que no le encuentro ningún sentido ya está, no sé para qué les mientes… creo que es mejor decir la verdad, pero como tú veas -le dije.

Mi madre en el fondo no les quería decir nada, porque era consciente de que en realidad, me hubiera podido ir a vivir con ellos en vez de estar metida en un reformatorio si ella hubiera querido. Pero no fue así, y ahora me pedía que le hiciera de alcahueta con la patraña… Para mí era insólito, pero me tenía que callar y aguantar el tipo por la cuenta que me traía. Sabía que si por cualquier cosa durante los dos meses posteriores ella se rayaba por lo que fuera, podía volver a meterme ahí de una y yo poco podría hacer por evitarlo.

Al llegar a casa, se me hizo extraño y eso que había estado unos días antes, pero esta vez era diferente, era para quedarme. Ordené mis cosas tranquilamente. Le comenté a mi madre que me quería dar mechas rubias y, para asombro mío, accedió sin problema a pagármelas. Después de colocarlo todo, me senté en mi cama, delante del espejo pensando en «¿qué hacer?». Era libre y podía hacer cualquier cosa. Pero la realidad era que no quería estar en mi barrio ni libre, si no podía ver a Leire… la echaba muchísimo de menos, me faltaba una parte de mí y no tenía cómo completarla.

Entró mi madre en mi cuarto y me dio mi Siemens M-55 junto con un duplicado de mi tarjeta SIM. Según se la puse, lo encendí y llamé a Silvana para quedar, pero estaba en Alcorcón con su novio. Le alegró mucho que ya hubiera salido de libertad. Me ofreció ir al día siguiente juntas a Alcorcón después de clase y así me presentaba a su chico. Mientras hablaba en mi cuarto, mi madre me escuchó desde el pasillo y acto seguido, entró y me dijo:
—A Alcorcón tú no vas a ir a nada. Tú si quieres salir, sales por el barrio, como siempre.
—¡Pero si está aquí al lado! ¡Qué más te da! -le repliqué.
—Eres una niña y no vas a estar de aquí para allá como si fueras adulta. Por el barrio puedes salir a donde quieras -contestó ella.
—He estado un año entero prácticamente yendo de un lado para otro de punta a punta y te ha dado igual. Por tu culpa mis amigas del barrio ya no son mis amigas y ahora que tengo amigas nuevas ¿Vas a ser así? Tengo abono transporte y DNI gracias a que me los han hecho en el reformatorio, porque si por ti fuera iba indocumentada hasta los dieciocho años. ¿Qué problema tienes? ¿Por qué eres así conmigo?-dije abatida.
—Mientras vivas bajo mi techo harás lo que yo te diga y si no lo haces hablaré con la trabajadora social para que te metan de nuevo ahí -sentenció.

Respiré hondo, mientras pensaba en todo lo que me nacía decirle y en las consecuencias de mis palabras. Así que opté por callarme. Cogí uno de mis discos de Amaral y me puse a escucharlo mientras ordenaba mis pensamientos y emociones. Poco a poco me iba dando cuenta de que lo peor no había pasado. Si en su momento se me hizo cuesta arriba estar en el reformatorio y me parecían una eternidad diez meses, no era nada, comparado con tener que estar dos meses conviviendo con mi madre, a la par que tragándome todo mi orgullo, para no acabar en la misma situación... Y así me pasé toda la tarde, pensando y reflexionando canción tras canción, disco tras disco, con un mar de dudas en mi cabeza que no veía su fin. Y entre tanta duda y pensamiento decidí que al día siguiente me levantaría a las cinco y media de la mañana, iría de puntillas al salón para que mi madre no se despertara (ya que siempre ha sido de oído superfino), cogería el móvil que siempre dejaba en el salón, en cuya tarifa pagabas el primer minuto y podías estar hablando una hora entera, y llamaría a Gales para hablar con él y con Leire.

Y así fue. A la mañana siguiente, salí a hurtadillas de mi cuarto, cogí el teléfono y para que mi madre no se despertara, abrí con sigilo la puerta de la entrada, la cerré y me dispuse a llamar:

—¡Gales! soy Yosu, que le he cogido el móvil a mi madre sin que se entere. ¿Qué tal?

—¡Yosu! Ya ves... ¿Estás escondida para que no te vea o qué? -dijo él.

—Sí, je, je, je, ¿Estás con Leire? -pregunté.

—Sí, está aquí a mi lado. Ahora te la paso, pero cuéntame qué tal todo ¿Al final por qué te sancionaron el otro día? -preguntó

—Porque no les avisé de que me había quedado a recuperar horas y no les sentó bien. Pero bueno... -respondí.

—Ya ves, qué cabrones ¿Y qué tal se está de libertad? -preguntó de nuevo.

—Muy bien la verdad, aunque debo tener cuidado con mi madre, pero bien. Os echo de menos -dije.

—Bueno, solo ha pasado un día y ya viene el finde. En cuanto te pongas a hacer planes te olvidas de nosotros -dijo entre risas.

—Qué va, yo de vosotros no me voy a olvidar jamás. Os quiero mucho y espero que nos veamos algún día -contesté.

—Claro que sí, je, je, je... Toma, te paso a Leire, que también quiere hablar contigo -dijo.

—¡Yosua!, ¿Qué tal? ¿Cómo estás? -dijo Leire.

—Bien tía, aquí en la entrada hablando para que no me oiga mi madre, je, je, ¿Tú qué tal?

—Bien tía, en el bus. Ayer entraste en mi cuarto ¿no? -me preguntó.

—Sí, entré para despedirme. Sólo me dejaron despedirme de una persona, pero estabas sobadísima -le dije.

—Ya tía, estaba cansadísima y a penas me enteré de nada. Perdóname -respondió ella.

—Nada tía, ni te rayes. Ya nos veremos cuando salgas de permiso que tengo ganas de verte. Por cierto, me voy a dar mechas rubias. Mi madre me ha dejado y me las va a pagar ella —dije entusiasmada.

—¿Con tu madre qué tal? En cuanto salga de permiso te aviso. Será en un par de findes, pero a ver si nos podemos ver antes, que yo también te echo de menos. ¿Te vas a dar mechas rubias? ¿No te gusta más el moreno? -me preguntó.

—Con mi madre bien. A ver qué me dicen en la libertad vigilada. Tengo cita la semana que viene, ya te contaré. Y sí tía, quiero mechas rubias, me gustan más que el moreno y ya que la he convencido voy a aprovechar .-le dije.

Seguimos hablando hasta que llegaron a Moncloa. Después entré de nuevo en el salón, dejé el móvil en su sitio, me fui de puntillas a mi cuarto y me volví a dormir hasta que sonase el despertador a las siete y media. Cuando me levanté, mi madre se estaba arreglando en el baño para ir al trabajo. Como ya sabéis, ese era uno de los momentos en los que solíamos discutir, lo teníamos que compartir sí o sí. Así que hice todo lo posible por no incomodarla. Todos los días me hacía un peinado diferente, me vestía, me maquillaba a juego, preparaba la mochila y me hacía un Cola Cao antes de salir de casa.

Solía ir con Reme al tuto, ya que vivía al lado. No me hacía mucha gracia tener que cruzármela todos los días de camino a clase, pero por suerte ese día no me la crucé, y me encontré con Mía que también vivía al lado, así que fuimos juntas. Íbamos hablando todo el camino y como era viernes, me dijo de quedar por la tarde para dar una vuelta por el barrio y demás. Poco a poco mi vida iba volviendo a la normalidad.

Al salir de clase, fui a casa, me hice unos macarrones con tomate y queso en polvo. En ese momento extrañé a las cocineras del reformatorio, en ese... y en otros muchos, pero era lo que había y punto. Me puse a ver la tele mientras comía y al poco llegó mi madre:
—Yosu, ya estoy en casa -me dijo.
—Hola mamá -contesté.
—¿Qué tal en clase? -me preguntó.
—Bien -respondí.
—¿Ya estás comiendo? -preguntó de nuevo.
—Sí -respondí.
—Vale, pues me voy a preparar algo y voy al salón contigo -dijo ella.

Cuando llegó al salón con su comida, cogió el mando de la tele y cambió de canal. Así que terminé mi plato, lo fregué y me fui a mi cuarto. Sabía que debía tener una buena relación con ella, pero no me nacía estar como si nada hubiera pasado. Y menos, sabiendo que a la mínima tontería podía meterme de nuevo dentro, no me fiaba de ella. Tenía que ser lo más cordial posible con ella, aunque no me apeteciera. Por lo que quedarme en mi cuarto, era la opción más sabia. Me puse música y esperé que dieran las seis para quedar con Mía y sus amigas.

Me sentía completamente fuera de lugar y eso que estaba en mi casa, me sentía vulnerable en todo momento. En el segundo menos esperado todo podía cambiar y tenía que ser más inteligente que ella si quería que eso no pasara de nuevo.

Antes de salir me arreglé y le dije a mi madre que me iba con las chicas, a lo que ella me preguntó:
—¿Y con quién te vas ahora?
—Con Mía y las chicas -respondí.
—¡Ah! ¿Y dónde vais a ir? -preguntó de nuevo.
—Por aquí por el barrio -le dije.
—Bueno, pues a las 21:30 estás en casa, ¡eh! -dijo ella.
—¿Tan pronto? Déjame estar hasta las diez, mamá -dije yo.
—No, no estamos en verano para que vuelvas a las diez. A las 21:30, como tarde, te quiero aquí en casa. Si no, no sales -sentenció.
—Que sí, que vale -respondí a regañadientes.

Salí por la puerta y me fui al parque con las chicas. Dimos una vuelta por el barrio, de *fumada*, jugando a las cartas y la verdad es que me lo pasé muy bien. A las nueve y cuarto tiré para casa. Me jodía tener que estar tan pronto cuando a todas las dejaban volver más tarde, pero no podía hacer otra cosa que aguantarme. Después de cenar, me fui a mi cuarto, puse la música bajita y poco a poco me quedé dormida.

Al día siguiente fui a comer con mis abuelos paternos. Mi abuela Arelisa sabía dónde había estado, pero mi abuelo Juan no. Así que me tocaba disimular igualmente. Cuando llegué le di a cada uno un achuchón enorme. Mi abuelo estaba como siempre, ya le había vuelto a crecer el pelo después de la quimioterapia. Mi abuela tenía ya la mesa puesta para comer. Cuando nos sentamos, no habían pasado ni cinco minutos y apareció mi padre. No me apetecía verle para nada, pero entendí por qué le habían avisado. Le saludé e intenté interactuar lo menos posible con él. Cuando se fue, mi abuelo me dijo:
—No te enfades con papá, que mira todo el tiempo que hemos estado sin vernos por eso.
A lo que yo le respondí:
—Ya abuelo, no te preocupes. Aunque no me hable con papá yo vendré a veros siempre que pueda.

Por la tarde echamos varias partidas de cartas, me gustaba mucho jugar con él a la brisca y al tute. Mientras tanto mi abuela cosía a máquina como de costumbre.

Pasó el fin de semana, de nuevo llegó el lunes y a las cinco y media de la mañana, me levanté a hurtadillas para llamar a Gales sin que mi madre se enterara. Hablé con él y después me pasó a Leire que me dijo:
—Yosua, ha entrado en tu plaza una chica supermaja. Se llama Mariana, tienes que conocerla, te va a caer genial. ¡Es como nosotras! A ver si pasas un día a vernos y la conoces.

—Ya ves tía, qué guay. Pues sí, un día me paso a veros y me la presentas. -dije yo.

—Está aquí conmigo, te la paso para que hables con ella y así os vais conociendo. Toma Mariana, es Yosu -dijo Leire.

—¡Hola!, ¿qué tal? Soy Mariana, me han hablado mucho de ti -dijo ella.

—Hola bien, aquí escondida en mi casa para poder hablar con vosotros sin que mi madre se entere, je, je -contesté yo.

—Pues tía, a ver si nos conocemos como dice Leire y nos ponemos cara. Yo soy de Alcobendas como Gales, tú por lo que me han dicho vives en Madrid, ¿no? -dijo ella.

—Sí, soy de Aluche, al lado de donde vive Leire. Ya le he dicho que un día me paso y os veo, que tengo mazo de ganas -contesté.

Después me pasó a Leire y estuve otro rato hablando con ella. Quería que conociera a Silvana y a Mía. Estuvimos hablando hasta que llegaron a Moncloa. Cuando colgué me fui a la cama hasta que sonara de nuevo el despertador. Todas las mañanas repetía la misma operación. Me tiraba entre cuarenta minutos y una hora hablando con ellos. Al final quedamos en vernos el jueves de la siguiente semana. Cuando vi a Mariana, me pareció un pibón de niña. Era más o menos igual de alta que yo, de pelo castaño oscuro y largo, la piel blanca, los ojos almendrados y marrones. La nariz era bastante grande pero se la veía igual de guapa, le daba más personalidad aún. En cuanto al outfit, a diferencia mía y de Leire, que éramos fieles a los pantalones campanas, ella era de pitillo y manoletinas. Moda que empezaba a llevarse de una forma brutal y que yo no terminaba de ver para mí. Aunque a ella le quedaba de maravilla.

Lo poco que la conocí me cayó de puta madre, nos fumamos un par de *petas* juntas. Además, ese día Leire había avisado a algunos menores que ya habían salido de libertad en su día y nos juntamos unos cuantos. Nos bebimos unos litros de cerveza en el parque del Oeste y estuvimos de buen rollo.

Después las acompañé al intercambiador, Mariana se adelantó porque había quedado con Saiz, que había salido libre esa misma semana. Leire y yo íbamos más atrás hablando y de repente, me quedé muda cuando vi que Mariana y Saiz se estaban enrollando. Y le dije a Leire sorprendida:

—¡Ala, tía! ¡¿Están liados?!
—Sí tía, a la Mariana le mola mazo el Saiz, no para de hablar de él -dijo ella.
—Ya ves, tía, y yo rayada porque pensaba que Gales y ella se gustaban… ¡Qué tonta! -dije aliviada.
—Ja, ja, ja, ja, ja, ¿En serio? -dijo Leire entre risas.
—Pues sí, tía, tan maja, tan guapa, del mismo barrio que él y con más calle que yo…Pero bueno, me quedo más tranquila je, je… En verdad la chica me cae de puta madre -contesté.
—Sí, tía, a mí me cae genial y aunque te echo mazo de menos me ayuda a sobrellevarlo te lo juro, es como nosotras -dijo Leire.
—Por cierto… ¿al final le diste la carta a Gales? -pregunté.
—Sí tía. Si te dije que se la iba a dar ¿No te acuerdas? -contestó ella.
—Sí pero… ¿Te dijo algo? -pregunté de nuevo.
—Pues sí. Se la di y como su habitación está al lado de la mía, luego me preguntó por la ventana que si la había leído -dijo ella.

—¿Y qué le dijiste? -volví a preguntar.

—Que sí que la había leído. Pero no le dije que fue porque tú me lo pediste -dijo ella.

—¿Y te dijo algo más? -pregunté de nuevo.

—No, no me dijo nada más -respondió Leire.

—¿Ni cuando habéis salido al recurso te ha sacado el tema? -volví a preguntar.

—No, no me ha vuelto a decir nada -respondió de nuevo.

—A mí tampoco me ha dicho nada... -le dije.

—¿No? -preguntó extrañada.

—No tía...Supongo que soy una niña para él y no quiere nada más allá de una amistad. Pero bueno, está bien así... por lo menos seremos amigos -le dije.

—Ya... Ni te rayes, que hay mazo de tíos en el mundo. Ya verás, cuando vengas a Alcorcón conmigo, te voy a presentar a mazo gente y a lo mejor alguno te gusta, o no. Pero tú estás ya de libertad y si él no quiere nada contigo, pues él se lo pierde. Eres mazo de guapa y eres muy joven, te queda mucho por vivir, ni te rayes. -me dijo tajantemente.

La verdad es que Leire siempre sabía qué decir porque lo decía desde el corazón. Me iluminaba cuando me sentía a oscuras.

Ella y Mariana tenían que coger el bus, así que me despedí y me fui con Saiz en metro. Íbamos hablando y me dijo de quedar el viernes en su barrio para fumar un par de *petas*.

Al día siguiente me fui a Villaverde por la tarde, quedé con Saiz y me llevó a un bar de allí, donde estaban algunos amigos suyos e iba a pillar algo de hachís. Cuál fue mi sorpresa cuando de repente apareció la policía e hizo una redada en un momento. Aparecieron con el coche y

se bajaron cuatro policías en un segundo, así sin anestesia. Estaba acojonada, tenía libertad vigilada y mi madre
no sabía que estaba allí. Intentaba mantener la calma,
pero no sabía qué me podía pasar, a fin de cuentas no me
sabía las leyes y nunca antes había estado en una situación similar.

A unos chavales les incautaron el hachís que había y
nos pidieron a todos la documentación. Al ser la más pequeña, me llevaron afuera y me empezaron a preguntar
de todo:
—¿De quién es el hachís? -dijo el agente.
—No lo sé, es la primera vez que vengo -contesté.
—Estás en libertad vigilada, acabamos de comprobarlo,
dime de quién es -me dijo de nuevo el agente.
—Que no lo sé, lo juro. Yo he venido a ver a mi colega a
su barrio y hemos pasado a saludar a unos amigos suyos
-respondí.
—Lo hemos encontrado en el baño, dime quién estaba en
el baño -me dijo de nuevo.
—No lo sé, yo estaba hablando con él y de repente habéis
aparecido. Si yo ni siquiera fumo de esa mierda, no tengo
ni idea, no me podéis acusar -le dije.
—Estando de libertad vigilada te la estás jugando ¡Dime
la verdad! -insistía el agente.
—No me estoy jugando nada porque no he hecho nada,
te estoy diciendo la verdad -contesté.

Siguieron comprobando datos y finalmente se llevaron
a un detenido. Una chica no paraba de llorar, parecía su
novia. Nos registraron a todos uno por uno. Después nos
devolvieron la documentación y nos dejaron ir, no sin antes advertirnos que nos anduviéramos con ojo. Fue un
momento de adrenalina total, al fin y al cabo no hay nada

como las primeras veces, luego ya todo se vuelve costumbre.

Nos fuimos a otra parte del barrio y Saiz se sacó un *peta* del interior de su llavero que era una bota Converse:
—¡Ala, tío, qué máquina! ¿No te lo han pillado? -le dije sorprendida.
—¡Qué va! y mira que me han registrado de arriba abajo, je, je, je -dijo él mofándose.
—¡Joder, qué susto! por un momento pensaba que nos metían de nuevo en el reformatorio -contesté aliviada, pero con el susto aún en el cuerpo.
—No te preocupes, eso te lo dicen por acojonar, pero si no te pillan con nada no te pueden llevar detenida -dijo.
—Joder, bueno saberlo. A mí no paraban de preguntarme que de quién era y por más que le decía que no lo sabía, erre que erre, me metían miedo con la vigilada… flipas -dije yo.

Ese día, a pesar de la adrenalina vivida, le perdí bastante el miedo a la policía. Me di cuenta de que era como una partida de póker, simplemente tenías que saber jugar tus cartas en base a las circunstancias y tu propio interés. Y sobre todo me di cuenta de que, uno podía ser más listo que ellos.

Nos fumamos el *peta* tranquilamente mientras hablábamos y después me acompañó al tren. Cuando nos fuimos a despedir, intentó besarme y de una le aparté diciéndole:
—¡¿Qué haces?!
—Yosua, me gustas. Dame un beso -dijo él.
—¡Pero qué dices! ¡Si te estás liando con Mariana! Y ella es mi amiga -le espeté.

—Ya, pero a mí me gustas tú de siempre -dijo él.

—Pues tío, tú a mí no. Somos amigos y ya. Me caes muy bien, pero nada más allá -le contesté.

—Bueno, como quieras. Pero no le cuentes nada de esto a Mariana, *porfa* -me dijo.

—Vale, vale. Bueno, pues hasta luego Saiz -le dije mientras me iba.

Llegué a mi casa tranquilamente, cené y me acosté mientras pensaba en todo lo que había pasado en una simple tarde. En mi barrio nunca pasaban cosas emocionantes más allá de hacer un botellón y correr si venían los maderos. Así que lo veía todo a modo aventura, además de conocer sitios y gente nueva. Cierto es que entre todos esos pensamientos y sensaciones, pensaba que si mi familia supiera las cosas que vivía y hacía, se avergonzarían de mí, ya que siempre esperaron que fuera una niña de bien y solo el hecho de fumar porros me convertía en todo lo contrario. Y yo solo tenía ganas de vivir y experimentar cosas nuevas, salirme del tiesto y recuperar el tiempo perdido.

Leire salía ese sábado de permiso, así que antes de ir a Alcorcón, quise ser sincera con mi madre y decirle a dónde iba y con quién:

—Mama, hoy sale Leire de permiso y quiero ir a verla, porque la echo mucho de menos.

—¿Leire quién es? -me preguntó.

—Una amiga del reformatorio. Desde que salí no la he visto y hoy quiero aprovechar. Voy a ir a Alcorcón, que para eso tengo abono y no te preocupes, que estaré aquí a la hora -le dije.

— ¿A Alcorcón? Eso está muy lejos, ya te dije que solo por el barrio, si es tu amiga ¿por qué no viene ella? -preguntó de nuevo.

—Mama Alcorcón está a tres paradas de tren nada más, está aquí al lado. Ella no viene porque sale de permiso a su barrio y va a ver también a sus amigos. He estado un año casi viniendo y volviendo de punta a punta de Madrid y te ha dado igual ¿Qué más te da? ¿Puedo ir, por favor? -volví a preguntar.

—Esa chica es mayor que tú ¿no? ¿Cuántos años tiene? -preguntó de nuevo.

—Tiene diecisiete, yo hago dieciséis en menos de dos meses. Tampoco es mucho mayor y es mi amiga -contesté.

—No me gusta que te vayas con gente mayor que tú y menos que te vayas hasta Alcorcón -dijo ella.

—Mama, es mi amiga, hemos estado juntas de allí pa' acá y de acá pa' allá durante todo este tiempo y ya he perdido a mis amigas de siempre por tu culpa ¿Qué más te da? ¿Qué pasa? no quieres que tenga amigas ¿o qué? -respondí frustrada.

—No, no es eso. Es que tú aún eres una niña... pero bueno, te voy a dar un voto de confianza. Tienes que estar aquí a las 21:30. Si no, no te vuelvo a dejar salir con ella -me dijo.

—Vale, pero ten en cuenta que entre que voy a la Renfe, espero el tren y vuelvo se me va tiempo. ¿Puedo estar aquí a las diez? -pregunté de nuevo.

—No, a las 21:30. Si no, no sales. Tú verás...

—Vale... -contesté.

Me fui a Alcorcón, quedé con Leire y en cuanto la vi, le conté todo lo que había pasado el día anterior en Villaverde. Y cuando digo todo, es todo. Después de lo de la redada, le dije que Saiz había intentado liarse conmigo y me había dicho que no le dijera nada a Mariana. Pero si yo fuera Mariana, me gustaría que mi amiga me lo dijera:

—Tía es que se lo diría yo a Mariana, pero a lo mejor se raya conmigo y se piensa que yo he hecho algo para que el otro se lance o se raya porque he quedado con él, a saber… Tú me conoces y sabes cómo soy. Además que a mí me gusta Gales, ya lo sabes.-le decía.

—Sí tía, ni te rayes. Yo le cuento todo esto el lunes a Mariana. Menudo cerdo el Saiz, ya le vale. Pero es que los tíos muchas veces son así, no te puedes fiar -dijo ella.

—Ya tía, yo me he quedado flipando. Con lo guapa que es Mariana… no me lo explico -le dije.

—Ya, pero tú pareces mora. Eres morenita de piel, tienes los ojos grandes y ahora con las mechas rubias estás preciosa. Además a los moros les gustan rubias -dijo ella.

—¿Y por qué? -le pregunté.

—Pues no lo sé, supongo que porque no están acostumbrados a las rubias, no ves que las moritas son todas morenas -dijo ella.

—Ah, ya ves… pero no sé tía, encima sabe que somos amigas. No sé ni cómo se le ha pasado por la cabeza, te lo juro -le dije.

—Para que veas cómo son los tíos muchas veces, que aunque te digan que te quieren te la pueden liar en cualquier momento. Yo por eso soy tan celosa, tú dices que no lo eres, pero ya verás cuando tengas pareja. -me dijo.

Seguimos hablando y fuimos a buscar a sus amigos de la escuela taller en la que estudiaba jardinería, los cuales yo ya conocía de algún día que había ido a Alcorcón a buscarla, como el famoso día de las cervezas.

Después de estar un rato en un parque de Torres Bellas, nos fuimos por Timanfaya y quedamos con Luciano y Cristo, que también iban a la escuela taller.

Como Luciano vivía solo, podíamos subir a su casa y estar fumando tranquilamente mientras hablábamos de todo. Después de un rato allí Leire me dijo:
—Ven, vamos a ir al Trompe a ver a unos amigos, que te van a caer de puta madre. Los Africorcón son unos máquinas, ya verás.
—Vale tía, genial -respondí yo.

Como nadie más se quiso venir nos fuimos las dos para allá. Al final ir con Leire era un no parar de un lado a otro, me daba una vidilla tremenda y me lo pasaba genial. Siempre eran aventuras, además ella siempre me decía:
—Ya verás, aquí en Alcorcón yo conozco a mazo gente y te voy a presentar a todo el mundo. Les vas a caer genial y cuando yo no esté, puedes quedar con quien quieras tía. No quiero que estés sola, que tú vales mazo.
—¡Joe tía, gracias! Aunque no sé si querrán quedar conmigo si no estás tú. De todas formas a ver si un día vienes a mi barrio y conoces a Mía o a Silvana. Silvana además suele estar por aquí con su novio, pero normalmente se quedan en casa -le dije.
—Ya me las presentarás. Tengo ganas de conocerlas, me has hablado mucho de ellas ¿son amigas? -me preguntó.
—No, tía. No se llevan bien entre ellas por una movida que tuvieron hace tiempo que se metieron hasta los hermanos del Silvana, pero no sé muy bien qué fue lo que pasó. Lo que sé es que no se tragan, pero a mí me caen de puta madre las dos, simplemente no las junto y punto -le dije.

—Pues sí a ver si un día voy a tu barrio y las conozco. Mira ya hemos llegado -me dijo mientras entrábamos a un parque abierto lleno de bancos donde había un gran grupo de chavales.

Cuando llegamos me presentó a todos, se notaba que eran más mayores, eran gente con calle que no se dejaban achantar por nadie. Eran todos raperos, la mitad negros africanos y la otra mitad españoles. Nos fumamos otro par de *petas* con ellos, nos bebimos unas litronas y después nos fuimos a seguir con nuestro *voltio* al barrio. No paramos, conocí a un montón de gente molona y a las nueve no me quedó otra que tirar para el tren:
—Tía, me tengo que ir ya, que son las nueve -le dije a Leire.
—¿Ya? ¿tan pronto? -me preguntó sorprendida.
—Sí, es que me ha costado mazo convencer a mi madre para que me deje venir y me ha dicho que si no vuelvo a y media no me deja volver a quedar contigo -le respondí.
—¡Ala! -dijo sorprendida.
—Ya, tía, pero me lo he pasado muy bien. Otro día quedamos y voy a verte a Moncloa, pero no me la puedo jugar y menos estando con la vigilada -le dije.
—Ya, eso es verdad… Joe tía qué pena me da, me lo estoy pasando genial contigo y esta noche íbamos a salir por aquí. Pero bueno, otra vez si no. Te acompaño a Renfe -contestó.

Y así fuimos hablando todo el camino hasta llegar a Renfe. Nos despedimos, nos dimos dos besos y un abrazo. Cogí mi tren y llegué al barrio perfecta, a y media ya estaba en mi casa. Apenas entré, mi madre me miró de arriba abajo y me preguntó:
—Bueno, ¿qué tal? ¿te lo has pasado bien?

—Sí, me lo he pasado genial, es que Leire es única, la echaba mazo de menos -respondí.

—Bueno, me alegro de que haya sido así ¿preparamos la cena? -preguntó.

—Sí, claro -respondí.

—Mañana vamos a ver a los tíos, ¿vale? -me dijo.

—Vale -respondí.

Al día siguiente comimos con mis tíos y, dentro de lo que cabe, fue todo bastante bien. Apenas me preguntaron nada sobre el tiempo que había estado incomunicada con ellos, lo que para mí fue un alivio, ya que no tuve que mentirles. Fue una comida bastante amena y como había pasado de curso, todo parecía que marchaba dentro de la normalidad.

Yo cada día llamaba a Gales y hablaba con él, con Leire y con Mariana. Ese lunes, después de hablar con Gales, me pasó a Leire y me dijo:

—Tía, ya le he contado a Mariana lo que te pasó con Said y te quiere decir algo, te la paso.

No me dio ni tiempo a decir «vale» cuando escucho a Mariana:

—Tía, Yosu, ya me ha contado Leire y de verdad que muchas gracias por decírselo. Se nota que eres una tía sincera que va de frente. Tenemos que vernos más y aunque nos conozcamos de poco, solo por lo que me ha contado Leire y lo poco que yo he visto de ti, que sepas que me caes de puta madre y que no sabes lo que te agradezco que le hayas rechazado. No todas las tías hubieran hecho eso sabiendo que yo estoy aquí metida.

—Nada, tía. Joder, la verdad es que no sabía cómo te lo ibas a tomar, pero si yo estuviera en tu lugar me gustaría que me lo dijeran, que a mí Said me cae de puta madre, pero una cosa no quita la otra y se te ve buena tía -le dije.

Esa misma semana quedé con Gales, en concreto el jueves. Llovía bastante, por lo que era absurdo alisarme el pelo. Me hice mi moñete de siempre y cuando llegué a Moncloa, ahí estaba, en la misma esquina de siempre, to' chulo, fumándose un *piti*. Llevaba quince días sin verle y me hacía ilusión, estaba nerviosa. Me acerqué, le di dos besos y nos fumamos un *peta* mientras nos poníamos al día de todo.

Yo le contaba mi finde con Leire e intentaba ponerle algo celoso mientras le contaba de todos los chavales que había conocido, deseaba que me dijera: «Yosu, me gustas» y que me diera un beso de película. Pero no fue así, nunca era así. Llegada la hora de irse me dijo:
—¿Me acompañas a Guadarrama?

En ese momento se me pasaron mil cosas por la cabeza... Los consejos de Paco, los de Leire, las veces que habíamos ido juntos en que yo me dejaba magrear y finalmente no pasaba nunca nada, la carta que le había escrito y su indiferencia hacia ella... y me sentí estúpida, muy estúpida...
—No, Gales, no me voy a ir hasta allí para volverme sola.-le dije
— ¡Venga, anda! qué más te da si ya estás aquí -dijo él.
—Tenía ganas de verte, la verdad. Pero si voy y vuelvo se me va a hacer demasiado tarde y mi madre no sabe que estoy aquí -contesté mientras pensaba: «Dame algo más que me haga ir contigo, porque me muero de ganas por acompañarte pero si no me das algo más, no voy a hacer más el ridículo».

—Vale Yosu, pues tengo que coger ya el bus -dijo sin más.

—Vale, bajo contigo y ya tiro para el metro -le dije mientras bajábamos la escalera mecánica.

Le acompañé, le di dos besos y me fui.

Cuando llegué a casa, estaba triste, así que puse música de Alejandro Sanz, Amaral y La Oreja de Van Gogh, como solía hacer cuando necesitaba desahogarme. La música me ayudaba a liberar mis emociones y levantarme mejor al día siguiente.

Cuando quedaba con Mía y su amiga Alejandra, les contaba todas mis aventuras con Leire y lo confusa que me tenía Gales. Una tarde, estábamos en el cuadrado echando unas cartas, cuando Gales me llamó por teléfono.

—¿Qué tal, Yosu?,¿cómo estás? -me dijo.

—Bien, aquí de fumada echando unas cartas con dos amigas ¿tú qué tal? -pregunté yo.

—Bien, volviendo al reformatorio. ¿Qué hacéis? -dijo él.

—Estamos en el cuadrado hablando, de risas, mira te las presento -le dije mientras ponía el altavoz.

—Hola, yo soy Mía. Encantada -dijo Mía.

—Hola, yo soy Alejandra. Encantada también. ¿Y tú eres? A ver qué pone aquí… Gales, Gales, pibón, un placer ja, ja, ja, ja .-dijo Alejandra mientras leía en voz alta como le tenía guardado en la agenda. Mientras yo la miraba con la cara desencajada y le hacía aspavientos para que se callara, aunque ya era demasiado tarde.

Mía se partía de la risa con Alejandra mientras yo solo pensaba en «qué cojones decir»:

— ¿Cómo que Gales pibón? -contestó Gales entre risas.

—Nada, nada, estas chicas que están tontas -dije yo.

—Yo solo he leído lo que ponía -dijo Alejandra de nuevo, mientras seguían con la coña.

Las quería matar ¡Qué vergüenza!

Después de un rato hablando, dimos una vuelta por el barrio mientras nos reíamos al recordar el momento.

Al poco tiempo llegó diciembre y con él se acercaban las Navidades, como cada año nos iríamos mi madre y yo a Alicante a pasarlas allí las dos. Recuerdo que no me apetecía mucho, Leire iba a salir de permiso y me apetecía quedarme en Madrid para quedar con ella. Pero como era completamente inviable, antes de que acabaran las clases hice pellas y me fui una mañana a Alcorcón.

Leire fue muy lista. En una escuela taller, tienes clase teórica y también práctica. Por la parte práctica te pagan un sueldo, no muy alto, pero un sueldo a fin y al cabo y por ende, tienes derecho a tres días de asuntos propios. Ella pidió un día en la escuela sin que se enterasen en el reformatorio y ese día había llegado.

Quedamos en la Renfe y fuimos juntas hasta un parque que había relativamente cerca de la escuela taller. Ahí fue llegando poco a poco todo el mundo; Luciano, Cristo, Segis, Noa... también estaba Azhar, una morita amiga de Leire, con la que nos sacamos las famosas cervezas el día que me sancionaron. Invitó también a sus mejores amigos de toda la vida, los cuales, vivían en Recas, un pueblo de Toledo. Eran el Cuno y Era.

Al llegar cada uno se empezó a liar su *peta*, o su *ele*, pillamos unos litros de Mahou y empezó nuestra mañana de rebeldes. Me acuerdo de que me dejaron hacerme uno de los *petas,* pero yo aún no sabía *rular* bien, me costaba mazo y tenía que poner todos los sentidos en ello. Es más, recuerdo que flipaba con la rapidez y naturalidad con la que se los hacía el resto. Incluso en el reformatorio, Gales *rulaba* que daba gusto, le quedaban perfectos, encima *a sevillana,* que era como a mí me gustaba. Yo aprendí a liar *a mora* primero y aun así me costaba. Ese día recuerdo que después de veinte minutos, Segis me vio e hizo por ayudarme:

—¡Venga mujer, que ya lo tienes!

—¿Tú crees? Me está costando mazo je, je, je -dije yo.

—Sí, mira, ahora aprieta bien la mora al liarlo y ya sale solo -me dijo.

— ¡Ya, si el problema es cuando lo tengo que cerrar al final! Que siempre se me abre -contesté yo.

Luciano que no daba crédito a lo que tardaba en liarme el *peta,* me dijo entre risas:

—Es que no me lo creo, te voy a cronometrar a ver cuánto tardas, porque estoy flipando.

Mientras tanto, Segis me decía entre risas:

—¡Ah!, te salen trompeteros, ¿o qué? Sí, Luciano, sí, cronométrala porque esto es lo nunca visto, ja, ja, ja, ja.

—Sí, pero no me gusta que me queden así, porque quedan cortos. ¡No!, no me cronometres, que me ponéis más nerviosa -le dije yo mientras intentaba que me quedara bien.

—¡No, por Dios! Lo último que queremos es ponerte más nerviosa y que después de todo este tiempo esperando no haya *peta* ja, ja, ja. A mí me gustan trompeteros ¡no te preocupes! -dijo Seguis entre risas.

—Buah…¡Se abre, se abre! se ha abierto… -dije después de terminar el desastre de *peta* que me había liado.

—Ja, ja, ja, ja, ja, ja, ja, ja, ja, ja,ja. ¡A ver!-dijo Segis mientras lo levantaba para mostrárselo al resto.

—Chavales, después de tres cuartos de hora esto es lo que tenemos. ¿Qué os parece? -dijo Luciano enseñando el cronometro

—¡A ver! ¡A ver! -dijo Leire mientras se partía de risa al verlo.

—Yo creo que lo puedo arreglar -dijo Segis mientras intentaba cerrarlo.

Y finalmente lo consiguió, entre risas y vaciles al final pudo terminarlo. Después de pasar allí media mañana de litroneo y fumada, fuimos a dar una vuelta por Alcorcón mientras comprábamos más birra para seguir en nuestra onda. Tenía que ser un día épico.

Y de verdad que lo fue. Fue inolvidable en todos los aspectos. Cada uno era de un barrio distinto de Madrid, con un estilo de vida u otro. Respetábamos todas nuestras diferencias, mientras disfrutábamos de las cosas que teníamos en común.

Era la una y pico de la tarde. Después de toda la mañana de cervezas, me entraron ganas de ir al baño, ya sabéis que la cerveza es mágica "aflojando el muelle". Entré a un bar cualquiera y pedí pasar al baño, el hostelero me dejó pasar sin problema.

Era un baño muy pequeño. De esos antiguos llenos de azulejos azules de arriba abajo, que cuentan con un lavabo según entras y después hay una segunda puerta en la que encuentras un inodoro sin tapa ni reposa culos, en un espacio muy reducido. Os lo imagináis ¿verdad? Recuerdo que hice pis tranquilamente durante varios minutos, tenía la vejiga a reventar y como ya sabéis, con la birra, el primer pis siempre es el más largo.

Cuando terminé, cogí papel para limpiarme, tiré de la cadena, me subí las bragas y el pantalón y al terminar, me vino una arcada…Me abracé al váter como pude para vomitar y ahí me quedé. De repente, escuché:
—¡Yosu! ¡Yosu!
—Tía, ayúdame a levantarla. ¡Yosu! ¿Estás bien? -me preguntaba alguien. Mientras abría los ojos y vi a Era y a Leire intentando levantarme.
—Sí, tía, estoy bien, ¿qué ha pasado?-pregunté.
—Que te has quedado dormida en el baño -me dijo Leire.
—¡¿Qué dices?! ¡¿En serio?! -dije sorprendida.
—Sí, tía. Has entrado a mear y tardabas mazo en salir. Así que después de veinte minutos, hemos entrado a ver si estabas bien y te hemos encontrado aquí tirada -dijo Era.
—¡No jodas! ¡Qué vergüenza! ¿Y el resto? -pregunté.
—Están afuera esperando, no te preocupes -dijo Leire.
—¿Te ayudo? -dijo Era.
—No, tranquila, si puedo. No sé cómo me he podido quedar dormida… madre mía -dije.
—Algo te ha debido de sentar mal. A lo mejor te ha dado *un amarillo*, ahora compramos algo de comer, que te vendrá bien -dijo Leire.
—Vale, tía, gracias -contesté mientras salíamos del baño.

Al salir del bar, todos me preguntaron que qué tal estaba. Estaban bastante preocupados. Otro tipo de gente, a lo mejor te deja ahí, más tirada que una colilla. Pero no era el caso, si uno caía el resto respondía. Después nos fuimos al Kaura, un parque enorme que había por ahí.

Estando allí, volví a vomitar y al verme, Azhar vomitó también… ¡menudo espectáculo!

—Tía, ¿seguro qué estás bien? ¿Quieres comer algo? -me dijo Leire.

—Qué va, si como ahora no me va a sentar bien. Pero gracias de todas formas —le dije.

— ¡Toma! Quédate este dinero por si luego te quieres comprar algo de comer. Me tengo que ir al C.A.I.D un momento, pero en una hora salgo. Aarón se queda con vosotras mientras tanto, ¿vale? -dijo Leire.

—Vale, tía, muchas gracias -dije yo.

Según se fue Leire, me tumbé en el poyete que rodeaba la fuente del parque y sin darme cuenta, me quedé dormida. Azhar hizo lo mismo y el pobre Aarón se quedó casi una hora cuidando de nosotras mientras dormíamos profundamente. Cuando abrí los ojos, miré a mi alrededor y fue al primero que vi, después vi la fuente, el parque y por último vi a Azhar tumbada en el poyete al igual que yo, solo que ella seguía profundamente dormida. Me incorporé y le pregunté:

—¿Cuánto tiempo llevo durmiendo?

—Pues desde que se ha ido Leire, casi una hora -dijo él.

—¡Ala, no jodas! ¿Estás tú solo o qué? -le pregunté de nuevo.

—Sí, Era y Cuno se tenían que ir a Toledo. El resto se ha ido a casa y aquí me he quedado yo con vosotras esperando a Leire. ¿Qué te parece? -me dijo entre risas.

—Joder…, pues menudo cuadro…-dije yo.

—Ya… ¡Qué me vas a contar! Mientras dormíais, cada persona que pasaba os miraba con una cara… Luego me miraban a mí como si yo fuese el responsable y se iban, en fin… -dijo él.

—¡Joder! Pues muchas gracias por no dejarnos solas. Qué pena, con lo bien que me lo estaba pasando… Tengo mazo de hambre, ¿tú no? -dije.

—Un poco, ahora cuando venga Leire compramos algo. Os ha dejado dinero para que vayáis al chino. Intenta despertar a Azhar, a ver si lo consigues -me dijo.

La desperté y al rato llegó Leire.

Después de comprar algo de comer, me fui a casa. Eran las tres y se me había hecho tarde, así que le dije a mi madre que me había entretenido a la salida del tuto con Isa y no me dijo nada. Yo estaba contenta a pesar de haber tenido mi primer amarillo, porque todos y cada uno de los que estaban conmigo, me demostraron que eran personas en quienes podía confiar. Que no están solo para la fiesta y cuando las cosas se ponen feas desaparecen.

Deseaba con premura terminar la libertada vigilada, cumplir dieciséis años y ponerme a trabajar para disponer de mi propio dinero y no tener que pedírselo a mi madre. Nunca quería darme nada, siempre tenía que cogerle algo suelto del monedero o rogarle hasta que me diera algo y estaba cansada de ello.

Entiendo que cualquiera que sea madre o padre al leer esto piense: «Mejor que no te haya dado dinero, para que te lo gastaras en porros y cerveza…» y hoy, aunque no tenga hijos, pienso exactamente lo mismo y por supuesto, os doy la razón. Pero no estoy escribiendo sobre el punto de vista que tengo ahora o sobre quién tenía más razón o motivos para actuar de una forma u otra en aquel entonces. No… Así era mi vida y esta historia trata de cómo la propias vivencias te transforman para bien o para mal, de cómo las personas afrontamos o no las cosas que nos pasan en un momento determinado y de cómo eso nos marca a la hora de tomar decisiones presentes o futuras.

Por eso quiero abrirme y contaros mi historia, desde el punto de vista que tenía siendo una adolescente incomprendida, sumado a conclusiones actuales. Para que disfrutéis, flipéis y os riais de las vueltas que da la vida. Porque nadie se salva de dichas vueltas, solo debes tener claro adónde agarrarte.

Con el paso de los días llegó diciembre y con él, la capital se vestía de luces navideñas que inundaban la ciudad de color, positividad y buenos deseos. Como cada mañana, me levantaba para hablar con Gales y con Leire, no fallaba. En el instituto todo marchaba con normalidad. Las citas con la vigilada también iban bien.

A mis abuelos iba a verlos cada quince días, comía con ellos y pasábamos la tarde juntos. Cuando iba, mi abuela siempre avisaba a mi padre, aunque yo le pidiera que no lo hiciese. Tan pronto como entraba por la puerta él me miraba de arriba abajo como con vergüenza y desprecio hacia mi forma de vestir y maquillarme. No me sorprendía, ya estaba acostumbrada. Pero tras un año sin vernos y después de todo, no estaba dispuesta a tener que lidiar con los prejuicios de nadie, ni siquiera de mi propio padre. Me mataba darme cuenta de que no solo no me aceptaba tal cual era, sino que nunca lo haría. Y se me quitaban las ganas de volver a ir… Para mí era como estar en un juicio delante del verdugo. Así que me limitaba a quedarme callada y a observar, mientras él hablaba con mis abuelos, les daba el periódico, etc. Era consciente de que sus prejuicios se debían a que no me conocía de verdad y tenía la sensación de que nunca llegaría a hacerlo. En más de una ocasión pensé en alzar la voz y decirle cuatro cosas bien dichas, pero siempre me abstenía a ello. Pensaba en mis abuelos quienes no se merecían que para lo poco que me veían después de tanto tiempo, tuvieran que pasar por el mal trago de vernos discutir. Aunque para mí no era fácil.

Al llegar las navidades, me fui con mi madre a Alicante. Siempre me gustó ir para allá, pero esta vez prefería notablemente quedarme en Madrid y poder quedar con Leire cuando saliera de permiso. No hubo forma de convencer a mi madre.

Una noche entre fiesta y fiesta, aproveché para decirle:
—Mamá, en unos días voy a cumplir dieciséis años y como no quiero tener que estar pidiéndote nada, he decidido que me voy a poner a trabajar.
—¡¿A trabajar?! ¿Y los estudios? -me preguntó sorprendida.
—Pues los voy a dejar. Prefiero ponerme a trabajar y así no discutiremos por dinero, ni te pediré nada -dije yo.
—Pero estás a mitad de curso y ya estás en cuarto de la ESO. ¿Cómo lo vas a dejar? Espérate a que termine el curso al menos -me dijo.
—No, mamá, no voy a esperar. Lo siento, pero paso de seguir así. Quiero tener dinero para mis cosas y no tener que pedirte que me compres ropa, maquillajes, champús, espuma… Al final siempre te quejas de lo que me tienes que comprar y cuando te pido dinero para el finde tampoco me lo das.
—Yosu, pero tú siempre has querido ser abogada… -dijo ella.

—¡Pues ya no quiero! Después de este último año tengo claro que me tengo que buscar la vida y que cuanto menos dependa de ti o de papa, mejor -dije seriamente.

—¡¿Y vas a dejar el curso a medias en vez de terminar de sacare la ESO?! -dijo incrédula.

—Si quiero terminar la ESO, siempre me puedo apuntar a adultos. Pero no voy a estar otro año de mi vida haciendo algo que no quiero, por complaceros. Quiero trabajar -dije de nuevo.

—Bueno tú verás… me parece un error, pero si lo tienes tan claro, veré si me entero de algún trabajo que pueda haber para ti -dijo ella con algo de resignación.

—Vale, mamá -respondí.

Ese año, una amiga de mi madre que vivía allí en Alicante, Reyes, nos invitó a pasar la Nochebuena con su familia. Por lo que a diferencia de otros años no cenaríamos solas. Reyes era más joven que mi madre y a mí nunca me cayó especialmente bien… Cuando venía a casa, mi madre y ella se encerraban en el salón a echarse las cartas, hablar de sus cosas… y yo no podía pasar bajo ningún concepto hasta que terminaran. Así que muchas veces aprovechaba y me subía a ver a Félix para jugar con él. Pero ya éramos adolescentes, no jugábamos juntos como de pequeños y teníamos inquietudes diferentes, así que cada vez quedábamos menos. Aun así siempre podíamos contar el uno con el otro.

Estábamos en casa de Reyes con su hermana, su cuñado y su sobrino. Fue una velada muy entretenida y para mí una Nochebuena diferente, con más ambiente. El sobrino de Reyes, Hugo, salía de garitos esa noche y aproveché la situación para pedirle a mi madre que me dejara ir con él y sus amigos. Al principio no estaba por la labor, pero tanto Reyes como los padres de Hugo insistieron en que no pasaba nada y, finalmente, la convencimos.

Cuando llegamos a la calle, me encendí un *peta* que tenía guardado en la cajeta de tabaco. En ese momento Hugo me miró y me dijo:

—¡Cómo sabía que fumabas *petas*! ¿Me pasas unos tiros?

—Sí claro, je, je. ¿Y por qué sabías que fumaba? -pregunté.

—Por cómo tienes el paquete de roto. Así solo lo tiene alguien que fuma —dijo entre risas, mientras yo miraba seriamente mi paquete casi desmontable y le dije:

—Ya, tío. Lo tengo demacradísimo ja, ja, ja, ja. ¿A dónde vamos? -volví a preguntar

—He quedado con unos amigos. Te van a caer de puta madre. Además uno de ellos cultiva hierba y vas a flipar.¡ Venga, monta! -dijo mientras abría el coche.

—¡De puta madre! —dije entusiasmada.

Era la primera vez que salía de parranda. Primero fuimos a un aparcamiento a ver a un chaval que estaba con dos amigas. Estuvimos un rato en el coche con ellos, nos fumamos dos o tres *petas* juntos, mientras hablábamos de los planes de fin de año. Ellos tenían entradas para ir a Central, una de las mejores discotecas de *hardcore* del país y contaban con un buen cartel. Nos dijeron que pillásemos la entrada para ir con ellos, a lo que Hugo respondió:

—¡Joder tío! No puedo... me encantaría, pero no puedo.

—¿Cómo que no? ¿A dónde vas a ir? -dijo el amigo.

—Voy con unos amigos a la fiesta que hacen en el Club Náutico después de las campanadas, en el puerto. Y ya he pagado cincuenta euros por la entrada con barra libre. Por eso no puedo tío -dijo Hugo.

—¿Y tú? que veo que te gusta el *hardstyle,* ¿te vienes? -me preguntó el amigo.

—¡Joder! A mí me encantaría… pero mi madre no me va a dejar y menos estando en otro pueblo. No sé ni cómo me ha dejado salir hoy… -dije yo.

—¿Pero tú cuántos años tienes? -me preguntó una de las chicas.

—Quince -respondí.

—¡Ah! que tienes quince años! Pareces más mayor -dijo ella.

—Si quieres, le podemos decir a tu madre que si te deja venirte con nosotros al Club Náutico. Total, si hoy te ha dejado venirte, en Nochevieja no creo que te ponga problema -dijo Hugo.

—No sé… es que también me tendría que pagar la entrada y no sé qué dirá… -dije dubitativa.

—Tú déjame a mí. Que yo hablo con mi tía para que también la convenza -dijo él.

—Vale, pues a ver si hay suerte -contesté.

Tras un rato con ellos, nos fuimos a ver a otros amigos, entre ellos el que plantaba. En la zona del levante es más fácil encontrar *maría* que hachís, a pesar del clima húmedo se cultiva mucho. La única putada es que como es tan difícil secarla, a mí personalmente, se me hace tedioso tener que liar los *petas.* Después de estar un rato con ellos, Hugo me dejó en mi casa y se fue a la suya.

Al día siguiente, le comenté a mi madre el plan de Nochevieja para tantearla y mucha gracia no le hizo. No quise insistir demasiado en ese momento, ya que el día anterior me había dado permiso y no quería que se arrepintiera. Preferí esperar unos días para volver a sacar el tema, aunque no las tenía todas conmigo. Sin embargo, pasados unos días Reyes había hablado con ella y finalmente cedió. Además de la entrada, me compró un vestido, palabra de honor, de raso negro y unos tacones altos, de color negro. He de decir que me dejó sin palabras.

Siempre hay una primera vez para todo y las primeras veces, nunca se olvidan... Después, todo se vuelve costumbre y aburre. Porque la adrenalina que sientes ante lo desconocido, no la vuelves a tener después. Es difícil volver a sentirte como la primera vez, yo diría que imposible. Pero si alguna vez lo consigues, no dejes escapar ese momento y atrápalo con todas tus fuerzas para disfrutarlo de nuevo al máximo, porque dudo que vuelva a ser así.

Llegado el día, quedamos todos a la entrada del Club. Hasta ese momento me lo había imaginado super *pijo*, tanto el ambiente como los asistentes. Y he de decir que entre la música Pop que pinchaban y la moderación con la que bailaban los asistentes, a primera vista lo parecía. Pero al llegar a la barra, todo cambiaba.

Me acerqué a pedir una copa y después de estar casi media hora en la cola esperando, cuál fue mi sorpresa cuando al pedir, veo que la mezcla me la echan de una botella de dos litros de Coca-Cola. «O sea ¿*hello*?» ¿Para esto ha pagado mi madre cincuenta euros de barra libre? En botellones más selectos he estado, os lo garantizo.

Por no hablar de los baños... eso era otro mundo. ¿Cuál? No me digas, otro... No tenían ni baño propio. Eran váteres portátiles como los de las casetas de obra. En un festival, obviamente te lo esperas. ¿Pero en un Club Náutico? ¿en Nochevieja?

Intenté ir lo menos posible, pero básicamente pasé la noche de cola en cola. Si no era la de la barra, era la del baño.

A las 6 de la mañana terminó la fiesta. Iba de madrugada a dormir a mi casa, descalza por el dolor de pies que tenía pero satisfecha después de la farra. ¡Me sentía mayor!

Aquel año había terminado y el siguiente comenzaba de forma muy diferente.

Capítulo 6

Pasadas las fiestas de Reyes, comenzaron las clases de nuevo. Le prometí a mi madre que seguiría yendo al instituto hasta que encontrara un trabajo y ella se comprometió a ayudarme a encontrarlo, ya que yo no contaba con experiencia previa.

Seguía llamando a Gales por las mañanas para hablar con todos, pero cada vez, con menos frecuencia. Por las tardes me iba a Alcorcón y quedaba con Segis, Noa y el resto de los chavales. Noa había empezado a salir con Rachid, un marroquí que también estudiaba en la escuela taller y se pasaban el día juntos. El Bolas, que así le llamábamos, era el mejor amigo de Segis y se venía casi todos los días con nosotros, por lo que hicimos un grupito majo. Noa tenía una scooter de 50 y con ella íbamos a todos lados, aunque hubiera que hacer varios viajes. Nos íbamos a cualquier parte, de lado a lado del barrio si hacía falta.

Ese mismo mes, mi madre me consiguió una entrevista de trabajo en un puesto de comida rápida como helados, gofres o perritos calientes. En un centro comercial de Leganés. A pesar de no tener experiencia, me contrataron para empezar en marzo. Así que hasta entonces fui a clase diariamente a clase, exceptuando algún que otro día que hice pellas. Estaba deseando que llegase marzo y poder disponer de mi dinero cuando quisiera, sin tener que rogarle a nadie.

El primer día de trabajo me explicaron dónde estaba cada cosa, cómo se hacían los perritos, las palomitas, etc.

Como no había mucha afluencia de gente, mi jefa, Sofía, me puso a fregar los cubos de la basura. En mi vida había fregado un cubo de basura... ¡Qué ascazo! Pero alguien tiene que hacerlo y en ese momento ese alguien era yo. El centro comercial cerraba a las diez y yo, ilusa de mí, estaba convencida de que salía del trabajo a las diez, como ponía en el horario. Y sí, a las diez echábamos el cierre, pero había que dejarlo todo limpio para la mañana siguiente y eso conllevaba fregar el palomitero, la máquina de perritos, la crepera, reponer bebidas, fregar el suelo, etc. Mínimo te llevaba media hora más, aparte de cambiarte claro. Vamos, ¡el sueño español!

Tenía una jornada de 27 horas y dependiendo de la semana, libraba entre dos y tres días. Por aquel entonces solo se trabajaba el primer domingo de cada mes, el resto los tenías libres, pero no tardaron mucho en cambiarlo. Tenía claro que no iba a estar toda la vida trabajando en hostelería, pero era un comienzo y no estaba mal. De momento me motivaba y con eso tenía más que suficiente.

Ese mismo mes Leire salía de libertad, en concreto el día 19. El cual, me tocaba currar, pero me pasé primero por Alcorcón a ver a Leire. Llegué a la una y como entraba a las cuatro, tenía un par de horas para estar con ella. Estuvimos con Azhar y con Noa. Y cuanto más se acercaba la hora de irme, menos me apetecía tener que hacerlo. Me apetecía estar con Leire toda la tarde y fui dejando pasar el tiempo hasta que este se me echó encima. Siendo ya prácticamente a las cuatro... cogí el móvil, llamé a mi jefa y le dije:

—Sofi, soy Yosu.

—Dime, Yosu -dijo ella.

—Me encuentro muy mal, llevo todo el día con vómitos y diarrea, no voy a poder ir hoy al trabajo -dije mientras intentaba poner voz de enferma.

De repente, entra la madre de Leire en el cuarto y empieza a decir a voces:
—¡Yosua! ¡Yosua! Es tu madre, la tengo al teléfono. ¡Dice, que por qué no has ido a trabajar!
—¡Sssssssssssss! -le dije rápidamente mientras gesticulaba con la mano para que no dijera nada más, a la vez que seguía hablando con mi jefa, quien me preguntó:
—¿Qué pasa?, ¿qué se oye por ahí?
—Nada, es la madre de mi amiga. Como he comido aquí y algo me ha sentado mal, me está cuidando y parece que ha llamado mi madre -le dije.
—¡Yosua, tu madre, ponte! Dice que por qué no has ido a trabajar -volvió a repetir.
¡No me lo podía creer, la quería matar! Yo seguía haciéndole aspavientos con la mano como una loca, mientras hablaba con mi jefa, que me decía:
—¿Pero tienes justificante médico?
—Tengo el de asistencia. Porque al ser menor de edad no me dan otro justificante que no sea este a no ser que vaya con mi madre, y no estoy con ella -dije yo.
—Pues entonces tienes que venir. ¡Venga, prepárate y vienes! -dijo ella.
—¡Pero Sofi! Que no puedo ni moverme -le dije.
—Aquí te espero -dijo ella y colgó.

Después hablé con mi madre, que también me echó la bronca:
—¡¿Para eso te consigo un trabajo?! -me espetó.
—¡Que no, mamá! Que me he puesto mala y le voy a llevar a Sofía los justificantes -le dije.

—Más vale que sea verdad. Porque como hayas faltado por Leire y pierdas el trabajo, te vuelves a poner a estudiar y sin rechistar porque no confío más en ti. ¡¿Te queda claro?! -me espetó de nuevo.

—Sí, mama -dije yo con «los huevos de corbata» como quien dice.

Al terminar la llamada, Leire y yo nos miramos, después miramos a Conchi, la madre de Leire, y esta nos echó la bronca también. Después Leire me acompañó al ambulatorio, hicimos la cola y al rato entramos juntas a consulta.

Le expliqué a la doctora los síntomas que tenía y me dijo que podía ser una gastroenteritis, por lo que procedió a examinarme. Me hizo tumbarme en la camilla, después empezó a ejercer presión con la mano en el abdomen mientras me preguntaba si me dolía, a lo que yo contesté:

—Ufff… mucho. -Intentando no mirar a Leire para no reírme y rezaba porque no se me escapara una risa mientras la doctora seguía presionando y yo, con mi teatro.

Al final coló y también la convencí para que aunque fuese menor de edad me hiciera el justificante con la baja de ese día y la receta médica para poder llevarlo al trabajo. Solo me faltaba llevárselo a Sofía para que me diera el día libre, así que me eché unos polvos blancos que me dejó Leire, los cuales, usé para parecer más pálida y que me diera aspecto de mala cara y fuimos a Leganés a ver a Sofi.

Cuando aparecí y le di los papeles, no se lo podía creer… No dijo nada, pero su cara me lo dijo todo, los revisó y me mandó para casa. Podía haberme echado sin problema, aún estaba en los primeros quince días de prueba y estaba en todo su derecho de hacerlo, pero no lo hizo y me dejó irme.

Al día siguiente en el curro Sofi me dijo que aunque le hubiera llevado el justificante le iba a recuperar las horas. Básicamente me dio a entender que no era gilipollas. Así que las recuperé sin rechistar.

Terminé los quince días de prueba y Sofí parecía estar contenta conmigo. Un fin de semana, estando a tope de clientela, nos estábamos quedando sin refrescos y me dijo:
—Toma, 250 euros para que compres seis pack de veinticuatro de Coca-Cola, tres de Fanta Naranja y uno de Fanta Limón. Y que te hagan factura.
—Vale, me lo voy a apuntar y voy.

Una vez apuntado, como el uniforme no tenía ni un solo bolsillo, me metí los billetes en la teta y me fui al supermercado que había al lado, a comprar todo lo que me habían encargado. Estaba echando los packs al carro, cuando de repente me entraron unas ganas locas de hacer pis; pero locas, locas. Intentaba controlarlas con todas mis fuerzas, pero no podía. Llegó un momento que según me agachaba a coger un pack nuevo, veía que me iba a mear… No podía más…

Decidí dejar el carro y correr a los baños del centro comercial esquivando al gentío para evitar a duras penas un desastre inminente. Corrí todo lo que pude, moviéndome de forma extraña hasta que llegué al baño. Estaba justo en la puerta de los baños, no aguanté más y crucé las piernas desesperada. Conté rápidamente, «siete, catorce, dieciséis, veinte, cuarenta y cinco ¡cincuenta!» ¡Funcionó! Entré corriendo al baño, y al salir era otra, ya podía terminar mi recado. Al colocarme la camisa el pantalón, me di cuenta de que había billetes en el suelo, billetes que se me estaban cayendo. Los recogí y volví a por el carro. Completé la lista, me fui a la caja y cuando la cajera se dispuso a cobrarme, me di cuenta de que faltaba dinero. «No puede ser», pensaba en mi cabeza, «Se te han caído más billetes…Menudo desastre».

Miré a la cajera y le dije:
—Espera un momento, que creo que sé dónde lo he perdido.
Mientras se lo decía, me fui corriendo, rehaciendo los pasos que había dado para ver si con suerte encontraba algún billete. Pero ese día el centro comercial estaba lleno y yo había perdido 150 euros sin haberme dado siquiera cuenta. ¿Cómo se lo iba a explicar a mi jefa? Iba a pensar que era idiota o que le había robado. Aun así, mientras volvía a la caja no perdía la esperanza de que a lo mejor alguien me viera y me dijera: «¡Oye, chica! esto se te ha caído antes», pero no tuve suerte.

Volví a la caja, compré lo que pude pagar, dejé el resto y volví a mi curro. Sofi según me vio llegar, dijo:
—Aquí faltan cosas.
La miré pensando que me iba a echar directamente y le dije:
—A ver, Sofi… cómo te lo explico… El uniforme no tiene bolsillos y me he echado el dinero a la teta para no perderlo. Pero como he ido corriendo de un lado a otro para tardar menos y tengo poco pecho… Se ha debido de ir cayendo, poco a poco o no sé… Que cuando he llegado a la caja a pagar, me he dado cuenta de que faltaba dinero

y solo he podido comprar esto. Y lo sé, soy gilipollas. Pero me imagino que me lo podrás descontar de la nómina ¿no?

Al escucharme decir eso, me miró de arriba abajo y dijo:

—Por supuesto que te lo voy a descontar de la nómina. Quédate reponiendo. ¡Vicky, vete a comprar lo que falta! Le dio el dinero a Viki para que lo comprara y me lo descontó de la nómina, no trascendió más, pero lo pasé fatal...

Estaba deseando que llegara final de mes para cobrar y así poder ir de compras o hacer lo que me diera la gana con mi dinero. Pero muy lejos de la realidad, cuando llegó el día de firmar la nómina, todas mis compañeras la firmaron menos yo y cuando le pregunté a Sofi el motivo, esta me dijo:

—Tu madre me ha dicho que como eres menor de edad la nómina la recoge ella y es ella quien la firma.

—Pero y entonces... ¿mi dinero? -pregunté extrañada.

—Pues te lo tendrá que dar ella, porque nosotros pagamos en cheque y ya se lo he dado al firmar la nómina. Ha venido esta mañana -contestó.

—¿En serio? ¿Y va a ser así todos los meses? -pregunté de nuevo.

—Sí, es que eres menor y ella no autoriza que te lo demos a ti -dijo ella.

—Joder... -dije decaída.

Fue todo un bajón para mí, mi vida de adulta se iba al traste si dependía de nuevo de mi madre para que me diera mi propio dinero...

Cuando llegué a casa la saludé y le dije:

—Oye, mamá, me han dicho en el curro que has ido a por mí nómina.

—Sí -contestó ella.

—¿Y has cobrado el cheque? -pregunté.

—Sí, lo he cobrado -contestó.

—¡Ah, genial! ¿Y cuánto me han pagado? -pregunté.

—No te lo voy a decir, pero te llega para lo justo. Porque si trabajas tienes que poner en esta casa y este mes, como has empezado el diez y te han descontado el dinero que perdiste, cobras menos. Si necesitas para algo me lo pides y yo te lo doy, pero no despilfarres -dijo ella.

—¡¿Pero qué dices?!¡¿Cómo no me vas a decir cuánto cobro?! ¡¿Y cómo que te voy a tener que pedir mi dinero?! Yo si quieres que ponga para la casa pongo, pero te lo doy yo, no me lo quitas tú. Que la que trabaja para ganárselo soy yo -contesté ofuscada.

—¡No! Una niña como tú no sabe administrarse, así que lo haré yo y lo haré como yo quiera. Si necesitas para el abono o cualquier cosa, me lo dices y yo te lo doy -dijo tajantemente.

—¿Pero a ti te parece normal? ¡¿Por qué no me haces una tarjeta como todo el mundo?! ¡Que tengo dieciséis años, que ya no soy una niña! No me puedes hacer esto -contesté cabreada.

—Mientras vivas bajo mi techo harás lo que yo te diga. Tú has elegido trabajar y yo he aceptado, pero te lo voy a administrar yo para que no te lo gastes todo. Que tú eres muy joven y no sabes -dijo ella.

—Pues me quería ir de compras que todo lo que tengo es viejo -dije yo.

—Este mes no, porque has cobrado muy poco. Ya irás otro mes, no hay prisa -dijo ella.

—¡Joder! Pues menos mal que puedo disponer de mi dinero cuando quiera. Solo te lo he pedido una vez y ya me estás diciendo que no... ¡Dame veinte euros! —dije cabreada

—¿Para qué quieres veinte euros?—preguntó ella.

—Pero a ti ¡¿qué más te da?! ¡Dame mi dinero! ¡Que son mis veinte euros! ¡¿Qué pasa que tampoco me los vas a dar o qué?!—dije gritando.

Finalmente me los dio, pero yo no quería estar peleando y discutiendo por dinero, por eso precisamente me había puesto a trabajar y al final veía que estaba igual. Tendría que estar siempre dependiendo de mi madre y de su estado humor, para que me diera dinero. Al final, todo por lo que quería trabajar se me esfumaba en la cara.

Un par de semanas después Leire me llamó una mañana por teléfono y me dijo:

—¡Tía, Mariana se ha fugado del reformatorio!

—¡¿Qué dices?! ¡¿En serio?! -dije sorprendida.

—Me ha llamado esta mañana, me ha dicho que estaba hasta la polla. Se ha ido a casa de la familia del Said y está allí en Villaverde -me comentó.

—¡Ala, tía, qué basto! Pues a ver si quedamos con ella y que nos cuente -dije yo.

—Sí, le he dicho que a ver si se viene un día a Alcorcón con nosotras. Un día que tú libres y así estamos juntas - me dijo.

Yo no habría tenido cojones a fugarme... Cuanto más lo pensaba, más flipaba. Estaba deseando que llegara el día siguiente para poder hablar con Mariana y que me contara cómo lo había hecho. Al verla, le di un achuchón enorme. Lo que más me sorprendía es que no le importase haber dejado allí toda su ropa, pero para mi sorpresa cuando le pregunté me contestó:

—Es que me he sacado la ropa que más me gusta, tengo de todo.

—¿Y cómo lo has hecho para que no se den cuenta? -pregunté intrigada.

—Porque yo esto lo llevaba ya planeando desde hace tiempo y cada día que salía al recurso me metía ropa en la mochila. Un par de cosas cada día y me lo ha estado guardando una amiga de mi barrio. Cuando llegó el día, fui a mi barrio, cogí mis cosas y ya no volví al reformatorio. Me fui con Saiz a casa de su madre y ahí estoy -contestó ella.

—Ya ves, tía. ¡Qué máquina! ¿Y qué tal con ellos? -pregunté de nuevo.

—Bien. A ver… no hablo mucho con ellos porque hablan en marroquí todo el tiempo, pero me llevo bien con su hermana pequeña. A su madre no le hace mucha gracia que estemos juntos y que yo viva ahí porque no soy mora. Y ella para su hijo quiere una morita… Pero me la pela, Said me quiere a mí. Que se joda -me dijo.

Pasamos todo el día juntas, le presentamos a Segis, a Noa, a Rachid, al Bolas y la verdad que éramos un buen *team*. Cada uno diferente al de al lado, en gustos, estilo, forma de pensar… pero todos cuidábamos de todos y lo mejor es que aprendíamos juntos. Disfrutábamos de lo que teníamos en común y aprendíamos de todo lo que nos hacía diferentes. A mí, cada vez me gustaba más la cultura marroquí. Escuchábamos música árabe y por lo que me contaban Mariana o Rachid, los moros cocinaban de puta madre y he de decir que así es.

Pero no todo es color de rosa en el paraíso, y cuanto más tiempo pasaba, Marina iba viendo la verdadera cara de Saiz, que cada vez la controlaba más. Ella nos contaba que muchas veces se bajaba con el resto de los moros a la charcutería y todos hablaban en árabe sin que ella entendiera nada, por lo que al final se aburría. En casa de él, la familia igual; la única que le demostraba un poco de aprecio era la hermana pequeña.

Después empezaron las movidas entre ellos, peleas, celos, insultos y por desgracia eso se convirtió en costumbre. Así que después de unos meses, cuando la situación ya era insostenible, le dije:
—Tía, ¿por qué no te vienes a mi casa?
Me miró sorprendida y me dijo:
—¿A tu casa?
—Sí Mariana .A mi casa, yo hablo con mi madre y la convenzo para que no se raye. Si tú quieres, te vienes. Tú vales mucho como para estar donde no te valoran. Por mucho que te guste Said, al final mira cómo te trata y las movidas que tenéis ¿Realmente te compensa? -le dije.
—Ya, tía. Encima creo que me ha puesto los cuernos, es un hijo de puta, que me quiere tener como a una mora. Aunque al principio no era así para nada -dijo ella.
—Claro, porque al principio le has gustado. No te va a cambiar de primeras porque si no le hubieras mandado a la mierda. Yo no sé si te ha puesto los cuernos o no, pero si encima piensas eso no sé qué esperas para irte de ahí. En mi casa vas a estar de puta madre te lo aseguro -le dije
—Tía, tienes toda la razón…, pues sí me voy a ir contigo. Pero tiene que ser cuando él no esté, porque si no, no me va a dejar ir. Voy a ir sacando mi ropa poco a poco como hice en el reformatorio, te la vas llevando a tu casa y cuando me quede poco me voy una mañana que él haya salido y fuera -dijo ella.

Y así lo hicimos, pasadas unas semanas aparecí en casa con Mariana y le dije a mi madre que se quedaba a dormir unos días. A mi madre le pareció bien, a pesar de que a mí nunca me dejaba quedarme a dormir en casa de nadie, ya que no le parecía adecuado puesto que, según ella, yo tenía una casa a la que acudir. Poco a poco, y forzosamente, se iba volviendo más tolerante con ese tema. Mi madre nunca puso pega alguna, hasta que un día como era de esperar me preguntó:

—Oye, Yosu, ¿tu amiga hasta cuando se piensa quedar aquí?

—Pues no sé, mamá. Ha tenido movida con su madre y la ha echado de casa…, imagino que hasta que lo solucionen -le dije yo.

—Bueno, ten en cuenta que yo no conozco a su madre. No sé si la estará buscando. Al final tú me dijiste unos días y ya lleva un mes aquí ¿De qué la conoces? -me preguntó.

—Del reformatorio como a Leire, nos hemos hecho muy amigas ahí -contesté.

—¡Ah! del reformatorio ¿Y también es más mayor que tú? -preguntó de nuevo.

—Sí, es un año mayor que yo nada más.

—Bueno, bueno… ya sabes que no me gusta que te juntes con mayores, pero si sois tan amigas… No hagáis el loco por ahí ¡eh!

—Que no, mamá, tranquila -le dije yo mientras pensaba en todas las locuras que ya habíamos hecho.

En mayo iba a ir con Vicky, mi compi de curro al Megapanic en la Cubierta de Leganés. Así que aproveché que había cobrado para pedirle a mi madre 200 euros, irme de compras y coger la entrada. Ese día, antes de irme de compras invité a Segis a comer al Burger. Comimos tranquilamente, despúes fuimos a mi casa, nos despedimos de mi madre y nos fuimos a la Renfe. Una vez dentro, ya para *tickar*, empiezo a buscar mi cartera para sacar el abono y que no la encuentro, que no la encuentro…

—¡Segis! ¡Segis! -grité.

—¡¿Qué pasa?! -dijo sobresaltado.

—¡Tío, que no encuentro la cartera! -dije alarmada.

—Bueno tranquila, te la habrás dejado en casa -dijo él.

—¡Buah! Llevaba el abono y el dinero tío, como lo haya perdido… -contesté preocupada.

—Que no… ya verás cómo lo tienes en casa, tranquila -dijo él.

—No sé… yo creo que me lo he dejado en el Burger… Como lo haya perdido me muero -me lamenté de nuevo.

—Ya verás cómo está en tu casa, vamos para allá, tranquila -dijo él intentando relajarme.

Fuimos a toda prisa de nuevo para mi casa, al llegar directamente le pregunté a mi madre que si había visto mi cartera y como me temía, no estaba. Fuimos corriendo al Burger. Al llegar, miré en el sitio en el que habíamos comido y nada… le pregunté a la chica del mostrador y nada… Lo que iba a ser una tarde de puta madre, compras y risas se convirtió en una puta odisea. Se me habían truncado todos los planes y el mes no había hecho más que empezar.

Segis intentaba animarme o por lo menos que no me rayara más aún, pero no había nada que me animara en ese momento excepto que, por lo menos me podía desahogar con él. No me podía creer cómo podía ser tan despistada como para olvidarme la cartera con tanto dinero, el abono, el DNI y todo… pero solo me quedaba aceptarlo y solucionarlo cuanto antes.

Como al final no pude ir al Megapanik, fuimos al Opción, que era gratis. Había varios garitos variados con muy buen ambiente, pero siempre pedían el DNI. Cuando había conseguido entrar había sido por la salida de emergencia.

Ese día la salida de emergencia estaba vigilada y en las dos entradas que había, había porteros por lo que estaba complicado entrar. Íbamos las cinco, Leire, Mariana, Azhar, Camila, que era la mejor amiga de Mariana y yo. Intentamos entrar de diferentes maneras, por puertas diferentes, separadas, cambiándonos los DNI, pidiéndoselo a la gente… en fin de todo y nada funcionó, no pudimos entrar.

No sabíamos qué hacer… estábamos a tomar por culo de todo. Eran las tres y media de la mañana, no había trenes, ni sitio al que ir. Pero por lo menos nos quedaba la botella y podíamos seguir bebiendo.

Entre tanto Mariana llamó a Said, le contó la situación y cuando colgó nos dijo:
—Chicas, son las cuatro de la mañana. Me ha dicho Said que cuando abra la Renfe me vaya con él a Villaverde y como le he dicho que estaba con vosotras, me ha dicho que podemos ir todas. Además, tiene cachimba y podemos estar tranquilamente, de buen rollo y quedarnos a sobar, así que si queréis os podéis venir. ¿Qué decís?

Nos miramos todas y empezamos a deliberar, A Camila no le apetecía una mierda ir para allá, Leire quería un plan más animado, a mí me daba un poco igual, pero me parecía la mejor opción. Y fue en ese momento cuando Azhar dijo:
—¡Espera! Vosotras queréis fiesta, ¿verdad?
Y todas dijimos:
—Síííííí.

—Vale, pues voy a llamar a los hermanos estos con lo que me estoy liando, porque seguro que en la cubierta hay fiesta. En el metro no tardamos nada y seguro que podemos quedarnos a dormir en su casa todas, yo les convenzo -dijo Azhar.

—Vale, pues llámales a ver que te dicen -dijimos todas.

Nos dijo que sí, sin problema, y decidimos ir todas a Leganés, menos Mariana, cuando abrió el metro. Hasta entonces hicimos tiempo. De camino a Leganés nos encontramos a dos colegas de Leire del Trompe, el Negro y el Rest. Se quedaron con nosotras, cuando llegaron los chavales de la casa, Azhar se fue a hablar con ellos y después de casi media hora, viene y nos dice:

—Chicas, a ver, es que me han dicho que todas no podemos. Que somos muchas. Entonces me han dicho que vaya yo.

—Pero tía si te han dicho antes que podíamos entrar todas -dijo Leire.

—Ya, pero ahora me han dicho que somos muchas y que solo puedo ir yo. Lo siento, chicas -dijo Azhar de nuevo.

—¡¿Pero tía entonces para qué nos haces venir?! -le dije cabreada

—Yo lo siento, pero me voy a ir con ellos, aún podéis ir a Villaverde ¿no? -respondió ella.

Era para para mear y no echar gota. Las siete de la mañana y este era el panorama.

Quedamos en Atocha con Mariana, al llegar a Atocha Camila se puso a discutir con ella porque se había ido a Villaverde, etc. Todo parecía que iba a peor según pasaban los minutos cuando de repente Leire sale de las puertas de un vagón de tren y nos dice:

—¡¡Chavalas!! ¡Montar en el tren que este tío tiene «M»!

213

Yo la miré extrañada, mientras Mariana y Camila seguían discutiendo. Y Leire volvió a gritar más alto todavía:
—¡¡¡Chavalas, dejad de discutir!!! Subid corriendo que este tío tiene M y nos invita.

Nos miramos todas y subimos de una al tren. Eran dos tíos, uno más mayor que el otro. No me inspiraron mucha confianza, pensaba que si nos iban a regalar droga o era una mierda o se aprovecharían de alguna manera. El vagón iba vacío, sólo estamos nosotras y ellos. Según nos sentamos las cuatro en los típicos asientos de cuatro de los trenes, el más mayor sacó una bolsa con un pedazo de rocón de «M» impresionante, como una pelota de ping-pong. La abrió y nos dijo: "Tomad".

No sabía que había que hacer. Ellas metieron su dedo mojado con saliva en la bolsa y de nuevo se lo metieron en la boca, así que hice exactamente no mismo. Recuerdo que sabía asqueroso, muy amargo. Después entró gente en el vagón, así que nos fuimos entre vagón y vagón para tomar más, aunque yo no notaba ningún efecto.

Se sentó una señora cerca de nosotros y cuando nos vio, nos dijo: «¡Me gusta que os lo paséis así de bien! Y sin hacer mal a nadie, hay que disfrutar que sois jóvenes» Pensé «Qué máquina y yo pensando que nos iba a regañar».

A mitad del viaje y viendo la dirección que llevaba el tren, decidimos irnos todas a Alcobendas. Un poco antes de llegar a Chamartín, el más mayor, nos regaló medio gramo de «M» y aprovechó para pedirnos el número de teléfono. En ese momento nos miramos todas a ver quién tenía los huevos de dárselo y en ese momento saltó Camila:

—¡Toma, apunta! 656727325.

El tío lo apuntó y le dijo:

—A ver, repítemelo.

Todas nos miramos estupefactas mientras Camila repetía:

—Sí, 656727325. ¿Lo tienes bien?

—Sí, está bien. Pues nada, chicas, un placer, esta tarde os llamo -dijo él.

—Vale, hasta luego gracias —dijimos todas y según salieron del tren, me faltó tiempo para preguntarle a Camila:

—Tía, ¿le has dado tu número de verdad?

—No, tía. ¡¿Cómo le voy a dar mi número?! -dijo ella.

—Ya, eso he pensado, pero como se lo has repetido… ¿Qué número le has dado? -pregunté de nuevo.

—Le he dado el mío cambiando la última cifra -dijo ella.

—¡Ostias, qué máquina! No se me habría ocurrido y cuando te ha pedido repetirlo he pensado «ya está… nos quedamos sin M» -dije entre risas.

Llegamos a las once y pico a Alcobendas. Al salir de la estación, fuimos a una gasolinera que había justo enfrente, nos metimos en los baños y no sé cómo expresar lo que estaba sintiendo pero era una sensación de euforia brutal, ya nos estaba subiendo.

Estábamos las cuatro juntas y teníamos todo el día para perdernos por ahí. Nos miramos al espejo y estas me decían:

—¿Ves cómo se dilatan las pupilas?

—Sí – respondí.

—Eso es porque te está subiendo el «M», ya verás qué pedo más guapo -me decía Camila.

Además de tener las pupilas super dilatadas, me sentía super feliz y con mucha energía. Después de la basura de noche que habíamos tenido, la mañana empezaba a pintar de maravilla y aún teníamos todo el día por delante.

Al salir de la gasolinera, Mariana nos dijo si íbamos a la casa de Manolo, donde estaba viviendo en ese momento. Cuando le timbramos, nos abrió una señora de unos sesenta años que resultaba ser su madre, que estaba de visita.

Cuando Manolo nos vio entrar, se quedó flipando. Regañó a Mariana por no haberle avisado antes. Ella le explicó que teníamos los móviles sin batería, la odisea de noche que habíamos pasado y que no teníamos a donde ir. Se notaba que íbamos muy arriba, pero nos acogió. Fuimos al chino a comprar unas cervezas y volvimos a la casa.

Manolo era un señor de treinta y pico años, gordito, calvo y parecía que se había quedado un poco tocado de las drogas. Se podría decir que no era la mejor influencia para unas chavalas de entre 16 y 18 años, pero ese día desde luego era nuestra mejor opción y no la íbamos a desaprovechar. Estuvimos todo el día de lío hasta que se nos acabó todo. Era media tarde del domingo, cuando de repente llaman al telefonillo. Manolo fue a atenderlo, cuando de repente escuchamos:
—¡Mariana! ¡Es la policía, preguntando por ti!
—¡¿Qué dices?! ¿Cómo saben que estoy aquí? -dijo ella
—No lo sé, pero esto te lo avisé… Están subiendo, meteros en esa habitación -dijo él.

Manolo se puso nervioso, estaba preocupado. Nosotras nos metimos en una habitación pequeña. Mariana se escondió debajo de la cama acojonada. Las demás nos quedamos mirándonos cagadas de miedo ya que una estaba fugada, otra de permiso y otra recientemente había terminado la libertada vigilada… Menudo cuadro, solo se salvaba Camila que además era mayor de edad. Pasados cinco minutos, de repente escuchamos a grito pelado:

—¡¡¡¡Marianaaaaaaaa!!!!

Y acto seguido ¡¡*Boom!!* En una puerta.

Estábamos acojonadas… Según salió Mariana a ver qué había pasado, vemos que la puerta del cuarto del Manolo estaba rota y a Manolo con una marca en la frente. La había partido con la cabeza y eso que la policía solo le había preguntado por Mariana, ni había entrado a registrar ni nada parecido. Pero estaba muy nervioso, por lo que Leire y yo decidimos irnos a Alcorcón. No me daba buena espina dejar a Mariana en esa casa, pero ella me decía que no me preocupase, al fin y al cabo vivía ahí. Así que nos fuimos.

Antes de irnos, Manolo nos regaló media bola de *petas* a cada una. Nos vino de maravilla porque ninguna tenía. Así que en resumidas cuentas fue un día apoteósico, nos había pasado de todo, pero lo habíamos pasado en grande

A Azhar la había metido en mi curro y la terminaron echando. Con Segis quedaba todas las noches al volver del curro ya que tenía que pasar por Alcorcón para ir a mi casa. Aprovechaba y me quedaba con él y los demás en su barrio hasta que me iba en el último tren. Por consiguiente, mi madre me llamaba cada noche para saber por qué aún no había llegado y todas las noches teníamos la misma pelotera, hasta que ella se ponía histérica y empezaba a amenazarme con denunciarme de nuevo. Y siendo francos, si no hubiese sido por Segis, lo más probable es que me hubiera vuelto a meter en el reformatorio. Segis, en cuanto veía que el estado de nervios en el que me encontraba iba a complicar más la situación, cogía el móvil, hablaba con mi madre y cuando terminaba, os aseguro que ella era otra persona. Era hablar con él y quedar como la seda. Hacía magia y por ello, le estaré eternamente agradecida.

Ese mismo verano Gales salía de libertad. No sé qué día exactamente, pero sé que al poco de haber salido me escribió por Messenger. Estuvimos hablando durante unos días para ver si nos veíamos, pero él no estaba por la labor de venir a verme a mi barrio. Así que ante su constante negativa, finalmente me decidí a ir yo al suyo.

Una vez allí, ni siquiera fue capaz de bajar a la boca de metro a buscarme, después de una hora de trayecto y viviendo a dos minutos andando de la propia estación. Me había dado algunas indicaciones para llegar a su portal, pero todo indicaba que no me había enterado bien de cómo llegar y no solo me puse andar y andar, sino que me perdí. Estaba sin saldo y no tenía forma de llamarle. Les pregunté a varias personas y al final, conseguí que un transeúnte me dejara su móvil para poder llamarle. Me indicó de nuevo cómo llegar a su casa y entonces, por lo menos, bajó al portal a esperarme.

Cuando le vi, mi cuerpo empezó a agitarse por dentro y cuanto más me acercaba, más se pronunciaba esa sensación. Parecía como si me hubiera tragado cien panderetas. Estaba nerviosa, había pasado mucho tiempo desde la última vez que nos habíamos visto.

Al llegar al portal, le di dos besos y subimos los cuatro pisos de escaleras hasta llegar a su casa, donde vivía con su abuela y con su padre. Pero justo ese día estábamos solos.

Entramos a su cuarto y una vez allí, quise invitarle a un porro. A lo que él me contestó:
—No hace falta Yosu, yo te invito. Guárdate los tuyos.
—Invítame después si quieres, pero al menos pruébalos - insistí.
—A ver qué porritos tienes -dijo mientras se los daba. Y al verlos dijo:
—Yosu, de verdad guárdatelos. Estos porros son una mierda, deja que te invite a algo bueno de verdad. Mira, huele. -dijo mientras me enseñaba los suyos y se hacía una *ele*.
—No sé por qué siempre me dices que mis *petas* son una mierda… Sé que los tuyos están de puta madre, pero tanto como para que los míos sean una mierda… -le dije frustrada mientras él sonreía al escucharme.
Seguíamos con nuestro debate mientras nos fumamos la *ele* tranquilamente.

Entre risas y caladas, nuestras miradas penetraban profundamente en el otro, yo cada vez estaba más nerviosa. Además no podía dejar de mirar sus labios, esos labios que me llamaban a gritos mientras él me hablaba. Estaba deseando darle un muerdo y devorárselos. Cuando de repente y sin saber cómo, nos dimos un beso. Un beso fugaz que duró apenas dos segundos y acto seguido Gales se sacó su pedazo de miembro, el cual tenía como el rodillo de un panadero, para que procediera a saborearlo. Me quedé impactada, pero tenía que reaccionar rápido y actuar como una mujer adulta. Mientras le miraba, me derretía. Me hubiera gustado seguir disfrutando de sus labios prohibidos más tiempo, pero sin más dilación, lo cogí con las dos manos y empecé a disfrutar del almuerzo. Pero quería besarle, así que subí de nuevo hasta su boca cuando él, me quitó la cara y me pidió que siguiera. Dos segundos después terminó sin avisarme y por acto reflejo del asco que me dio, se lo escupí en la tripa y le dije:

—¡Qué haces!

—Pero no me escupas… -dijo él.

—No, si te parece me lo trago. ¡Qué asco tío! ¿Cómo no me avisas? -le reproché.

—Perdona, es que ha sido en un momento… -dijo él.

Me enjuagué la boca todo lo que pude, mientras pensaba en la idea con la que había llegado a esa casa y la sensación con la que realmente me iba a ir. Había llegado cual princesa buscando a su príncipe amado y me iba sintiéndome una pilingui poligonera… O ni eso, porque ellas por lo menos facturan. Yo solo conseguí irme con más dudas de las que tenía. Me sentía estúpidamente absurda.

Salí del baño, entré a la habitación y él ya se había hecho otro porro. Nos lo fumamos sin ser capaces de hablar absolutamente nada de lo que había pasado. Hasta que me preguntó:

—¿Tienes hambre?

—Ya como en mi casa, no te preocupes -contesté.

—Si quieres, puedo preparar unos libritos para comer- dijo él.

—¿Libritos? ¿Eso qué es? -pregunté.

—¡¿No sabes lo que son los libritos?! Pues vas a flipar, están riquísimos, mira, ven a la cocina -dijo mientras sacaba comida del frigorífico para prepararlos.

Sonaba bien y mientras los preparaba me iba entrando hambre. Cogió dos filetes de lomo, entre ellos puso una loncha de queso, dos lochas de jamón serrano y otra loncha de queso. Después lo empanaba, unía los dos filetes con palillos y a freír.

He de decir que estaban espectaculares. Después de comernos un librito cada uno me dijo:

—Yosu, yo ahora en un rato me tengo que ir al curro, tengo que plancharme la ropa, darme una ducha y me voy. ¿Tú que vas a hacer?

—¡Ya ves, planchas la ropa y todo! ¡Qué apañado! No te preocupes, yo me voy a mi barrio que también tengo cosas que hacer -le dije.

—Vale, pues hablamos -dijo él.

—Vale -dije yo mientras le daba dos besos y me iba por la puerta.

Cogí el metro y mientras volvía a mi barrio no paraba de darle vueltas en la cabeza a cómo había sucedido todo. ¡Qué ilusa! yo imaginándome cómo serían nuestros hijos el día de mañana y él... en fin... nada que ver.

Recordé las palabras que Pepe dijo en su día y me frustraba pensar que estaba en lo cierto. No volvimos a hablar desde ese día. Hasta que pasado un tiempo, una tarde estando conectada a Messenger, vi que me habían metido en un grupo para chatear en el que estaba Gales, Xeira y otro dos chaval del reformatorio.

De primeras me hizo ilusión. Pensé que lo habrían hecho para quedar los cuatro algún día y a pesar de que Xeira también estaba y no tenía ni la más mínima motivación en verla de nuevo, si tenía que hacerlo con tal de verle a él lo haría. Pero nada más lejos de la realidad, cuál sería mi sorpresa cuando al empezar la conversación y después de habernos saludado todos, me di cuenta de que el motivo era otro muy distinto.

Xeira empezó de forma sarcástica e irónica a mofarse descaradamente de cualquier cosa que tuviera que ver conmigo y tanto Gales como el otro chaval, le seguían el rollo sin ningún pudor. Yo intentaba contestar rápidamente para defenderme, pero no había ni terminado de hacerlo, cuando ya me habían escrito otra burla y así sucesivamente. Gales se reía y a mí me mataba cada "ja, ja, ja" que veía por su parte. Estaba a punto de llorar, pero mi madre estaba en el salón viendo la tele mientras yo chateaba con el ordenador y lo último que quería era que me preguntase «Qué te pasa». Así que aguanté el tipo todo lo que pude hasta que me desconecté.

Había perdido el pulso, además de lo abatida y humillada que me sentía. Me quedé «Con cien mil porqués» sin respuesta, como diría Beret. Gales no era capaz de decirme nada respecto a la carta o a lo que había pasado entre nosotros, pero no le temblaba el pulso para que junto a dos personas también mayores que yo, se mofasen fríamente y sin escrúpulos de mí. Pepe tenía razón. Me costaba aceptarlo, pero era así.

Ese mismo verano, España se proclamó Rey de Europa por primera vez. Segis, el Bolas, Cristo y el Ruso fueron a Colón como el resto de los madrileños, a celebrar la gran victoria española. Ese día me tocaba currar, era sábado. Terminé de limpiar y cambiarme sobre las once y pico de la noche, y aunque ya era tarde, me daba igual. Según salí, fui rápidamente al metro. Tenía varios transbordos por delante antes de llegar a mi destino pero tampoco me importaba, el ambiente era inmejorable. Los trenes iban hasta arriba de aficionados haciendo bulla y celebrando con cánticos y palmas nuestra victoria. Era un escándalo tan magnífico, que me puse a grabarlo todo para poder enseñárselo a mis amigos después.

No llevaba ni tres minutos de video cuando de repente escuché:
—¡¡¡Reporteraaaaaaaaa!!! ¡¡¡Reporteraaaaaaaaa!!!
—¡¡¡¡¡Eeeeeeeeeeeeeeeeeeee!!!!! ¡Ole esa reportera!
Gritaban unos chavales, que al verme, se pusieron delante de la cámara para cantar, bailar y seguir con la farra. Resultaron ser todos de Alcorcón, rápidamente hicimos buenas migas y fuimos juntos a Colón en busca de mis amigos.

Al llegar, la plaza estaba tan llena, que no cabía ni un alfiler y pensé «Va a estar complicado encontrarles». Llamé a Segis y le pregunté dónde estaban y me dijo que estaban también en la plaza. En ese momento, Andy, el más alto de todos los chavales, me dijo:
—Si quieres, te subo en hombros y así vas mirando a ver si les encuentras.
Vale, tío, de puta madre -contesté mientras me subía en sus hombros.

A pesar de que veía todo, no pensé que los encontraría entre tanto gentío. Pero cuál fue mi sorpresa cuando apenas a los cinco minutos en hombros, me resaltó la melena larga y rizada de Segis y grité «¡Ahí están!».

Me quedé con ellos y estuvimos toda la noche por el centro de Madrid bebiendo, callejeando y «colgándonos de cualquiera que le guste trasnochar», como diría Pereza.

Pasado el verano echaron a Aarón de su casa. Se fue temporalmente a vivir con Leire y su madre, mientras buscaban un alquiler para los dos. Después de un par de meses encontraron algo y se fueron a vivir a San Lorenzo del Escorial, de donde era él. Un poco antes, cuando aún vivían con Conchi, la madre de Leire, Noa nos invitó a ir a las fiestas de su pueblo con ella y Rachid.

El pueblo de Noa molaba. Allí había mucha gente joven y por ende, mucha fiesta. Después de haber estado un buen rato en su peña con sus colegas, nos íbamos a ir al único *pub* que había en el pueblo. Todo marchaba sobre ruedas, hasta que Noa y Rachid se pusieron a discutir. Discutieron de tal manera, que al final terminaron yéndose a su casa. En ese momento sin pensárselo dos veces Aarón nos dijo:
—Pues entonces para qué vamos a ir nosotros si ellos no van, ¿no?
—Hombre no sé… es sábado y hemos venido hasta aquí para salir de fiesta. Hemos bebido y yo no me quiero ir a casa. Estos en un rato lo arreglarán y bajarán, como hacen siempre -dije yo

Estuvimos debatiendo durante un rato. Leire y yo queríamos fiesta, pero Aarón no estaba por la labor de ceder y eso hacía que Leire se viera en una encrucijada.

Después de un rato debatiendo Aarón accedió a ir, pero no duramos ni diez minutos dentro. Se rayó con unos chavales que según él, no paraban de mirarnos y tuvimos que irnos para evitar una movida con ellos, ya que Aarón estaba dispuesto a partirse la cara si hacía falta.

Al salir, Aarón estaba cabreadísimo. A mí me parecía completamente absurdo el motivo por el que se había rayado. Intenté morderme la lengua, pero no pude y le dije a Leire:
—¡Pero tía! ¡¿Te parece normal el motivo por el que nos hemos ido?!
—No tía, pero si se ha rayado no voy a volver a entrar. Nos vamos casa y punto -dijo Leire.
—Es que yo no sé para qué queréis volver a entrar al garito ¿para discutir? -dijo Aarón.
—¿Pero para discutir por qué? ¿Porque nos miran? Es absurdo... no somos del pueblo, es normal que nos miren, aquí todo el mundo se conoce -dije yo.
—Yosua, ¿qué quieres, que les parta la cara? Porque eso es lo que va a pasar si entramos otra vez -dijo Aarón tajantemente.

Yo no daba crédito a lo que mis oídos escuchaban y de ninguna manera me quería ir a casa. Por lo que miré a Leire y le dije:
—Leire, yo te conozco y sé que te quieres quedar de fiesta. Si se quiere ir él a casa, porque es un rayado, que se vaya con estos y nos vamos las dos de fiesta. ¿Cuál es el problema?
—No siempre se puede Yosu. Te entiendo y te aseguro que me quedaría, pero es mejor que vayamos a casa -dijo ella.

Ojalá se hubiera quedado ahí la movida, pero no fue así. Yo insistía con la fiesta, Aarón con la casa y la conversación no hacía más que acalorarse por momentos. Habíamos bebido y cada vez gritábamos más, Leire estaba entre los dos sin saber qué narices hacer, todo estaba pasando de castaño a oscuro hasta que no pude más:

—¡¡¡Que te la vas a llevar!!! Y ya no vamos a salir de fiesta, ni de nada. ¿No te das cuenta? ¿Tanto te cuesta que salgamos una noche? -le dije a grito pelado a Aarón, refiriéndome a Leire, mientras se me saltaban las lágrimas de la impotencia.

Seguimos discutiendo largo y tendido hasta que acabamos los tres llorando. No nos habíamos cortado en decir lo que pensábamos del otro ni un poquito siquiera. Por lo que llegados a ese punto en el que todo eran llantos y réplicas, no nos quedó más remedio, que ir bajando la intensidad gradualmente hasta que pudimos arreglarlo e irnos a casa.

Cuando llegamos, Noa y Rachid estaban despiertos y reconciliados. Solo nos quedaban dos *petas* para todos y después de la movida que habíamos tenido, no me apetecía quedarme de "sujeta velas". Así que me fui a la cama a dormir.

Cuando me levanté a la mañana siguiente, bajé al salón y dije:

—Buenos días, chavales ¿Qué tal anoche?

—¡Buah! ¡Lo que te has perdido! -dijo Rachid.

—¿Qué me he perdido, el qué? -contesté.

—Buah, nos lo pasamos de puta madre -dijo Leire

—¿Pero qué hicisteis? Si no había nada que hacer… -pregunté de nuevo.

—¡Vas a flipar! Es que te quedaste frita de una y no había quién te despertara… -dijo Leire.

—Sí, sí, sí. Yo te daba en la cara con la rama de marihuana y te decía: «¡Yosua, Yosua, despierta!» Te metía los dedos en la nariz, pero no había manera macho. Estuvimos media hora intentándolo y nada… ¡Lo que te has perdido! -dijo Rachid.

—¿Pero qué marihuana? Si no había más porros… -dije extrañada.

—Ya, ¡ja, ja, ja, ja, ja! Es que como no teníamos *petas* y tampoco nos dormíamos, estuvimos pensando y decidimos coger la hierba de la peña. Rachid y Aarón se colaron en ella y cogieron la hierba que había secado. Así que hemos estado toda la noche *fumándola* de gratis. Mira lo que queda -me decía Leire mientras me enseñaba una rama enorme, de la cual, solo quedaba un mísero cogollo.

—¡¿Qué dices?! ¡¿Me estáis vacilando?! ¡¿Y no me habéis despertado?!-dije flipando.

—Yosua, te juro que hemos intentado despertarte de todas las maneras posibles, hasta me hice una ele y te echaba el humo en la cara mientras te hablaba y es que parecía que estabas muerta… -decía Rachid ante mi cara de incredulidad.

Era para mear y no echar gota.

Leire y Aarón terminaron por irse a vivir al Escorial a los pocos días. Tenía claro que ni la distancia ni nada, haría que nuestra relación se resquebrajase lo más mínimo. Pero me jodía que se fuera tan lejos a vivir. De nuevo volvía a tener la sensación de que todo cambiaba y no podía controlarlo. Lo que aún no sabía es que de eso trata la vida.

La vida es un continuo cambio y…como diría el mismísimo Joker…«El caos es justo». Siempre lo es, aunque no siempre sepamos verlo.

Con la partida de Leire a la sierra madrileña, Segis y yo afianzamos aún más nuestra amistad y nos volvimos inseparables. Él era mi dos y yo el suyo.

Pasados unos meses, Segis empezó a salir con una chica, por lo que ya no nos veíamos tanto. El Bolas, siendo su mejor amigo, se encontraba en la misma situación que yo, por lo que empezamos a quedar más asiduamente para rellenar el vacío que nos había dejado Segis.

Nos hicimos muy amigos y cuando Segis lo dejó con la chica, éramos los tres para todo. De repente tenía dos hermanos mayores, y molaba mazo. Yo era un puto desastre. Siempre perdía algo, el móvil, una pulsera, una chaqueta… lo que fuera. Y ellos siempre estaban ahí para consolarme, ayudarme o lo que hiciera falta. Cuidaban siempre de mí. Si me *chapaban* en la discoteca se quedaban afuera conmigo.

Uno de los sitios a los que más solíamos ir, era un garito llamado La cuenta de la vieja, por ahí por Alcorcón. Una de las veces que fuimos, habíamos quedado previamente en La Peni Segis, Bolas, Cristo y yo. Ellos tenían una botella de JB que estaban mezclando con la poca Fanta que les quedaba. Por aquel entonces yo no sabía ni lo que bebía, me daba igual, todo me parecía bien. La Fanta se acabó y aún quedaba media botella, por lo que decidieron bebérsela a chupitos .El primero fue Segis, le pusieron un chupito considerable y se lo bebió de una. Acto seguido me pusieron a mí otro, pero esta vez casi medio vaso. Yo lo miraba fijamente mientras decía convencida:

—¡Ni de coña! Me voy a beber lo que corresponde a un chupito. El resto para vosotros.

Pero fue empezar a beber y los tres empezaron a animarme a saco. Así que me piqué, y al final me lo bebí entero. Cuando nos bebimos la botella, fuimos directos al garito. Una vez dentro Cristo nos invitó a un chupito de tequila para cada uno, nos lo tomamos y bailar.

Entre el calor, la música y los bailes, me subió el alcohol y en un momento dado decidí ir al baño. Al entrar me tocó esperar, ya que estaba ocupado. Era un baño pequeño, según entrabas había un lavabo con un espejo y al lado otra puerta que daba al WC y ya, no tenía pérdida. Cuando entré, hice un pis y se me empezó a revolver la tripa. Me abroché el pantalón, me giré, miré a la taza y vomité. En ese momento, me di cuenta del pedazo de *pedo* que llevaba. Esperé un poco y volví a vomitar, después me quedé apoyada en la esquina del baño sin poder reaccionar. Tras un rato ahí metida, una chica abrió el baño y al verme directamente fue a ayudarme:

—¡Niña! ¿Estás bien? -me decía. Yo era incapaz de articular palabra.

—¡Ay, mi niña bonita! ¡¿Pero qué le pasa?! -decía ella sin obtener respuesta alguna, pidió a su amiga que la ayudara a levantarme.

Me costaba mantenerme en pie. Me acercaron al lavabo, me vi en el espejo y pensé «no te tenías que haber tomado el chupito de tequila ¡Mira cómo vas!» Mientras la chavala y su amiga intentaban que reaccionase de alguna manera, me echaban agua en la frente mientras la primera me insistía:

—Pero mi niña linda, con lo bella que es usted. ¿Qué le pasa? ¡Reaccione! -Sin resultado alguno.

—¡Ay, mi niña linda! No se preocupe que usted no se va a quedar sola, yo la cuido. ¿Me oye? Yo la cuido. No vaya a ser que le hagan algo con lo bella que es usted -proseguía.

Yo la escuchaba, quería decirle que avisara a mis amigos, pero era incapaz de articular palabra alguna.

Como tardaba tanto en salir, mis amigos empezaron a preocuparse y llamaron a la puerta del baño. Cuando abrieron la puerta y me vieron, rápidamente les dijeron a las chicas:

—¡Es mi amiga! Lleva un rato en el baño y nos estábamos preocupando -dijo el Bolas.

—¡Ay, no! no le vayan a hacer algo a la niña, yo la estoy cuidando -dijo la chavala.

—Pero que es nuestra amiga, deja que se vaya con nosotros -dijo Segis.

—¡Ay no! No les creo. Los hombres son muy malos, no voy a dejar que se la lleven, con lo linda que es -decía ella.

Ellos seguían insistiendo sin conseguir nada. Yo lo escuchaba todo y era incapaz de hacer o decir algo por más que quería, estaba jodida. Era de locos… Mis amigos no sabían qué hacer, pero se negaban a dejarme ahí.

Después de un buen rato discutiendo con las chicas, se acercaron los colegas de estas a ver qué pasaba. Y gracias a que Segis conocía a uno de los chavales, finalmente las chicas me dejaron irme con ellos. La situación era bastante crítica. Nada más salir, no solo no era capaz de dar dos pasos seguidos, sino que para colmo, empezó a caer una tromba de agua brutal. Segis me cogió en brazos,

Bolas y Cristo le ayudaban como podían y yo solo escuchaba "la cabeza, cómo pesa la cabeza». Consiguieron entrar en un portal para resguardarnos de la lluvia y el frío. Mientras uno se quedaba conmigo, los otros dos intentaban conseguir parar a algún taxi que pasara por ahí.

Seguía lloviendo torrencialmente pero no cesaban en su intento de encontrar un taxi. Cuando consiguieron parar a uno, fueron a por mí y este al ver el estado en el que iba, se negó en rotundo a llevarme a casa. Me metieron de nuevo al portal y al rato consiguieron parar a un segundo taxista, que al verme, hizo lo mismo que el anterior. Estaba complicada la cosa y cada vez parecía ir a peor. Consiguieron parar a un tercer taxista, al verme, reculó al igual que los taxistas anteriores, pero al final los chicos le convencieron y me llevó.

Me desperté en mi casa, en mi cama. Empecé a hacer memoria y recordaba la situación del baño del garito, pero no recordaba nada más. Así que sin pensarlo dos veces llamé a Segis y le pregunté. Me contó todo y me dijo que me habían acompañado hasta la puerta de mi casa.

Para mí hay dos tipos de personas en esta vida, las buenas y las malas. Y creo, que he tenido la suerte o he sabido rodearme, mayormente, de buenas personas a lo largo de mi vida. Y tengo mucho que agradecer a todas y cada una de ellas. Las buenas personas, son mágicas.

Llegaron las fiestas de Alcorcón, iba por primera vez. Noa y Rachid estaban trabajando en los coches de choque, así que nos podían dar fichas gratis para que montásemos en ellos. Íbamos muy a menudo a verlos. El sábado era cuando más ambiente había. Esa noche estaba con

Camila y Azhar en los coches de choque mientras estos curraban, más tarde vendrían Segis, Bolas y el resto. Nosotras teníamos nuestra botella para las tres y la noche iba sobre ruedas. Llegó un momento en que necesitaba hacer pis y buscamos un sitio para ello, sin demasiado éxito. Estaba que explotaba y grité:

—¡No puedo más! ¡Voy a mear aquí, tapadme, por favor!

Sin ni siquiera haber terminado, me cayó una lata de Fanta al lado. Lata que alguien me había tirado aposta, por lo que según terminé, cogí la lata y la volví a tirar. La lata le cayó en la cabeza a uno de los chavales que pasaban, en concreto, el que iba hablando por el móvil y no se había enterado de nada. Este, según recibió el impacto, vino corriendo hacia a mí y me metió un puñetazo en la cara, el cual, me tumbó al suelo de una. Al levantarme escuché:

—Tía ¿estás bien?

—Sí, ¿qué ha pasado? -pregunté.

—A ver…, te han tirado una lata de Fanta mientras meabas… Has cogido la lata, la has tirado y le has dado al chaval que no era. Este se ha rayado que te cagas, ha venido corriendo y te ha tumbado de un puñetazo. ¿Seguro qué estás bien? -dijo Camila.

—¡¿Qué me han tirado una lata y encima me han pegado un puñetazo?! ¡¿Quién ha sido?! ¡¿Quién ha sido que me cago en todos sus muertos?! -grité a viva voz.

Cuando dije eso, el chaval que aún seguía ahí lo escuchó. Se dio la vuelta, vino corriendo y ¡PUM! Otro puñetazo y de nuevo al suelo. Cuando desperté, Camila discutía con el grupo de chavales y Azhar me volvió a preguntar:

—¡Yosu! ¿Estás bien, tía?

—Sí…, aunque me duele un poco la cabeza. ¿Qué ha pasado? -pregunté.

—¿En serio no te acuerdas? -dijo sorprendida.

—No, tía, ¿qué ha pasado? -pregunté de nuevo.

—Un tío te ha metido dos puñetazos y te ha tumbado. Estamos aquí discutiendo con sus amigos a ver si se lo llevan de aquí—dijo ella mientras Camila seguía discutiendo con los chavales.

—¡¿Que qué?! ¿Dónde están?¡Menudo hijo de puta! -grité de nuevo.

Y en ese preciso momento vino por tercera vez corriendo, me soltó otro puñetazo y me tumbó por última vez...

Cuando me desperté ya no estaban. Se me iba la cabeza de un lado a otro mientras les preguntaba de nuevo a mis amigas:

—¿Qué ha pasado? Me duele la cabeza.

—Pues tía, que te han tirado un bote de Fanta, se lo has devuelto al que no era y... -la interrumpía y le preguntaba:

—¿Y mi bolso?

—Lo tengo yo, no te preocupes - me decía Camila.

—¿Y qué ha pasado? -volvía a preguntar.

—Pues tía, que te han tirado un bote de Fanta, se lo has devuelto al que no era y... -la interrumpía y le preguntaba de nuevo:

—Tía, ¿y mi bolso?

—Lo tengo yo, Yosu, no te preocupes -decía Camila de nuevo.

—¿Y qué ha pasado? -volvía a preguntarles yo.

Y así una y otra vez, en bucle. No retenía nada de lo que me decían, me habían dado un buen viaje, la verdad... Al rato llegó la policía y me preguntaron qué había pasado, pero yo no recordaba nada, seguía con la cabeza que me iba de un lado para otro. Camila les contó todo, pero desde luego no sabíamos quiénes eran, así que poco pudimos hacer.

Después fuimos con Noa y Rachid, les contamos lo ocurrido. Mientras curraban nosotras nos fuimos a las casetas a pedir hielo para que no me salieran moratones en la cara, ya que solo podía pensar que si mi madre me veía con la cara rota, no me dejaría volver a salir por la noche.

Cuando llegamos a las casetas, pedimos hielo y nos sentamos en unas sillas, había un grupo de chavales al lado que nos preguntaron qué nos había pasado, al contárselo les caímos de puta madre y nos quedamos hablando con ellos de buen rollito. Uno de ellos se llamaba Segismundo y era tocayo de Segis, así que cuando este último llegó hicieron muy buenas migas y lo pasamos en grande hasta que finalizaron las fiestas.

Una semana después de las fiestas de Alcorcón venían las de Móstoles, a las que también iba por primera vez. Ya que iba llamé a Joel, que no lo veía desde el reformatorio. Cuando lo vi, me dijo que se iba a meter al ejército entre otras cosas. Lo vi muy centrado y responsable.

Después nosotros nos fuimos a la feria, bebimos, bailamos... Al acabarse la música, en torno a las tres o cuatro de la mañana, la mayoría se quiso ir a casa y nos quedamos el Ruso y yo. Cuando se nos acabó la bebida conseguimos que en una caseta nos dieran dos vasos de mini de cerveza gratis. Seguimos de borrachera como si no tuviéramos casa y pasadas unas horas, como a las ocho de la mañana, nos fuimos a la estación para ir de vuelta a casa. Fuimos todo el camino callados, yo llevaba un pedo de la ostia, no había parado de beber en toda la noche, solo pensaba en llegar a casa, pero el camino era largo.

Al llegar a la estación, el Ruso se fue al metro y yo a Renfe. Piqué mi billete y esperé sentada en el banco de la estación a que llegara mi tren. Cogí un espejo del bolso y me vi la cara. Al guardarlo busqué el móvil, pero no lo encontré. Por más que buscaba no lo encontraba y solo podía pensar: «La semana pasada has perdido un teléfono y este te lo ha dejado mamá, no puedes volver a casa sin él…». Miré a la chica de al lado y le pedí que me dejara llamar a mi móvil. Al llamar daba señal, lo cual significaba que nadie lo había encontrado, así que decidí volver al parque a buscarlo. Estaba convencida de que lo encontraría, pero insisto, llevaba un pedo descomunal.

El camino era interminable, llegué hasta los baños que era dónde pensaba que estaría el móvil y ahí no había nada. Pero en una acción desesperada vi un baño con la puerta cerrada, en el cual no había nadie dentro, pero en mi borrachera, estaba convencida de que ahí estaba mi teléfono. Al no poder abrir la puerta, me subí al lavabo para poder meterme por un hueco estrecho que había entre el final de la puerta del aseo y el techo. Como era de esperar, el móvil no estaba ahí y para colmo en plena maniobra la puerta se abrió y me quedé colgando de la puerta, hasta que un par de chavales que pasaban me ayudaron a bajar.

Seguí buscando hasta que me dieron las diez de la mañana y decidí volver a casa. De nuevo tenía que volver a hacer el dichoso camino hasta la estación de Renfe. Al llegar me monté en el tren, y a pesar de ser solo seis paradas, me eché una cabezadita en el tren mientras tanto.

Cuando abrí los ojos, leí vagamente desde mi asiento en el letrero del andén «Hospital 12 de Octubre». Me levanté sobresaltada y salí corriendo del tren para cambiarme de andén ya que me había pasado seis paradas. Me monté en el tren y sin darme cuenta me quedé dormida de nuevo hasta que escuché…

—¡Eh! ¡Eh! ¡Despierta! ¡Despierta!

Abrí los ojos, vi al vigilante de seguridad de Renfe con el perro y acto seguido le pregunté desconcertada:

—¿Dónde estoy?, ¿qué parada es esta?

—Final de trayecto, tiene que salir y comprar otro billete si quiere coger el otro tren -dijo tajantemente el vigilante.

Salí del tren y vi que estaba en Móstoles el Soto. Nunca antes había estado allí y no tenía dinero para otro billete, así que salí tranquilamente del tren y mientras andaba, iba aumentando el ritmo poco a poco hasta correr. Pero la estación de Móstoles el Soto es peculiar pues tiene unas rejas que impiden cambiar de andén sin antes picar billete y yo no lo sabía. El vigilante vino detrás de mí corriendo con su perro mientras me decía:

—¡Que tienes que pagar el billete!

—¡Que no tengo dinero! ¡Solo me he quedado dormida y me he pasado mi parada, tengo el billete que he comprado antes! Debería poder dar la vuelta -contestaba desesperada.

—¡Me da igual! Es la última parada y para dar la vuelta tienes que comprar uno. Sin billete no pasas -dijo él mientras me seguía gruñendo el perro.

No me lo podía creer… ¿Qué más me podía pasar?

Al salir de la estación vi que no había nada, literalmente nada más que un *parking* enorme. No había ni un alma, el sol de las doce apretaba esa mañana mientras miraba a mi alrededor y pensaba en cómo coño salir de esa situación...

No sabía qué hacer y desesperada empecé a pensar cómo colarme a través de la vía y vi que podía hacerlo saltando el muro que la cercaba. Me subí al muro, me asomé y vi que la vía del tren estaba más lejos del muro de lo que parecía, además de pasar una autopista por debajo. Sabía que era arriesgado, pero no me iba a quedar como una moribunda en un *parking* porque a ese «segurata» se le antojara, yo me iba a buscar la vida para llegar a mi casa.

Cuando estaba a punto de saltar a la vía del tren desde el muro, el tío vino corriendo, con el perro, gritando:
—¡Para! ¡Para!
Vino, me agarró la pierna y bajé. Pensé que a lo mejor por caridad humana y dada la situación, el menda me dejaría pasar, pero nada más lejos de la realidad, se puso a sermonearme:—¡Estás loca! ¡te podías haber matado! Es que los adolescentes como sois...
—Necesito ir a mi casa, no tengo el móvil porque lo he perdido y no puedo avisar a mi madre, solo quiero irme a mi casa le -dije mientras él proseguía a la vez que su perro no dejaba de jadear y de gruñirme.
—No vas a subir al tren si no pagas un billete, yo también tengo una hija de tu edad y los jóvenes tenéis que cumplir las reglas, que pensáis que podéis hacer lo que os dé la gana y es malo que bebáis tanto.
—Si tienes una hija de mi edad y estuviera en mi situación ¿no te gustaría que alguien la ayudase? -le reproché.
—Lo que tenéis que hacer es no beber tanto y me da igual lo que digas si no pagas no entras -contestó.

—¡Que no tengo dinero, ni tarjetas!, ¡¿qué puto problema tienes?! ¡Déjame irme a mi casa y dile a ese perro que deje de ladrarme! -le grité.

Pero no había nada que hacer ante su impasibilidad. Me di la vuelta y vi a una persona, le pedí dinero para el Sencillo y me dijo directamente que no.

Se me caían las lágrimas ante la impotencia... Vi a otro tío que venía de fondo, le conté lo que me había pasado y me dijo:
—Mira, lo tenía justo para el paquete de tabaco, pero toma ¿cuánto necesitas?
—1,50 euros -dije yo.
—Toma, no te preocupes -contestó.
—Muchísimas gracias -le dije entre lágrimas.

Al volver a la estación, entré, fui a la máquina y mientras compraba mi billete se acercó el «segurata» y dijo:
—No vas a entrar en el tren.
—Estoy comprando el billete, ¡déjame en paz! -dije entre sollozos.
—Así no puedes entrar al tren, ¡mira cómo vas!
Entre tanto entraba en la estación el hombre que me había prestado el dinero para el Sencillo y en cuanto se percató de la situación le dijo:
—¡Eh!, ¡deja en paz a la chica, que se lo he dado yo!

El vigilante apenas le dijo nada y por fin pude pasar. Esta vez tenía claro que por nada del mundo me iba a quedar dormida, esta vez tenía que llegar a mi casa.

Cuando por fin entré en casa era la una y media del mediodía. Vi a mi madre y le dije:

—He perdido el móvil.

—¡Qué dices! -dijo ella.

—Sí, lo he estado buscando y por eso llego ahora, me voy a dormir, mañana hablamos -contesté mientras entraba en mi cuarto.

Cuando me levanté le conté a mi madre más o menos todo lo que me había pasado y después me informó de que no me iba a dar otro móvil. Aquí empezó otra de mis épocas sin móvil.

En noviembre terminó mi contrato de trabajo y, a pesar de que Sofi estaba encantada conmigo y decía querer hacerme fija, en realidad no lo hizo, me dio el finiquito y ya.

Ese día fuimos mi madre y yo a firmarlo y pude ver que me habían pagado mil y pico euros, así que cuando terminamos le dije a mi madre:

—Ahora nos vamos a ir de compras y me voy a comprar lo que quiera, que mira todo lo que he cobrado y del resto de nóminas no he visto a penas nada.

—Bueno, a ver qué quieres que te compre -dijo ella.

—Vamos a mirar a ver qué hay -dije yo.

Al final me compré bastantes cosas y por lo menos había disfrutado bien un sueldo.

Unas semanas después Leire vino desde el Escorial y se quedó el fin de semana en casa de su madre, así que salimos de fiesta. Al día siguiente, estaba agotada, además el día no acompañaba, llovía mucho. Por la tarde quedamos con Segis y Ruso en el metro y allí conocimos a unas chicas rumanas que a Leire le caían bien, aunque a mí no me daban buena espina. Estuvimos un rato en el metro con ellas hasta que Leire se fue a casa de su madre y nosotros nos fuimos al Kaura, un parque con un columpio a modo de barco, perfecto para resguardarnos de la lluvia y el frío. Una vez allí nos hicimos los dos únicos *petas* que teníamos; no habíamos llegado ni a encenderlos cuando de repente digo sobresaltada:

—¡Chavales!, ¡¿y mi mochila?! -refiriéndome a una mochilita pequeña negra que usaba a modo de bolso y me encantaba.

—No sé..., ¿qué mochila?-me preguntaron ambos.

—La mía negra tío, mi mochilita ¿La habéis escondido o qué? -dije pensando que me estaban vacilando.

—¡No, qué dices, ja, ja, ja! No sé de qué mochila me hablas -dijo Segis riéndose.

—¡Venga, dámela! Dejad de vacilarme, anda -dije confiada.

—Que no tenemos ninguna mochila, no sé de qué me hablas -dijo Segis de nuevo, mientras se levantaba y miraba a su alrededor.

—¡¿En serio?! No me jodas, tío... ¿seguro que no está? -pregunté de nuevo un poco nerviosa.

—Que no tía, que no tenemos tu mochila, te lo juro -dijo el Ruso.

—¡No me jodas! ¡no me jodas, tío! Si la tenía hace un momento... ¿Me la habré dejado en el metro? —dije mientras intentaba rehacer mis pasos.

—Pues te la habrás dejado en el metro porque aquí no está -dijo Segis.

—¡Me cago en la puta, tío! Encima estaban las pibas esas que no me fio nada de ellas. ¡Vamos corriendo a ver si por casualidad está ahí! Que no sea porque no hemos ido -dije mientras salíamos escopetados hacía allí.

Al llegar no había nada, ni la mochila ni nada... Bajamos a preguntarle al personal del metro si les habían dejado la mochila y nos dijeron que solo les habían dejado unos tacones. Al verlos, me di cuenta de que eran los tacones de una de las chicas y en ese preciso momento, la rabia me recorrió todo el cuerpo, al mismo tiempo que la impotencia me inundaba. Sabía que habían sido ellas, lo tenía claro y no podía hacer nada. De nuevo, sin abono, sin documentación, había perdido mi mochilita favorita, en fin... ¡Qué desastre! Me pillé tal cabreo conmigo misma, por despistada, que al irnos del metro, abrí la puerta de una patada y, por el impacto, el cristal se rajó en mil cachos.

Yo no me había dado cuenta, iba hablando con mis amigos sobre lo ocurrido cuando el tío del metro salió tras de mí increpándome por el cristal. En ese momento, me giré a mirar y no podía creer que yendo en manoletinas hubiera podido romperlo de esa manera. Empezamos a discutir con él mientras el vigilante nos retenía a la espera de que llegase la policía.

No me lo podía creer... ¡¿Qué más me podía pasar?! Pensaba para mis adentros... Le pedí al Ruso, que me dejara llamar a Leire. Al llamarla, me dijo que me había dejado el móvil en su casa. En ese momento pensé «¡Menos mal!» y le conté todo lo ocurrido. Cuando bajó, flipó. No podía entender cómo, de una sola patada y yendo en manoletinas, había roto ese cristal tan grueso. Yo tampoco lo entendía, pero así fue y me tocó pagarlo.

Esperamos a la policía, llamé a mi madre para decirle que de nuevo había perdido mis cosas y, a pesar de que me habían denunciado por el cristal, el tío del metro se solidarizó conmigo y me sacó un billete para que pudiera irme a casa. Le agradecí enormemente y me disculpé por las formas.

A los dos días, Leire me llamó diciendo que había encontrado mi mochilita tirada cerca de su casa. Estaba vacía, pero me alegró poder recuperarla. Entusiasmada se lo conté a mi madre y esta me dijo:

—Esa mochila está maldita, tienes que tirarla.

—¡¿Queeeé?!¿cómo va a estar maldita, mamá? Qué cosas dices… -dije sorprendida.

—Sí, has perdido todo y… ¿encuentras solo la mochila? Está maldita, la tienes que tirar porque si no seguirás perdiendo cosas -me dijo convencida.

—Es que no la quiero tirar, me encanta y para algo que he recuperado no la voy a tirar -dije yo.

—Pues tú verás, pero seguirás perdiendo cosas -dijo de nuevo.

No quería creerle, mi lógica aplastante me impedía pensar que estaba en lo cierto, pero a pesar de eso y de lo que me gustaba, le hice caso y me deshice de la mochila como me dijo.

Poco a poco se acercaban las Navidades y como estaba sin trabajo, Silvana me ofreció ir la semana de Nochevieja a su casa en el pueblo, donde me decía que había una fiesta espectacular. Me pareció una buena idea, pero al ser fin de año no sabía que me diría mi madre, aunque al poder hacer planes con su novio, accedió sin problema.

Era veintinueve de diciembre, lunes, habíamos llegado al pueblo, en la provincia de Ciudad Real. Dejamos todas las maletas en la casa de Silvana y fuimos a ver a uno de sus mejores amigos del pueblo, el Manillas. Estuvimos un rato con él, nos fumamos un par y luego fuimos al bar

El Paso, donde solían reunirse todos los chavales antes de salir de copas. Silvana era de porros, alcohol y *perico*. Por lo que me contaba, en el pueblo las noches se vestían de blanco. Pero yo tenía claro que no quería ni probarlo.

Al llegar al bar, Silvana me empezó a presentar a todos sus amigos y conocidos, después nos sentamos a tomar unas birras. Al cabo de un rato, entró un chaval muy alto y Silvana me dijo:

—¡Ay! ha llegado mi amigo Andy, que es el que siempre te digo que es de Alcorcón y no le conoces, te lo voy a presentar.

Al ver a Silvana, el chaval se acercó de una a saludarla, entonces Silvana le dijo:

—Mira, Andy, te presento a Yehosua, una amiga mía del barrio que además va mucho a Alcorcón. No sé cómo no os conocéis.

—Hola, encantada -saludé.

El chaval se quedó mirándome fijamente y dijo:

—Yo a ti te conozco.

Le miré fijamente y no me sonaba para nada su cara, por lo que le contesté:

—Pues tío, no sé de qué…No me suenas.

—Sí, tú me suenas de algo mazo, pero ahora mismo no caigo -insistió él.

—Yo creo que te equivocas de persona, porque mira que no soy de olvidar las caras y de verdad que no me suenas -le dije de nuevo cuando de repente me dijo:

—¿Tú no eras la que estabas el día de la Eurocopa grabando en el metro un video?

Silvana, que conocía la historia me miró con cara de sorpresa y dijimos al unísono:

—¡Noooo! ¡No puede ser!

—¡Sí, era yo! -contesté.

—Pues yo soy el que te subió en hombros para que buscaras a tus colegas. ¿Te acuerdas? -dijo él.

—¡Ala! Sí, sí, claro que me acuerdo, gracias a ti les encontré. ¡Joder, el mundo es un pañuelo!¿y tú, qué tal todo? -le dije

Seguimos hablando mientras flipábamos con las casualidades de la vida.

Después Silvana y yo nos fuimos a su casa a cenar y más tarde quedamos con el Manillas. El Manillas era un chaval majete; de pueblo, eso no se lo quitaba nadie; rubio, ojos marrones, blanquito de piel, humilde y campechano. Se podía hablar con él de cualquier cosa y me cayó genial.

Llegó la noche más esperada del año y dos días después cumpliría diecisiete años. Estaba en un pueblo donde todos estaban locos por la fiesta y podía hacer lo que me diera la gana. Lejos de mi madre, de mi casa. Me sentía mayor y me encantaba. Con Silvana estuvimos todo el día de aquí para allá. Por la tarde fuimos al Paso hasta que cerró. Después fuimos a casa, nos arreglamos para la cena y tras tomar las uvas, nos fuimos de farra.

En el pueblo solo había un garito, pero te puedo asegurar que no les hacía falta más. La noche era más joven según iban pasando las horas. Menudo desfase…

A las 7:00 a.m. la discoteca cerró y se suponía que la fiesta también, pero el pueblo de Silvana era famoso por sus mañaneos. Así que nos fuimos a casa de un amigo suyo a seguir de lío. Hacía un frío del carajo a esas horas en el pueblo. Al llegar a la casa cada uno se puso un cubata y seguimos con la fiesta. Estos no paraban de pintar raya tras raya. Yo en cambio, después de tomarme una copa me fui a la habitación a dormirla un rato y caí de una.

Caí en sueño profundo, estaba completamente dormida cuando de repente me cae agua helada en la cara. Al abrir los ojos, vi a Silvana con las dos manos echadas a la boca diciéndome:

—¡Ay... Yosu! ¡Perdóname, por favor!

—¡¿Qué haces?! -le dije cabreada.

—¡Es que no te despertabas, parecía que no respirabas y pensaba que estabas muerta! Perdóname, de verdad, no sabes qué susto me he llevado -dijo Silvana con remordimiento.

Me cagué en toda la puta pero ¿qué le iba a decir? Yo sé que cuando me quedo dormida caigo en coma literalmente, pero en esa época aún lo estaba descubriendo y desde luego mi entorno también. Me levanté y salimos de la casa para ir a la de Silvana. El aire frío me azotaba la cara, ya helada por el agua que me habían tirado. Sólo deseaba llegar a casa, ponerme el pijama y dormir.

Cuando me desperté, Silvana ya llevaba levantada desde mucho antes y después de comer me dijo:

—Tía, ¿a ti te gusta el Manillas?

—Pues no está mal el chaval, además es muy majo, ¿por? -le dije yo.

—Porque me ha dicho que le gustas y que si te quieres pasar luego un rato a verle, ¿te apetece? -me dijo ella.

—¿En serio? Ay, tía, pues sí... Lo único es que ya sabes que nunca he follado, no sé qué expectativas tendrá el chaval -le dije.

—No te preocupes, que ya le he dicho que te trate bien, sabía que me ibas a decir que sí, je, je, je -dijo ella con una sonrisilla.

—¡Ay, tía, qué nervios! -dije yo.

—Ay, la Mikaela, que se nos va a desvirgar -dijo ella entre risas.

Llegó la hora y me dispuse a ir a la casa del chaval, estuvimos hablando un rato mientras nos fumábamos un *peta* y cuando nos lo terminamos él directamente se lanzó a comerme la boca. Nos empezamos a enrollar, su mano agarraba mi culo, la mía su cuello, nos empezábamos a magrear una y otra vez mientras nos besábamos hasta que se la sacó. En ese momento le dije:

—A ver, tío, es que soy virgen y estoy un poco nerviosa. Me miró y con media sonrisilla me dijo:

—Algo me había comentado Silvana, no te preocupes. Si te duele paro, confía en mí.

Después de estimularnos mutuamente, entró en mí. No sabría cómo explicar lo que sentí, pero desde luego para lo que la gente hablaba del sexo, me esperaba algo muchísimo mejor, no me dolió, pero tampoco disfruté. Fue raro… no por culpa de él, todo lo contrario, se portó de diez. Sino porque pensaba que solo el hecho de tener el miembro dentro ya te daba placer y obviamente no es así, hay que jugar más, pero al ser la primera vez desconocía todo eso por completo.

Cuando terminamos nos fumamos otro *peta* y después me fui a casa de Silvana. Cuando llegué, le faltó tiempo para preguntarme:

—Bueno… ¡¿Qué?!

—Pues bien, tía, es muy majo.

—Si ya sabía yo que el Manillas y tú… ¡Qué ilusión me hace te lo juro!

—A ver, tampoco ha sido para tanto, tía... Pero bueno, ya me he desvirgado. Espero que las demás veces mole más, je, je… -le dije.

—A ver, la primera vez es la que menos gusta, pero poco a poco le iras cogiendo el gusto. ¡Ay, mi niña que se ha desvirgado en mi pueblo! -decía Silvana feliz.

Al día siguiente me volvía a Madrid para celebrar mi cumpleaños con mi madre. Después quedé con Mía y Alejandra y les conté mi aventura en el pueblo de Silvana, pasamos toda la tarde juntas de risas y me preguntaban mazo de cosas, pero había muchas preguntas de las que aún no sabía la respuesta. Mía en un momento dado me preguntó:

—Tía, ¿y no te da cosa haberla perdido con un tío de un pueblo, que a saber si vuelves a ver?

—Pues no, tía, la verdad me da bastante igual. Porque a mí me hubiera encantado perderla con Gales y estar con él toda la vida. Pero la vida no es para los románticos y lo que no voy a hacer es estar esperando algo que nunca llega. Ya tengo diecisiete años y a saber qué cosas me quedan por vivir, pero lo que tengo claro es que no me voy a quedar con las ganas de nada -dije convencida.

Capítulo 7

Silvana, me había hablado de un colega suyo que vendía raciones de setas y yo me moría de ganas por probarlas, así que le cogí cuatro raciones para invitar a mis amigos por mi cumple.

Me maquillé, me hice mis rabillos, el moño y me alisé el flequillo. Después me puse mis pantaloncitos cortos con las medias y las botas negras de pelo, cogí mi torera de lana azul, la chupa negra y fui directa para La Peni.

Siempre había buen ambiente en La Peni y si no, también podías ir al parque de la Rana, que está al lado. Cuántas noches nos habrán visto esos parques de locura plus... Porque la juventud es locura, cuando eres joven solo piensas en ser imparable e ir a más, en rebelarte contra todo lo estipulado y romper las reglas. Y es cuando realmente uno puede hacerlo. El hecho de cumplir diecisiete, echar la vista atrás y ver todo lo que había vivido en tan solo un año... solo me impulsaba a vivir y descubrir mucho más aún.

Las drogas molan. Si miramos hacia atrás, los mejores artistas, hayan sido pintores, escritores, músicos o lo que sea, todos y cada uno, antes o después, se han drogado para poder seguir creando arte. Y verdaderamente han creado grandes obras que todos seguimos admirando. Cuando te drogas, tu realidad cambia, percibes las cosas de otra manera. Los sentidos se vuelven más agudos, te fijas en cosas que en un estado normal pasan completamente desapercibidas, por lo que en cierto modo abren tu mente, como cuando viajas a otro país o continente y conoces otras culturas y formas de vida. El problema, como con todo, es cuando uno abusa. Cuando abusas de las cosas todo se vuelve perjudicial, me da igual hablar de drogas que de café, trabajo, chocolate, una persona, o lo que sea... Todo en exceso es malo.

Yo empezaba a coquetear con las drogas y me gustaba. Así que finalmente nos juntamos Segis, Leire, Aarón, el Bolas, el Ruso y yo. Abrimos las botellas y la noche comenzó. Estábamos de risas, en nuestra salsa y saqué las setas. No llegaba ni a una ración para cada uno, pero las compartimos y fue suficiente para pasar una noche inolvidable.

Cuando las setas empezaron a hacer efecto, era un no parar de reír por cualquier cosa, no sé cómo explicarlo, pero la realidad es que te ríes por todo a carcajada limpia. Las lágrimas te saltan de los ojos sin parar, como si de un dibujo animado se tratara, mientras no paras de reírte casi a cada palabra que escuchas. Si ves la copa de un árbol, te fijas en cada una de sus ramas, de sus hojas... si tocas una superficie suave, notas cada partícula de fibra que la hace así de suave, es decir, tus sentidos se agudizan proporcionalmente a la cantidad que hayas ingerido y cuando notas los primeros efectos flipas literalmente con ellos. Luego ya vienen las risas contagiosas y no paras de reír. Si comes demasiadas puedes llegar a alucinar.

Esa noche, el tiempo parecía pasar mucho más rápido de lo que realmente pasaba. Pero no nos dimos cuenta hasta que el efecto de las setas desapareció. En ese momento miramos el reloj y eran solo las tres de la madrugada... Quedaba media noche por delante. Tenía la sensación de que llevaba toda la noche de farra y solo habían pasado un par de horas.

El frío de enero apretaba y rápido se nos acabó el alcohol, no había garitos a los que entrar... Leire y Aarón finalmente se fueron a la casa de la madre de Leire, el Ruso también se fue a su casa. Segis y Bolas, se quedaron conmigo como de costumbre, callejeando mientras hacíamos tiempo hasta que abriera la Renfe y pudiera volverme para mi casa. Por lo menos ya habían quedado lejos los días en los que mi madre se rayaba porque salía de noche o porque mis amigos fuesen más mayores que yo.

Ante el frío y la falta de recursos, nos metimos en un cajero cercano a la estación de Renfe y aguantamos ahí hasta que abrieron la estación a las cinco y media. Acurrucados cual vagabundos... ¿Cómo no iban a ser mis hermanos si me cuidaban como a nadie? Cada uno de ellos se ha ganado el lugar que tienen hoy en mi corazón.

Yo seguía sin trabajo, pero Sofía me garantizaba contratarme de nuevo en marzo. A pesar de no haberme hecho indefinida, le gustaba cómo trabajaba y me quería de nuevo. Al no trabajar ni tener paro, durante ese tiempo le pedía dinero a mi madre de mi cuenta de ahorros para mis gastos semanales. Era una cuenta de ahorro que tenía desde pequeña, en la que se suponía que mi madre ingresaba dinero mes a mes y en donde mi abuela Marga ingresó tres mil euros cuando hice la primera comunión. Dinero del cual yo la dejé disponer para lo que necesitara siempre y cuando me lo devolviera. Pero no fue así. Siempre me ponía excusas, para no darme nada:

—Yosu, no me pidas más porque ya te lo has gastado todo, no te queda nada en la cuenta.

—¿Pero qué dices? Si apenas gasto y te pedido veinte euros en tres ocasiones... ¿cómo se va a haber gastado todo? -le decía sorprendida.

—Lo que oyes. No me pidas más dinero y a ver si empiezas a trabajar ya y si no, te pones a estudiar -dijo ella.

—Pero si en la cuenta había el dinero que me dio la abuela más todo lo que se supone que has ido metiendo tú desde que la creaste. ¡Es imposible que yo me haya gastado ese dinero pidiéndote veinte euros semanales! ¿Qué pasa? Que lo que te presté para la casa del pueblo no me lo has devuelto y ahora me dices que me lo he gastado yo para no dármelo. ¿O qué? -dije cabreada.

—No, lo del pueblo te lo devolví poco a poco y tú en estos meses te has gastado todo lo que había -dijo ella.

—Pero si han pasado solo cuatro meses y eso nunca se ha tocado. ¡¿Cómo me lo voy a gastar?!

—Yosu, eso no es así y no te lo voy a repetir. De todas formas, si algún día necesitas algo me lo dices y te lo doy, pero no te voy a estar dando dinero todas las semanas porque no puedo -dijo ella.

—¡¡¡Pero que es mi dinero!!! -le grité.

Se dio la vuelta y se fue. Bajé a la calle con Mía para desahogarme y nos fumamos un *peta* mientras tanto.

La realidad es que nunca quería estar en casa para no coincidir con mi madre. En casa dormía, me arreglaba y comía. Prefería estar todo el día por ahí, en algún parque, en el local de algún colega, en las pistas o donde fuera con tal de no pasar por mi casa.

Necesitaba trabajar y Sofi al final no me llamó. Así que me puse a buscar como una loca a través de varios portales de empleo hasta que en mayo encontré trabajo en una empresa de comerciales de energía.

Por aquel entonces no tenía un buen fondo de armario, como quien dice, así que toda mi ropa era de diario y del estilo que a mí me gustaba. Por lo que así fui a trabajar. Con mis pantalones campanas, mis rabillos, mis pendientes, mi moñete y un top acompañado de una chaqueta. Una vez que entré, me presentaron a la que iba a ser mi entrenadora y debía enseñarme a vender. No había sueldo base, era pura comisión, veintitrés por contrato. Después dieron una reunión en una sala, en la que todos celebraban como locos las ventas del día anterior. El jefe daba un impacto para motivar al equipo y ¡ala! ¡a salir a la calle como hienas a venderlo todo! En ese primer momento te quedas flipando un poco con todos.

Al salir de la oficina fuimos mi entrenadora, una chica, otro chico y yo a la zona de Palos de la Frontera. Una vez allí ellos entraron a desayunar a una cafetería. Como yo no tenía dinero, me quedé afuera en un banco comiéndome el bocadillo de jamón que me había preparado mi madre por la mañana. Cuando salieron, repartieron la zona y empezamos. Me tiré todo el día subiendo y bajando escaleras sin que mi entrenadora consiguiera cerrar una venta, venga a subir y bajar escaleras portal tras portal sin resultado alguno y así todo el día hasta las ocho y pico de la tarde, que me dejaron irme a mi casa.

Como comprenderéis llegué reventada y el trabajo me parecía una puta mierda. Le daba vueltas en mi cabeza y pensaba en si realmente merecía la pena ese trabajo o si estaba a tiempo de dejarlo y buscar algo mejor. Cuando de pronto mi conciencia me dijo:
—¡Chica, piensa! No tienes nada mejor, no tienes a penas experiencia. ¿Qué quieres? ¿O acaso crees que tu abuela limpiaba casas por gusto? ¿o que un albañil no se cansa de coger peso y estar ahí en pleno sol el verano entero en la obra? ¿Por qué no le vas a echar huevos tú? ¿Y si

tuvieras un hijo al que alimentar? Tus padres no te van a ayudar en nada y no están orgullosos de ti. Si quieres trabajar tienes que trabajar y si aquí se puede ganar dinero, aunque no lo hayas visto hoy, tú lo vas a ganar.

Y así fue, al día siguiente madrugué de nuevo y me fui para el trabajo, una vez más dieron la reunión de cada mañana después de estar practicando con mi entrenadora. De nuevo fuimos a la zona, esta vez nos tocó Argüelles y Plza. España. Por aquel entonces aún no había llegado la operación *renove* de ascensores y casi todas las comunidades eran escaleras antiguas de madera, de azulejo o de mármol. Muy pocas contaban con ascensor, pero valió la pena, ya que por lo menos vi firmar dos contratos.

Pero no era tan fácil y cuando te ves sola con un cliente no puedes preguntar, ni dudar, lo más mínimo porque eres tú la que tienes todas las repuestas y soluciones que el cliente necesita y no te puedes permitir fallar. Para hacerte entrenadora tenías que hacerte cuatro campanas seguidas, que consistía en hacer cuatro contratos en un día durante cuatro días seguidos. No era tan fácil hacerse entrenador, a mí además me costó pero no podía desistir de ese trabajo, me gustaba y se podía ganar dinero. A las dos semanas a mi entrenadora la mandaron a trabajar a Toledo y me pusieron de entrenadora la que había sido mi compañera esos días, Lía.

Mi primer cobro, fue un solo contrato, de dos que me había hecho cobré uno porque el otro se cayó, así que no me daba para nada. Lía no confiaba mucho en mí al principio como vendedora, hasta que empecé a vender y todo cambió. Esa semana promocionaron a asistente de gerente a una chica y a un chico, así que al salir de la oficina nos dijeron a todos de ir al VIPS a desayunar. Nunca antes había ido al VIPS a desayunar, pero como invitaban ellos fui encantada. Cada uno pidió su desayuno y yo me pedí un americano, que llevaba dos tortitas, bacón, dos huevos fritos, patatas fritas y café. En mi vida me había comido un desayuno así, ¡qué rico!

Desayunamos todos tranquilamente y cuando terminamos, vi que cada comensal se acercaba al mostrador a pagar lo suyo. ¡Quería que me tragara la tierra! No tenía nada de dinero, mucho menos tarjeta, no sabía qué hacer, vi a Lía y pensé: "Té va a mandar a la mierda pero es lo que hay, te lo tiene que pagar», así que me acerqué y le expliqué mi confusión. Lo pagó a regañadientes a pesar de mi compromiso en pagárselo la semana siguiente. Qué alivio sentí en ese momento.

Como cobrábamos cada lunes, para que mi madre no se quedara con mi dinero como en el trabajo anterior, le pedí a Lía que si le importaba que mis comisiones se las ingresaran a ella y que ella me lo diera en efectivo; accedió sin problema. Cuando cobré le pague los cuatro euros del desayuno y partir de ese momento todos los días desayunábamos en el VIPS. Me encantaba desayunar allí.

Un poco antes de convertirme en entrenadora entraron unas chicas nuevas a currar. Anabel y Eva, ambas vivían en Arganzuela y eran amigas. El primer día que salieron a tocar puertas fuimos todos a desayunar al VIPS como de costumbre. Cada uno pidió lo suyo y después todos empezaron a comer. Estaban sentadas a mi derecha y como no tenían dinero, no pidieron absolutamente nada. No podía evitar mirarlas y que me recordara a mis primeros días cuando todos iban al bar y yo me quedaba a fuera comiéndome mi bocata de jamón. Me sabía mal estar comiendo ese plato tan rico y lleno de comida mientras ellas miraban y sin cortarme un pelo miré a Anabel y le dije:

—Si tenéis hambre coger patatas y las mojáis en los huevos o en kétchup.

Anabel me miró pudorosa y me dijo muy educadamente:

—No, muchas gracias, no hace falta.

—¡Que comas! No te cortes chica, coge patatas y moja. Si queréis una tortita para las dos también os la doy -insistí.

—No, de verdad, muchas gracias -dijo ella de nuevo.

—De verdad, que no te de vergüenza ¡Come! ¡Toma las patatas! ¡Moja! de verdad, que no me importa, estamos aquí todos comiendo y no os vais a quedar mirando -volví a insistir.

Al final comieron con confianza y nos caímos muy bien las tres. Tras el desayuno cada uno se fue con su equipo a cada zona a currar.

Como me iba bien en el trabajo y Segis estaba sin curro, le metí a trabajar conmigo. Al principio le costó un poco vender, pero una vez empezó rápido le cogió el tranquillo. Aunque no duró mucho en la empresa, no debido a las ventas sino a que un compañero le habló de otra empresa en la que vendían el mismo producto y ganaban el doble por contrato. Ellos y otra chica estaban decididos a irse. A mí también me lo ofrecieron pero estaba a gusto en la empresa, había aprendido mazo de cosas en el poco tiempo que llevaba allí y cada vez me valoraban más, así que decidí quedarme. Eso sí, en cuanto se fueron los tres, los gerentes empezaron a investigar por qué podía haber sucedido y preguntaron a varios, entre ellos a mí ya que Segis era mi amigo.

A raíz de aquello yo notaba a Segis estaba distante cuando quedábamos en Alcorcón y no entendía bien por qué, pero poco a poco me iba cansando su actitud. Hasta que una tarde en que estábamos todos de buen rollo en el parque me empecé a sentir bastante apartada de la conversación cuando se pusieron hablar entre todos ellos de momentos o personas que yo desconocía. Y Segis que siempre hacía lo posible por integrarme cuando yo no sabía de lo que hablaban o de quién, esta vez no lo hizo. A mí me dolía ese distanciamiento y solo quería que todo volviera a ser como antes entre nosotros, así que unos cuarenta minutos antes de tener que irme en el último tren a mi casa, le dije:

—Toma 2,50 euros, pilla un litro en el chino y una bolsa de besitos que me voy a hacer un *peta* y después me voy.

—Esas chuches nos encantaban a los dos y siempre nos peleábamos por ellas.

—Vale -dijo él mientras iba hacia el chino.

Al volver al parque, yo estaba liándome tranquila el *peta* cuando de repente me estampó la bolsa de besitos en la cara y se empezó a reír. Yo no me lo tomé nada bien ya que en ese momento, aparte de que me hizo daño y casi me tira el *peta*, me molestó muchísimo que se riera de mí delante de todos sin venir a cuento. Así que levanté la mirada y le dije:

—¿Eres tonto? Casi me tiras el porro.

—¡Ja, ja, ja, ja, ja! aquí tienes tus besitos -dijo mientras seguía riéndose e inevitablemente yo me iba cabreando más.

—¿Te hace mucha gracia o qué? Porque me has hecho daño -le dije muy seria, esperando una disculpa.

—¡Ja, ja, ja, ja, ja! no es para tanto, ¡ja, ja, ja! ya tienes tus besitos -dijo mientras se seguía mofando.

—¡Segis, que me has hecho daño! -le repliqué de nuevo.

—¡Ja, ja, ja, ja, ja!, ¿qué pasa, que ahora no quieres tus besitos? -continuó él.

En ese momento solo veía al que se suponía que era mi mejor amigo, mofándose de mí delante de todos después de haberle querido invitar a chuches, cerveza y *peta*. Y no daba crédito a lo que estaba pasando. Así que cogí la bolsa de besitos, me levanté y le dije:

—Te hace mucha gracia por lo que veo, ¿no? A mí no me hace ninguna gracia, pero si quieres te la devuelvo y así nos reímos todos, ¿te parece?-le dije mientras esperaba que se disculpara y dejara el tema en paz.

Pero Segis no estaba por la labor de disculparse y más chulo que un ocho puso la cara y me dijo:

—Ah... ¿sí? ¡Pues dame, venga, dame! ¡Ja, ja, ja, ja, ja!

—¿En serio prefieres que te la devuelva antes que disculparte? ¿Me lo estás diciendo en serio? -dije estupefacta.

—¡Dame! ¡Venga, dame! -insistía mientras me acercaba más la cara.

Y en ese preciso momento, por la rabia y la humillación que sentía al verle mofándose y desafiándome, sin pensarlo dos veces ¡*zas!* le solté un tortazo. Se hizo el silencio, nadie dijo nada. Nadie quería ni chuches, ni *peta*, ni cerveza a partir de ese momento, así que me terminé el *peta* y me fui.

Nunca me imaginé que mi relación con Segis terminaría y menos de esa manera. Estaba triste y cabreada a la vez. No entendía cómo habíamos llegado a ese extremo tan de repente, pero yo no iba a dar mi brazo a torcer. Le había dado un tortazo sin pensarlo, solo por su actitud y si quería arreglarlo tendría que dar él el primer paso.

Al día siguiente le conté todo a Anabel para desahogarme. Ella era un año mayor que yo y teníamos muchas cosas en común, por lo que rápidamente nos hicimos amigas. También nos hicimos entrenadoras prácticamente a la vez. Cada una tenía su propio equipo de vendedores y dábamos buenos números, así que todo marchaba sobre ruedas en el trabajo. Cuando terminábamos, nos quedábamos en algún recoveco del centro de Madrid fumándonos un *peta* bien merecido después de todo el día pateándonos Madrid de punta a punta para hacer dinero.

Me sentía independiente en casi todos los aspectos. Tenía un trabajo que me gustaba, ganaba bien, no paraba de conocer gente nueva que me transmitía buena *vibra* y parecía que por fin la vida me sonreía un poco. También empecé a quedar con un chaval del curro. Pero al poco tiempo se empezó a obsesionar demasiado conmigo. Yo tenía diecisiete años y el veintisiete, él quería hacer planes de futuro y yo quería disfrutar de la vida. Ni por asomo me planteaba cosas como tener hijos o comprar una casa, así que pronto dejamos de quedar.

Todos los días entraba gente nueva y como todos éramos comerciales, enseguida hacíamos grupo. Estábamos en la misma onda, Emmanuel, era uno de los chicos que más vendían, era peruano y rápido hicimos migas él, Anabel y yo. Le encantaba gastar y derrochar el dinero que ganaba, éramos todos bastante «mano rota» con el dinero, pero Emmanuel estaba en otro nivel.

Pasando tantas horas juntos en el curro y compartiendo tiempo cuando salíamos, nos hicimos muy amigos y empezaron a venirse por las tardes a mi barrio con mis amigas. Un día entró una chica nueva, Leonora. Se la veía timidilla y un poco callada, muy delgadita, un poco más bajita que yo y muy de barrio. No la vi muy convencida el primer día, pero le enseñé a vender y la integré también en nuestro grupito fuera y dentro del curro.

Anabel, metió a una amiga suya, Nadia, que era capricornio como yo y desde el minuto uno congeniamos de maravilla. Lo bueno de todos esos vínculos, es que todos aprendíamos de todos por muy jóvenes que fuéramos, Roberto era mi gerente, un verdadero "máquina" en su campo. Sabía lo que hacía y cómo hacerlo. Realmente le admiraba; casi todo lo que sé de ventas lo aprendí de él. Me dio lecciones difíciles de olvidar, sus reuniones eran únicas, sabía cómo impactar en la gente y cómo motivar al personal para que saliéramos con ganas de venderlo todo. Era un auténtico líder.

Era jueves y los jueves, los entrenadores teníamos una reunión especial por la tarde, a la que era obligatorio asistir. Ese jueves en concreto, antes de volver a la oficina me llamaron por teléfono y cuál fue mi sorpresa al ver que era Segis. Había pasado un mes más o menos desde que habíamos discutido y al ver la llamada pensé que lo querría arreglar. Así que al descolgar dije:
—Hola.
—¡Qué pasa, Yosu! Oye, que soy el Bolas, estoy aquí con Segis en Alcorcón, ¿quedamos ahora por la tarde? -me dijo.
Me di cuenta de que era Segis, aunque me dicho que era el Bolas y le dije:—No puedo, tío, tengo una reunión y terminaré tarde. Si quieres quedamos otro día, Segis.
—Que no soy Segis, soy el Bolas. Sáltatela, tía, y quedamos por aquí, echamos unos litros y de más ¡que hace mucho que no nos vemos! -insistió

—Segis sé que eres tú y te juro que quiero quedar, pero no puedo. Es una reunión obligatoria -contesté de nuevo.
—¡Venga, anda, vente y pon cualquier excusa, que lo vamos a pasar bien! -insistió de nuevo.
—Bueno veré qué puedo hacer, pero no te prometo nada -dije.

Pensé que Segis quería hacer las paces y al no saber cómo decírmelo, se había hecho pasar por el Bolas para quedar conmigo. Y como yo realmente estaba deseando hacer las paces con él, después de darle varias vueltas, puse una excusa y me fui a Alcorcón. Estaba bastante lejos en el noroeste de Madrid, así que tardé en llegar. Cuando me bajé del tren le llamé y de nuevo siguió el paripé:
—Oye, que ya estoy aquí, ¿dónde estáis?-pregunté.
—Hemos ido a pillar al Rico, ahora te aviso. Quedamos en el parque de los Príncipes -dijo Segis.
—Vale, pues aquí os espero -contesté.

Tenía unas ganas locas de verlos y arreglar las cosas, así que en ese momento, ni siquiera caí en que ese bar ya lo había cerrado la policía. Me hice un *peta* mientras esperaba, me lo fumé tranquilamente. Nadie aparecía, así que fui a un bar a tomarme una cerveza para hacer tiempo aunque ya había pasado casi una hora desde que habíamos hablado. Cuando me terminé la cerveza, miré el reloj, había pasado media hora más así que extrañada los llamé de nuevo:
—¿Sí? -contestaron.
— Oye, llevo hora y pico esperando, ¿dónde estáis? -pregunté.

—Es que estábamos jugando un partido de básquet en el Kaura y Segis se ha hecho un esguince. Así que estamos andando al hospital de Alcorcón para que le miren -dijo.

—¿Qué estáis yendo al hospital de Alcorcón? -pregunté extrañada mientras mi cabeza empezaba a hilar.

—Sí, porque Segis se ha hecho un esguince -me dijo de nuevo, mientras mi cabeza ya divisaba lo que estaba pasando.

—O sea, que me estás diciendo que primero habéis ido a pillar al Rico, que lo cerró la policía hace tiempo. Luego os habéis puesto a jugar a básquet, Segis se ha hecho un esguince y con lo vago que es, está caminado con el esguince desde el Kaura hasta el hospital... y tú eres el Bolas, ¿no? -contesté.

—Ehh... sí -respondió.

—¡Vete a la mierda, Segis! ¿Qué te crees? ¿que soy idiota? -y colgué.

Me sentí tan estúpida y absurda... yo pensando que lo quería arreglar y lo que estaba era vacilándome de nuevo.

A partir de ese momento no me cabía la menor duda, ya no eran mis amigos. Y aunque me dolía y no entendía nada, no me iba a hundir ya había pasado por algo parecido y tenía claro que la vida sigue con o sin dolor. Las cosas pasan y la gente te decepciona, pero el tiempo sigue y no perdona, no puedes perderte en la sombra. En ese momento solo podía pensar que la gente nunca es lo que parece y da igual el tiempo que pase, o lo que creas conocerlos que siempre habrá gente que te decepcione.

Sin embargo seguía teniendo a Leire aunque estuviera lejos. Con todas las vueltas que da la vida, nuestra relación parece de otro planeta. No se resquebraja, no se oxida, ni envejece. Incluso aunque habíamos estado meses sin saber la una de la otra, nada había cambiado cuando nos volvíamos a ver, nos poníamos al día de todo como si nada. Nuestra amistad era algo que me inspiraba y me impulsaba a ser mejor persona cada día.

De nuevo era lunes, habíamos cobrado todos y Lía me dio los trescientos euros de esa semana en mano. Anabel me había convencido para ir a Fabrik por primera vez con sus amigos a una fiesta Vértigo un par de semanas después, así que tenía dinero de sobra para la entrada y lo que quisiera. Antes de dármelos, Lía me preguntó:
—¿Te lo doy todo?¿O te doy una parte?
—Dámelo todo y ya lo guardo yo en casa -le dije.
—¿Seguro? -preguntó de nuevo.
—Sí, tía, no te preocupes -dije yo.

Ese día aproveché para quedar con Leire y que conociera a Anabel y a Leonora. Habíamos quedado en Atocha, íbamos a pasar la tarde en Alcorcón. Recuerdo que hacía un frío del carajo. Después de currar cogimos el tren Leonora, Anabel y yo, el tren iba llenísimo. Nos sentamos donde pudimos intentando estar lo más cerca posible para seguir hablando. Dejé mi bolso a mi derecha entre mi sitio y el de al lado y me giré hacia donde se habían sentado ellas. Estábamos casi llegando a la estación de Atocha cuando algo en mi cabeza me dijo: «Has dejado el bolso abierto y te has dado la vuelta».

En ese momento me giré, empecé a buscar la cartera en el bolso y mis peores sospechas se hicieron realidad… La cartera no estaba. Lo revisé de nuevo, los nervios se estaban apoderando de mí una vez más. No me lo podía creer, otra vez sin cartera, sin dinero y sin DNI… Miré al hombre que iba a mi lado y pensé: «Ha tenido que ser él» así que le pregunté directamente. Era extranjero y no me entendía muy bien, pero al verme presa del pánico, me dejo revisar las bolsas que llevaba; el móvil no estaba ahí y tampoco daba señal. Ya no es que no tuviera dinero para lo que iba a hacer ese día, es que no tenía dinero hasta que volviera a cobrar el lunes siguiente. Llamé a Lía y le expliqué lo que me había ocurrido. Por lo menos me dejó algo de dinero para que pasara la semana hasta que volviera a cobrar.

Soy de las personas que cuando les pasa algo como esto me frustro y mucho. Saco de todo por la boca, me desahogo, le doy mil vueltas y luego ya lo acepto, se me pasa y pongo la mira en cómo solucionarlo. Pero ese primer momento en que me desespero no hay quien me aguante, para qué mentir.

Pasadas unas semanas, llegó la noche del Fabrik. ¡Mi primer Fabrik! Era menor de edad y estaba nerviosa siempre pedían DNI, pero las amigas de Anabel se las sabían todas. Entraron primero y según lo hicieron pagaron el sello, en aquel entonces te lo ponían en la muñeca, por lo que al salir, echábamos vaho sobre el mismo, nos lo calcamos de una mano a otra y entramos sin ningún problema. Fue una fiesta increíble, me lo pasé genial y también aprendí que no me gusta el Tecno. Pinchaba Sven Väth que es mítico pero muy suave para mi gusto.

Quedaban pocos meses para que terminara el año cuando entró al curro un uruguayo, Jesús, que resultó ser de Aluche también. Era alto, de pelo moreno, tez blanca, facciones muy marcadas y delgadito. Rápidamente hicimos buenas migas. Empezó a quedarse a la salida del curro con nosotros y después nos volvíamos juntos al barrio. Él vivía con Óscar, su mejor amigo, y con Fabiola, la madre de este. Fabiola era hondureña, Óscar era clavado a ella, él era corpulento más o menos igual de alto que Jesús, moreno de piel, pelo castaño y ojos rasgados. Tenía novia, Linet, llevaban juntos desde los catorce o quince años. Ella era colombiana, morena de pelo y de tez, ojos grandes y marrones, labios carnosos y una personalidad que alucinas. Nos caímos todos de maravilla. Habían formado parte de una banda latina del barrio, pero como me enteré después de conocerlos, no supuso un problema para mí. Si lo hubiera sabido antes, a lo mejor me hubiese condicionado a la hora de conocerlos, no lo sé, pero agradezco que no haya sido así. Creo que a veces nos perdemos de conocer a personas maravillosas por no aceptar que tenemos derecho a equivocarnos y que cada uno se equivoca de una manera. Somos tan diversos…

Cada uno me contaba sobre las costumbres de su país, las diferencias que veían con el mío, lo que les gustaba más, lo que menos…y te dabas cuenta de que no somos tan diferentes y que no todos nacemos con la misma suerte. Que lo que tú deshechas otro lo anhela y viceversa.

Me encantaba ir a esa casa, poco a poco Jesús y yo nos empezamos a gustar y empezamos a salir juntos. Así que me quedaba prácticamente todos los días a dormir en su casa. Óscar y él eran como hermanos y Fabiola también le tenía como un hijo más. Se ayudaban en todo y al poco tiempo, Jesús metió a Óscar y a su primo a currar en la empresa. A Jesús le encantaba escuchar a Ñengo Flow, era fan del cantante y yo empecé a escucharlo también. Tenía una voz singular que me gustaba y le daba otro rollo a los temas.

Al final a mí me gustaba escuchar de todo, desde el más duro *hardstyle* hasta el pop más romántico, pasando por todo tipo de géneros. Ya que gracias a Segis, Bolas o Aarón, ya escucha rap del bueno como grupos de The-Louk, Rapsusclei, Nach, SFDK o Morodo entre otros... Dependiendo de mi estado de ánimo, escuchaba una cosa u otra. Hay temas que en mis días grises siempre me han ayudado a desahogarme e incluso a entenderme mejor a mí misma o encontrar en ellos una frase que te defina o te ilumine. Creo que es algo que nos pasa a muchos.

Poco después terminó el 2009 y comenzó el 2010. Con él llegó mi cumpleaños. ¡Por fin dieciocho! ¡Qué ganas tenía! Ya era mayor de edad y por fin podría tener mis tarjetas, enseñar mi DNI en las discotecas... Ese día se-gún me levanté de la cama, lo primero que me dijo mi madre fue:

—¡Felicidades, Yosu! Ya tienes dieciocho años. Ahora eres mayor de edad y tienes que estar preparada para ello.

—Vale mamá, gracias -contesté.

—Por cierto, y para que lo sepas, tu padre ha dejado de pasarme la pensión. Me ha dicho que como ya eres mayor de edad y trabajas, que ya no la va a pasar más -dijo ella.

—Ah, ¿sí? Anda que se ha esperado... Pues nada, que le vaya bien con su dinero -contesté yo.

—¡Para que veas cómo es tu padre!, ya te dije que cuando fueras mayor te darías cuenta -dijo ella.

—Ya... si los dos lleváis toda la vida diciéndome lo mismo del otro..., y al final de lo único que me doy cuenta es de que sois iguales. Así que me da igual -con-testé.

—¿Eso piensas? Porque yo llevo toda la vida mantenién-dote y él me pasaba una pensión bajísima. Fíjate, cada año la pensión sube y lo máximo que me ha llegado a dar que ha sido lo del mes pasado, son 200 euros. Yo quiero denunciarle porque se supone que te la tiene que dar hasta los 25, pero tendrías que declarar en el juicio ¿estás dispuesta a ello? -dijo ella.

—Pues no, vuestros rollos son vuestros rollos. Yo nunca he visto un duro de nada. Todo lo contrario, he tenido que rogarte para que me des dinero de mi sueldo… Parece que te importa más a ti que a mí que haya dejado de darme la pensión. Yo trabajo, tengo mi dinero y no necesito para nada de él. Si tú lo quieres denunciar, hazlo tú -contesté.

—Ya…, si ya sé que no puedo contar contigo para nada. Vas a lo tuyo y te da igual todo .Ahora trabajas y no pones para la casa. ¿Te parece normal? -me espetó.

—Ni pienso poner nada. Te has quedado con más de la mitad de mi sueldo cuando trabajaba donde Sofi, que ni sabía lo que cobraba, ni te interesaba que lo supiera. Te has quedado con el dinero de mi cuenta de ahorros, el cual, te presté para la casa del pueblo con toda mi buena fe; para que luego no solo no lo devuelvas, sino que me digas que me lo he gastado en cuatro meses por pedirte veinte euros semanales… Así que creo que para lo poco que estoy en casa, está más que pagado, ya que solo vengo a dormir o a ducharme. Mi champú, espuma, mascarilla y mis maquillajes también me los pago yo, así que no sé para qué quieres que aporte. Dices que papá es un pesetero, pero tú eres igual -contesté de nuevo.

—¡Ah! Te parecerá bonito…O sea, que te pones del lado de tu padre, ¿no? -dijo ella victimizándose.

—No, no me pongo del lado de ninguno de los dos porque no me traéis nada bueno. Y si tenéis cualquier problema lo solucionáis entre vosotros, dejad de meterme en vuestras movidas que lleváis así toda la vida. Hoy es mi cumpleaños y mira de lo que estamos hablando...-dije seriamente.

—Como quieras... pero acuérdate de este momento -contestó ella.

Más tarde me dio mi regalo. A pesar de ser cómo era, es verdad que mi madre a diferencia de mi padre, siempre me hacía un regalo por mi cumple y otro por mi santo. Y aunque unas veces me gustaba más y otras menos, por lo menos tenía el detalle.

El día siete de enero había sido el cumpleaños de mi abuelo Juan, quería ir a verle, ya que hacía dos o tres meses que no me pasaba a verlos, pues mi abuela Arelisa siempre avisaba a mi padre cuando yo iba y a mí me costaba lidiar con esa situación. Para él todo lo que yo hacía no valía en absoluto. Mi curro era una mierda, mi forma de vestir también y cada cosa que a mí me gustase o me motivase, como escuchar a Los Chichos, estaba muy mal pues no era lo que él esperaba de mí. Me sentía juzgada cada vez que aparecía y por desgracia todo eso les repercutió a mis abuelos, por lo tanto yo cada vez iba menos a verlos. Me refugiaba en mis amigos, en el trabajo, en los porros, en la fiesta y parecía que funcionaba. Tenía siempre la mente ocupada o dispersa, dependiendo del momento.

Durante el mes de enero, nos tocó trabajar en Villalba. Acababa de entrar un chavalito era alto, de pelo moreno, tez blanca, delgado con tatuajes, ojos marrones y almendrados, nariz pronunciada y tenía una sonrisa muy simpática. Se llamaba Mario y tenía diecisiete años. Rápidamente encajó con todos nosotros y se unió al grupo. En mi equipo yo ensañaba a cada uno de manera particular cómo conseguir la venta siendo honesto e impulsando al cliente. Luego muchas veces les invitaba a tomar algo para sociabilizar y conocerlos mejor. Sabían que si trabajaban bien, después habría premio. Lo pasábamos bien hasta trabajando y confiaban ciegamente en mí.

El tiempo pasaba demasiado rápido, ya era nueve de febrero. Era por la noche y estaba en casa de Fabiola. Ella era muy intuitiva y de pronto me preguntó:
—¿Qué te pasa Yosu?, ¿estás bien?
—Sí, no te preocupes. Cosas mías -dije yo.
—Anda, ven conmigo a la habitación y me cuentas -dijo ella.

Fuimos a la habitación y a pesar de que no me apetecía hablar mucho del tema, consiguió descubrir qué me pasaba y se lo conté:
—Hace mucho que no voy a ver a mis abuelos porque no me hablo con mi padre. Ellos siempre le avisan cuando voy y me siento muy incómoda cuando está él. Pero ha sido el cumpleaños de mi abuelo el mes pasado y cuando le llamé para felicitarle, me preguntó que cuándo iba a ir a verle. Le dije que pronto, que tenía mucho trabajo. Pero ha pasado un mes y no he ido. Mi abuelo además ha pasado dos cánceres, casi se muere con el segundo cuando yo estaba en el reformatorio y no sé cuánto tiempo me pueda durar. Me siento mal por no haber ido, no quiero que piense que no le quiero. Si le pasase algo sin haber ido a verle, no me lo perdonaría nunca -le dije mientras inevitablemente se me saltaban las lágrimas de los ojos, igual que ahora mientras lo recuerdo y os lo cuento.

Y qué caprichoso es el destino… No recuerdo bien qué fue lo que me dijo, solo sé que sus palabras fueron de aliento y me ayudaron muchísimo ese día. Me abrazó y me hizo prometerle que ese fin de semana iría a verle.

Sin embargo, al día siguiente, salí de Alpedrete a las 21:00. Iba en el coche con Mario y otro compi, cuando vi que me llamaba mi padre. Me pareció bastante raro, ya que mi padre llevaba años sin llamarme .Así que lo cogí y según descolgué escuché entre balbuceos:

—¡Mika!

—Sí, dime, papá -contesté.

Me dijo algo, pero no le entendí. Pensaba que era por la cobertura de la zona y pregunté de nuevo:

—¿Qué? No te entiendo, estoy en Alpedrete. Acabo de terminar de currar y te escucho mal.

—¡El abuelo ha muerto! -dijo llorando.

De repente se me paró el tiempo... No podía creer lo que había escuchado y le pregunté de nuevo:

—¡¿Qué?! ¡¿Qué dices?! -dije mientras me empezaban a brotar lagrimones de la cara.

—Que el abuelo a muerto Mika -dijo de nuevo mi padre

—No puede ser ¿Pero qué ha pasado? -dije yo mientras intentaba asimilar la noticia.

—Se le ha parado el corazón, hay que ir a enterrarle al pueblo, ¿vas a venir? -dijo él.

—Sí, sí. Por supuesto que voy, ¿cómo está la abuela? -pregunté

—Estamos aquí los dos, hija, mañana te paso a recoger por tu casa, solo te llamaba para que lo supieras -dijo él.

Al finalizar la llamada, Mario me preguntó asustado:

—¿Qué ha pasado, Yosu?

—Que mi abuelo ha muerto -dije llorando como una magdalena mientras me abrazaba.

No me lo podía creer… El día anterior le contaba a Fabiola que no me perdonaría jamás el no haber ido a verle si le pasaba algo y justo pasa. Así sin más, sin nada que puedas hacer excepto recordarlo el resto de tu vida, con la esperanza de que algún día la culpa te abandone. Mientras te mata la idea de que murió pensando que no le querías…

Fuimos al pueblo y cuando llegamos al velatorio aún no había nadie. Estuvimos allí toda la tarde y a lo largo de esta iban llegando el resto de los familiares. Mi abuela, mi padre y su mujer hablaban tranquilamente de cualquier cosa mientras yo lloraba desconsoladamente delante del ataúd. Hasta que no pude más y les grité:
—¡¿No tenéis otro momento para hablar de eso?! ¡Ha muerto el abuelo y parece que os da igual a todos!

Mi abuelo probablemente no fue el mejor marido, ni el mejor padre. Pero sí fue un buen abuelo y la pena no me dejaba ver más allá de la culpa que sentía. Era la primera vez que enterraba a alguien. Cuando terminamos, volvimos a Madrid y fui a casa de mi abuela. Una vez allí, me explicaron cómo había sido todo. Desde ese día me hice una promesa a mí misma «No volveré a fallar a ninguna de mis abuelas, como me ha pasado con mi abuelo».

Mi abuela Arelisa seguía avisando a mi padre cuando iba a verla, a pesar de que siempre le pedía que no lo hiciera. Pero hacía de tripas corazón e intentaba dar lo mejor de mí cuando estaba con ella. Un día de abril que fui a verla, me había preparado unas lentejas y unos filetitos de ternera empanados. Comimos juntas y después le puse un poco de música de Los Chichos con el móvil, para que se animara un poco. En ese momento se abrió la puerta de la calle, era mi padre. La saludó y le dio el periódico. A mí me miró con de arriba abajo sin decir nada. Después de hablar con ella me miró y me dijo:

—Bueno. ¿Y tú a qué hora te vas?

—No sé… más tarde. He venido a pasar la tarde con la abuela -dije yo.

—No, no vienes a pasar la tarde con la abuela. Vienes a mendigar un plato de comida ¡Mira lo delgada que estás! Y la forma que tienes de vestirte y de maquillarte por juntarte con gitanos y a saber qué más… ¡Qué vergüenza! -dijo él.

—¡¿Pero qué dices?! ¡Si no sabes nada de mi vida porque te la suda! ¡no me conoces y te inventas las cosas! Y vengo a comer porque la abuela quiere que coma con ella ¡Entérate! -le espeté, mientras iba hacia la puerta de casa para irse.

—¡Que te calles! ¡Que no tengo nada que hablar contigo! ¡Vas vestida y pintada como una puta! -gritó con la puerta abierta mientras bajaban vecinos por la escalera.

En ese momento me hervía la sangre. No solo estaba fastidiando el momento con mi abuela, sino que una vez más me corroboraba que no me conocía en absoluto y que nunca lo haría. Llena de rabia me levanté hacia él, mientras le gritaba:

—¡¿Cómo que puta?! ¡¿Cómo que puta?!

—¡Mírate cómo vas! -dijo él mientras cerraba la puerta. Estaba descontrolada, no podía más y fui hacia él de forma agresiva, levanté la mano, pero en el último momento me contuve. Mi abuela se había puesto muy nerviosa, se interpuso entre los dos y no sé ni cómo, pero por ella paré. Me fui a una habitación a llorar de la impotencia mientras ella hablaba con mi padre.

Cuando mi padre se fue, ella entró a la habitación y me dijo:

—Nena, ¿por qué eres así con tu padre? Es tu padre y te quiere mucho.

—No, abuela, no me quiere. Me odia -dije yo.

—No, hija… tu padre te quiere mucho, pero no te puedes poner así con él -dijo ella.

—¿Pero tú has visto lo que me ha dicho en el descansillo? ¿Sabes cuál es la diferencia, abuela? -contesté.

—¿Cuál, hija? -preguntó ella.

—Que aunque papá haya hecho cosas o tomado decisiones con las que tú no hayas estado de acuerdo, siempre le has apoyado y has estado a su lado. En cambio a mi papá ni me conoce, ni me quiere conocer. No me acepta y me desmerece siempre que puede. Desde que se casó todo cambió y al igual que yo he aceptado cosas por su felicidad, creo que él también debería preocuparse por la mía y para eso debería conocerme en vez de imaginarse cómo soy solo por mi forma de vestir o la música que escucho.

Mi abuela no tuvo nada que decir, sabía que tenía razón. Le pedí perdón por las formas, estuve un rato más con ella y después me fui.

A raíz de esa discusión de nuevo me tiré un tiempo sin ir. Solo hablaba con ella por teléfono de vez en cuando. No sabía qué hacer, me sentía mal por no ir a verla, pero me negaba a que se repitiera esa misma situación y yo no era capaz de controlar la rabia y la decepción constante que sentía hacia él. No entendía por qué mis padres eran así conmigo. Envidiaba al resto de familias… Pero eso no me ayudaba a nada, tenía que encontrar la manera de que no me afectara y en ese momento la única forma que encontré fue la distancia.

Me centré en el trabajo y cuanto más ganaba más gastaba, pero me satisfacía gastarme mi dinero en lo que quería sin tener que pedírselo a nadie ni dar explicaciones de nada. Entre eso y los momentos con mis amigos iba llenando el vacío existencial que me causaban mis padres. Estuvimos todo el verano currando muchísimo y me promocioné a jefa de equipo.

Un día currando por plaza Elíptica me encontré a Mario, que había dejado la empresa meses atrás. Estuvimos hablando un rato, me dijo que se había independizado con un amigo para poder tener al perro, ya que sus padres no le dejaban tenerlo. Era un pitbull blanco con manchas negras tipo vaquita y con un cabezón enorme, era precioso. Quería volver a currar en la empresa, así que hablé con Rober y le readmitió.

Desde entonces empezamos a quedar más y un día me convenció para ir a su barrio, a Fuencarral, con sus colegas. Como se hizo tarde me quedé a dormir a su casa y en mitad de la noche entre sueño y desvelo nos acabamos enrollando. Al día siguiente estuvimos con sus colegas, pasamos todo el día juntos y por la tarde noche me fui a mi casa. Realmente no había sido nada del otro mundo, pero me di cuenta de que me gustaba y que me apetecía volver a quedar con él. Después de quedar unas cuantas veces, formalizamos la relación. Él cada vez me gustaba más y al salir del curro casi siempre me convencía para que me quedara a dormir a su casa. Tras unos meses así, me acabé llevando bastante ropa a su casa y prácticamente vivía ahí.

Estábamos enamorados y todo iba sobre ruedas. Cuando follábamos ya no era follar, era hacer el amor y nos descubríamos mutuamente. Me quedé un mes con la casa sola y… ¡Joder cualquier sitio nos valía! ¡Era la ostia! Hacíamos de todo pero él nunca bajaba al pilón y yo no sabía cómo decírselo. Me daba vergüenza pedírselo, porque tampoco quería que lo hiciera por compromiso si no quería. A mí nunca me lo habían comido y ya que tenía novio ¡Qué menos que alguna vez fuera recíproco! ¿No? Pero no era así.

Además con el tiempo Mario empezó a ser cada vez más celoso y posesivo. Incluso cuando iba a mi casa a lavar mi ropa sucia en vez de poder quedar con Mía y Alejandra mientras la ropa se secaba, ya que cada vez las veía menos, me hacía volver con la ropa mojada en una bolsa para tenderla en su casa. Le quería mucho, pero cuando se ponía así era insufrible y aunque yo no me callaba, al final siempre acababa cediendo.

Le presenté a Leire y a Aarón y rápido congeniaron. Nos gustaba quedar los cuatro, aunque ir hasta el Escorial en tren se hacía pesado. Aarón también era muy celoso y posesivo con Leire, así que cuando quedábamos los cuatro, entre ellos se retroalimentaban de su forma de ser con nosotras. Cada vez iba a más y ya no salíamos de fiesta nunca. Era salir del trabajo e ir directos a casa y como mucho quedar con sus amigos.

Poco a poco se fueron acercando las navidades y todos empezaban a planear qué hacer en Nochevieja. Mía y Alejandra iban a ir al Changó, y aunque me costó lo mío, al final le pude convencer para que fuéramos con ellas, pagando yo las entradas. Faltaba semana y media para poder asistir a la fiesta de fin de año, los padres de Mario madrugaban normalmente entre semana y los fines de semana se iban a las nueve a desayunar a la cafetería y no volvían hasta la hora de comer. Era domingo, los padres de Mario no estaban. Estaba todo completamente a oscuras, pero noté como el perro se subía a la cama, abrí un poco el ojo y me pareció que iba a hacer sus deposiciones. Justo iba a despertar a Mario, cuando el perro empezó a cagar líquido al lado de la Play. Desperté a Mario mientras una peste inundaba la habitación ¡Madre mía que olor! Al encender la luz nos dimos cuenta de que no era una diarrea normal, el perro estaba malo, pero pensamos que sería por algo que habría comido. Mario fue a por la fregona y a por papel para limpiarlo todo. Estaba cabreado, me miró, me dio en la mano y me tiró al suelo el *peta* que me estaba haciendo. Yo estaba aún medio dormida y me molestó mucho, así que le dije:

—¡¿Eres gilipollas?! ¿Por qué me lo tiras?

—Porque estoy yo aquí limpiando y te pones a hacerte un *peta* en vez de ayudar -dijo cabreado.

—Ya, pero es que el *peta* es para los dos y el perro no es mío. Así que lo lógico es que lo limpies tú ¿o tengo que limpiarlo yo? -dije cabreada.

—Ya bueno, pero también puedes ayudar ¿no?, porque casi se jode la Play -contestó.

—Pues por eso me estoy haciendo un *peta*. Que yo no tengo la culpa de que te joda limpiar lo de tu perro o que haya pasado al lado de la Play ¿De qué vas? -contesté.

—¿Cómo que de qué voy? ¿Te vas a poner así de chula? -dijo él.

—Chula no, pero que yo también me he despertado de un susto con lo del perro y con toda la peste y encima me lo tiras… -continué.

—¡Pero chica que casi se jode la Play! qué pasa, que solo te importa el piti ¿no? Lo mío te da igual ¿A que ya no vamos en Nochevieja al Changó? -dijo mientras cogía las entradas de la estantería.

—¡¿Pero qué dices?! ¡Deja las entradas ahí! -dije exaltada.

—¡Ah! ahora sí que te levantas ¿no? Cuando es algo que te importa sí que te levantas, ¡Eh! -dijo gritando con las entradas en la mano, mientras yo intentaba cogerlas.

—Mario ¡¿Se puede saber a qué viene esto?! ¡Dámelas, que son cien euros! ¿Eres tonto? -dije mientras forcejeábamos por las entradas.

—¡Es que solo te importa la fiesta! -gritó él.

—¡Pero qué dices! Si hace mazo que no salimos de fiesta. ¡Dámelas! -grité yo.

El forcejeo fue a más y Mario rompió las entradas y las tiró por la ventana. En ese momento a mí se me cruzó el cable y me abalancé sobre él. Nos peleamos y cuando paramos, él tenía un derrame en medio ojo y el pómulo hinchado y yo tenía otro pequeño derrame en el ojo y un ligero moratón en la nariz. Yo me puse a llorar devastada por la situación. Mario me pidió perdón, después bajó corriendo a por las entradas rotas y cuando las encontró subió, me dijo:

—Yosu, las tengo, mira.

—¡Me da igual! ¡Mira lo que has hecho por una puta tontería! ¡Mira cómo estamos! ¡¿Qué les vamos a decir a tus padres cuando vengan?!¡Las entradas rotas no valen para nada, cien pavos tirados a la basura. Para un puto plan que íbamos a hacer… Es que es alucinante, tío…

—Mira, las entradas seguro que nos dejan entrar con ellas, ya verás. Les digo a mis padres que ha sido la Pintxer que se las ha intentado comer y las ha roto. Les digo que he ido a bajar el edredón a la lavandería y que un chaval se ha metido conmigo y nos hemos acabado pegando. Yosu, de verdad que lo siento tía, se me ha ido. Te quiero muchísimo tía y quiero ir contigo a lo de Nochevieja de verdad -dijo él.

—Joder, Mario... por una tontería... Tus padres no se van a creer eso, si se nota que nos hemos pegado... -dije yo.

—Confía en mí, ya verás. Dame un abrazo -dijo él.

Cuando sus padres llegaron, lo primero que le preguntaron según le vieron fue:

—¡¿Pero qué te ha pasado?!

Él les contó la película que me había dicho a mí, pero cuando me vieron a mí le dijeron:

—Pero si Yosu también tiene un derrame en el ojo... ¿Qué le ha pasado?

—Nada, que me he dado con la puerta al entrar al baño -dije yo.

Tenían cara de no estar creyéndose nada y cuando vieron las entradas rotas encima de la mesa dijeron:

—¿Y qué ha pasado con las entradas?

—Nada... que la perra las ha cogido y las ha mordisqueado. Menos mal que la he pillado a tiempo y no las ha roto del todo. No sé si nos pondrán pegas para entrar, espero que no, se ve que se han roto por accidente, ¿no? -dijo Mario.

Sus padres se miraron y no dijeron nada más.

Cuando bajamos al perro cada vez que iba a hacer sus deposiciones, solo salía agua y sangre. Por lo que nos fuimos corriendo a un veterinario de urgencia. Una vez que lo examinaron le diagnosticaron Parvovirus. Un virus mortal que afecta sobre todo a los cachorros. A pesar de seguir todas las instrucciones del veterinario el perro no mejoraba, estuvo ingresado semana y media hasta que económicamente no podían asumirlo. El perro estaba esquelético, no comía... Le pusimos la vía con suero en casa y aunque lo último que se pierde es la esperanza el perro no mejoraba; todos nos poníamos en lo peor. Pero después de casi un mes, el perro salió adelante.

Llegó la Nochevieja y finalmente nos dejaron entrar con las entradas rotas. La pelea que tuvimos parecía haber quedado en el olvido y que todo volvía a marchar sobre ruedas, pero no era así. Después de las navidades Mario dejó el trabajo y cada vez era más celoso y controlador. El hecho de no verme en todo el día aunque fuera por trabajo, le desesperaba y aunque me apeteciera tomarme algo con Anabel a la salida o entretenerme un poco como siempre, no podía hacerlo. Según salía del curro tenía que ir a su casa directamente. Pero eso no era suficiente, llegó un momento en el que mi trabajo empezó a ser también un problema en nuestra relación. Y finalmente lo dejé.

Parece mentira, pero siendo jefa de equipo dejé mi trabajo por él. Me encantaba ese trabajo y veía futuro en él, pero también estaba enamorada y me veía el resto de mi vida con él. Así que, si para estar bien tenía que trabajar menos, estaba dispuesta a hacerlo.

A partir de ese momento no salía de Fuencarral. Mis amigas venían a verme ya que apenas iba por mi barrio y aun así, Mario y yo cada vez discutíamos más. Mario le caía muy bien a todas mis amigas y cuando les contaba las movidas que teníamos, les costaba imaginarlo así. A mí misma me costaba entender cómo se podía transformar de esa manera; parecía otro. Un día llegó la gota que colmó el vaso, recogí todas mis cosas en bolsas enormes y me puse camino a mi casa. Aún iba bajando la cuesta hacia el metro cuando Mario apareció corriendo detrás de mí mientras me gritaba:

—¡¿A dónde vas?! ¡Vuelve!

—¡Déjame! ¡Me voy a mi casa, no te aguanto más! -le dije.

—¡Yosu, no te vas a ir! ¡Para! Podemos arreglar las cosas -dijo él.

—¡No, ya no más! Está decidido, me voy -contesté.

Seguimos discutiendo en mitad de la calle a gritos. Los transeúntes nos miraban pero nadie hacía nada. Para impedir que siguiera mi camino, Mario rompió una de las bolsas y toda mi ropa se cayó al suelo. Yo le gritaba y él insistía, hasta que al final no tuve más remedio que volver...

El día de mi cumpleaños, Mario me había comprado mi tarta favorita, de fresas con nata, y además me había comprado un anillo de oro, ya que semanas antes había perdido uno de los míos en la calle paseando al perro. No me lo esperaba para nada, fue una sorpresa única. Era muy detallista. He de decir que a pesar de las disputas, Mario siempre se lo curró conmigo y eso era una de las cosas que más me gustaba de él, que siempre luchaba por mí, por no perderme y eso hacía que al final siempre le diera otra oportunidad. Éramos demasiado jóvenes y probablemente no sabíamos gestionar de la mejor forma nuestras emociones, pero nos queríamos y nos enamorábamos constantemente a pesar del caos que a veces causaban nuestras diferentes formas de pensar.

Cuando hicimos el año nos fuimos de viaje a Cádiz; fue una experiencia maravillosa aunque también tuvimos discusiones. Al volver a Madrid Sofi me ofreció trabajo y como tardaba para ir menos desde Aluche que desde

Fuencarral, volví a mi casa. Mario venía a verme casi todos los días, se llevaba muy bien con mi madre y siempre que podía se quedaba a dormir.

Noa y Rachid terminaron y Noa empezó a quedar casi todos los días conmigo. Mi madre me había regalado un móvil nuevo por mi cumple. Mario, un día que estaba hablando con Noa para quedar, me lo quitó y lo estampó contra el suelo. Nuestra relación daba bastantes tumbos y cada vez más seguidos, a mí cada vez me pesaban más las discusiones y la actitud que tomaba cuando algo no le cuadraba.

Pasadas unas semanas, casualmente Gales me escribió al chat del Tuenti preguntándome qué era de mi vida. No me lo esperaba en absoluto, pero le contesté sin más. Después de un rato hablando me dijo de vernos algún día y directamente le dije que tenía novio. Cuando lo leyó me contestó: «Ya, pero yo quiero verte a ti, no a tu novio». En ese momento, le conté que era muy celoso y alguna de las movidas que habíamos tenido. No quería darle un motivo más para discutir.

Unos días después, Gales me escribió de nuevo y me preguntó si a mi novio le interesaba coger buena hierba en grandes cantidades. Como pensé que le podía interesar y sabía que Gales elegía calidad en todo lo que tuviera que ver con fumar, se lo comenté a Mario y este me dijo que sí, pero que primero quería verla. Siempre fue muy desconfiado. Pero nunca llegamos a cuadrar para ir a Sanse a verla y el tema se quedó un poco en el aire. Hasta que un día Gales me escribió al Tuenti y poco habíamos hablado cuando justo Mario llegó a mi casa. Al entrar a mi habitación sonó nuevo mensaje en Tuenti. Al escucharlo, abrió la conversación, la leyó me dijo:

—¿Se puede saber de qué va tu colega?

Como no sabía que había escrito, le pregunté:

—¿Por qué lo dices?

—Porque te acaba de poner «Dile al Cantinflas de tu novio que si va a querer la hierba, porque si no se la vendo a otro» -dijo Mario.

No me esperaba ese mensaje en absoluto y cuando lo leyó en alto, se me escapó una media sonrisa. Mario se dio cuenta y se llenó de ira:

—¡¿Te hace gracia o qué?! Tu colega me llama Cantinflas y tú te ríes ¿no? Pues se va a cagar -me dijo mientras le contestaba al mensaje.

Después de un rato de discutir con él, Gales le dijo:

—Mira, no te voy a decir nada más porque sé que luego lo pagas con Yosu y ella no tiene culpa de nada.

Mario me miró y me dijo:

—¡Ah! Que a él también le cuentas nuestras movidas... ¿Qué pasa?¿Qué mi vida es un "Sálvame"[6]? Para que le estés contando a todas tus amigas y amigos lo que pasa entre nosotros ¿O qué? -me reprochó.

—No, no es un "Sálvame". Cuento la verdad simple y llanamente, si no te gusta la verdad por algo será... Cuando cuento que estamos bien y los planes que hacemos no te importa ¿verdad? Entonces por qué te jode que cuente las movidas, ¿porque te avergüenza o qué? -le espeté.

—Ahora lo vas a borrar del Tuenti, no quiero que le tengas agregado para que le cuentes mi vida después de lo de hoy -dijo cabreado.

---

[6] Programa televisivo de prensa rosa.

—Pues no le voy a borrar, es mi amigo desde el reformatorio, no tengo porqué borrarle porque tú te rayes -dije
yo.
—¡Si no le borras lo dejamos! -dijo él.
—¿Me lo estás diciendo en serio? -dije sorprendida.
—¡Sí! te lo estoy diciendo en serio -dijo él.
—Yo no sabía ni lo que había escrito, lo has abierto tú. Y
no tengo la culpa de que mi colega haya dicho eso. Es mi
amigo y ya hablaré con él, pero no le pienso borrar y si
lo quieres dejar por eso, es tu problema -contesté.
—Vale, ya me lo has dejado todo muy claro, Yosu -dijo
él mientras se iba.

Esa misma tarde ya habíamos hablado y supuesta-
mente arreglado las cosas, pero yo cada vez estaba más
quemada. Yo había renunciado a muchas cosas que me
importaban por él y él parecía no verlo, al final no todo
se compensa con detalles. Y no os voy a mentir, el hecho
de que Gales le plantara cara y dejara la disputa para que
yo no saliera perjudicada, me hizo pensar todavía más en
que a lo mejor no estaba con la persona correcta y podía
estar con alguien que me valorase más.

A raíz de ese día, en el fondo me apetecía quedar con
Gales y ver qué tal estaba después de tanto tiempo, pero
había una parte de mí que me decía que no me traería
nada bueno. Habían pasado unos tres años desde la última
vez y tenía curiosidad, pero aun así me abstuve. Eso sí,
hablábamos muchos días por Tuenti y al final un día
aproveché que había quedado con Camila en Alcobendas
para avisarle y que bajara con nosotras, pero sin que Mario lo supiera.

Estábamos en unos bancos Camila y yo esperando a que Gales bajara de su casa. Cuando apareció, estaba como siempre, tenía el pelo más largo, pero por lo demás no había cambiado nada. Yo lo saludé y un hormigueo recorrió mi cuerpo. Nos fumamos unos *petas* con él y después de un rato de hablar y tomar unos litros, cada uno se fue a su casa.

Era la primera vez que Camila veía a Gales en persona y si ya, a causa de una disputa telefónica que tuvieron un día le caía mal, según ella, después de haberle conocido, le caía peor; le parecía un tirado y un *fumado* de la vida y no entendía cómo yo me había podido llegar a fijar en él alguna vez. Pero, dijo, por mí hacía el esfuerzo. Repetimos la misma operación en dos ocasiones más y ya no volvimos a quedar por un tiempo, pero Gales y Camila empezaron a hablar todos los días por Tuenti.

De repente, mi cabeza me decía que podían llegar a tener algo entre ellos, ya que además vivían en el mismo barrio. Y no debería de ser algo que me importase, pero no podía soportar la idea de que Gales pudiera estar con una amiga mía. Aunque yo tuviera novio y fuera feliz con él, no podía verle con una de mis amigas y solo el hecho de imaginármelo me carcomía por dentro. En ese momento me di cuenta de que sentía celos y que en el fondo Gales me seguía gustando. Pero aun así no hice nada, no tenía derecho a hacerlo tampoco, solo me quedaba confiar en que Camila jamás me haría algo así, ya que ella sabía toda la historia de Gales.

Unos meses después, terminé mi relación con Mario. Las discusiones en casa de mi madre cada vez iban a más, incluso delante de ella, y ya se nos estaba yendo de las manos. Al dejarlo con él, volví a las andadas y empecé de nuevo a salir de fiesta con mis amigas. Estaba desatada, me sentía libre. Sin tener que dar explicaciones, haciendo lo que me apetecía y sin discusiones absurdas.

Habían pasado ya dos meses desde que lo habíamos dejado. Era sábado y Camila y yo habíamos ido al Sunflower, en la sala Macumba. Una vez dentro nos encontramos al Litos, un chaval de Fuencarral que había conocido por Mario. Esa noche después de mucho baile me enrollé con él y finalmente acabamos en mi casa, que estaba sola.

Al día siguiente por la tarde Mario apareció en mi portal para preguntarme frente a frente si era verdad lo que le habían contado:

—Yosu, todo el mundo en mi barrio dice que os liasteis ¿es verdad?

—A ver yo no te tengo por qué dar explicaciones de lo que hago o no porque ya no estamos juntos. Haberte preocupado de mantener la relación cuando sí que lo estábamos -contesté.

—¡Pero que es un chaval de mi barrio! ¡Y yo te quiero! por favor, dime la verdad -dijo él.

—Pues sí, nos hemos liado, ¿qué pasa? -dije yo.

—¡¿En serio?! ¿Con el Litos? ¿Qué pasa? ¿No había otro? -dijo él entre sorpresa y decepción.

—Tío, pero que yo no lo he planeado, ha surgido y ha surgido. Ya está -contesté yo.

—No me lo puedo creer… no me esperaba esto de ti… ¿Habéis follado? -dijo él.

—Yo tampoco podía creer cómo me tratabas cuando estábamos juntos y mira… Nos hemos liado, ya te lo he dicho. No tengo porqué darte más explicaciones… -contesté.

—Yosu, necesito saber la verdad ¿habéis follado o no? -preguntó de nuevo.

—Ya te lo he dicho y no te pienso dar más detalles, piensa lo que quieras. A lo mejor ahora entiendes qué se siente cuando alguien a quien quieres te decepciona. Si no hubieras sido así conmigo, seguiríamos juntos y esto nunca hubiera pasado. Ahora no vayas de víctima porque no soy tu novia -contesté.

En el fondo me dolía verle sufrir… pero no podía cambiar lo que había pasado y tampoco se lo quería confirmar para que me liase la de San Quintín… Después de dos meses necesitaba olvidarme de él, no busqué nada, surgió sin más y me dejé llevar.

A partir de ese momento Mario se refugió en sus colegas y en las drogas, sobre todo en la *farlopa*. Empezó a salir de fiesta todos los fines de semana y a liarse con una chavala cada finde.

Después de varios meses llegó de nuevo el verano. Mariana, Camila y yo habíamos quedado en La Riviera y una vez dentro nos encontramos con Mario y sus colegas. Llevaba casi medio año sin verle y cuando lo vi, me rebotó el corazón. Estaba mazo de guapo y empezamos a hablar. Luego bailamos y al final nos pasamos toda la noche juntos y entre sus amigos y las mías éramos un grupito majo. Me regaló una rosa y cada vez estábamos más tontorrones, a mí solo me venían a la cabeza cosas buenas de él y a pesar del tiempo que había transcurrido y de lo que hubiéramos hecho cada uno, estaba claro que no nos habíamos olvidado.

Hacía mucho que Mario y yo no íbamos juntos a Fabrik y ese verano fuimos con Mariana. Él y Mariana se llevaban de maravilla. A Mariana le encantaba mi relación con él, ella además al ser celosa por naturaleza, empatizaba mucho con él.

Estábamos bebiendo en el Parking de la discoteca y ambos se fueron a buscar hielos mientras yo me quedaba con los demás bebiendo. Al volver, Mario estaba como enfadado y cuando le fui a preguntar, me dijo:

—¡Te has follado al Litos!

—¡¿Qué?! ¿Pero esto a qué viene ahora? -pregunté sorprendida.

—Viene a que me dijiste que solo os habíais liado y me acabo de enterar de que también follasteis ¡¿Por qué no me lo dijiste?! -dijo rabioso.

—Porque no te tengo que dar explicaciones de lo que haya hecho cuando no hemos estado juntos. Te lo he explicado mil veces, si no te hubieras comportado como hiciste no lo habríamos dejado y esto no habría pasado, pero vamos que de eso ya hace tiempo ¿A qué viene ahora? ¿Quién te lo ha dicho? -pregunté.

—No te voy a decir quién me lo ha dicho, pero no me esperaba esto de ti. Qué asco...

No había nada que pudiera hacer para arreglarlo, Mario estaba enfadadísimo y no había forma de calmarle. En ese momento, fui corriendo a Mariana, le conté lo que había pasado y le pregunté claramente:

—Tía, dime la verdad. ¿Has sido tú?

—No, qué va, Yosu. ¿Cómo voy a ser yo? -dijo ella.

—No sé, tía... Justo os habéis ido y al volver viene cabreado y diciéndome eso. Si lo hubiera sabido antes ni habría venido a Fabrik y de todos lo que estamos aquí la única que lo sabes eres tú. Dime la verdad -insistí.

—No, tía, de verdad que no he sido. No sé cómo habrá podido enterarse -dijo ella.

Le pregunté a otras amigas, pero nadie sabía nada y la lógica me decía que aunque confiase en Mariana, había tenido que ser ella. Así que se lo pregunté de nuevo tres veces más incluso diciéndole que no me iba a enfadar, pero que necesitaba saber la verdad. Y su respuesta fue la misma. Mario también me aseguraba que Mariana no había sido, así que de la única que me quedaba desconfiar era de Camila ya que habíamos dejado de hablarnos tres semanas antes.

Después de hablarlo innumerables veces, continuamos con la fiesta. Mario estaba enfadado, decepcionado, en fin… Después de eso en muchos momentos de intimidad, de repente me miraba, paraba en seco y me apartaba. Lo pensaba y se ponía malo… Ese verano nos fuimos de vacaciones a casa de mi madre en Alicante y así la ayudábamos un poco con todo ya que se había hecho un esguince. Estando allí con ella parecía que todo iba bien, pero en el fondo no podía ir peor. No había un solo día que no discutiéramos por ello. Mariana lo sabía, se lo contaba cada vez que hablaba con ella y ella era quien me consolaba e intentaba darme ánimos.

Después de verano dejé de tomarme la píldora, ya que el médico me dijo que había que hacer alguna pausa si la tomabas regularmente para evitar quedarte estéril. Como llevaba más de un año tomándola y no tenía mucha *pasta* ese mes, dejé de tomármela durante unos meses. Después del primero sin píldora, me vino la regla y los dolores eran brutales. No podía ni andar siquiera y Mario me tuvo que subir en brazos a mi casa. Mi madre, al abrir la puerta, sobresaltada, dijo:

—¡Ay, mi niña! ¡Pero qué se ha tomado! ¡Qué se ha tomado!

—Nada, nada. Está con la regla, le han dado unos dolores superfuertes y la he tenido que coger en brazos -dijo Mario.

—¡Ah! Llévala a la cama, que le voy a hacer una manzanilla -dijo mi madre.

Antes de tomarme la píldora, tenía una regla muy abundante y dolorosa, y me duraba muchos días. Por lo que cuando me la empecé a tomar, no solo se me reguló, sino que los dolores eran mínimos y la cantidad menor. Lo que desconocía era que al dejar de tomártela todo eso se potenciaría por diez. Parecía la niña del exorcista, me dolía tanto que no podía ni quedarme dormida. Lo pasé realmente mal.

En otoño terminamos de nuevo la relación, no podía seguir con una persona que me echaba continuamente en cara lo mismo una y otra vez, se volvió insoportable.

Unas semanas después, de repente no me bajaba la regla. Era raro, porque aunque no me tomase la píldora y tuviera una regla irregular, estaba tardando demasiado. Decidí ir a planificación familiar con Anabel. Allí me hicieron una prueba de embarazo. Estaba de los nervios, no estaba preparada para tener un hijo y tampoco quería tenerlo. Estaba deseando que me dijeran que era un simple retraso, pero algo en mi interior me decía que no era así.

Al rato, salió el médico y me dijo:

—Ha salido negativo, ya te puedes ir. Te bajará en unos días probablemente.
¡Fue un alivio escuchar eso!

Salí de la consulta, Anabel aguardaba en la sala de espera y cuando la vi le di un abrazo y le dije:
—Falsa alarma.

Nos íbamos de la consulta hablando, no habíamos cruzado aun la puerta de salida cuando escucho al doctor bajar las escaleras diciendo:
—¡Espera! ¡Espera!
Me giré y le pregunté:
—¿Qué pasa?
—La prueba ha salido errónea, hay que repetirla -contestó.
Anabel y yo nos miramos, subimos de nuevo las escaleras, me volví a hacer la prueba y mis peores sospechas se confirmaban… estaba embarazada.

En ese momento mi mundo se vino abajo, no podía tener un hijo en ese momento, no tenía cómo mantenerlo ni cómo sacarlo adelante y mi relación con Mario no paraba de dar tumbos… No iba a criar a un hijo en un ambiente de broncas y sin recursos suficientes, me negaba a ello. Pero Mario siempre quiso ser padre joven, así que a pesar de los trompicones que daba nuestra relación y de no estar juntos en ese momento, él quería que lo tuviera. Me insistía en ello y en lo bien que nos vendría ser padres jóvenes, que fortalecería la relación… Pero la decisión estaba tomada y no la iba a meditar.

¿Sabéis eso de que cuando algo de repente sale mal, todo se empieza a torcer inevitablemente? Pues, mi abuela Arelisa, que gozaba de buena salud, de repente cayó enferma. Había ido días antes a urgencias acompañada por mi padre, pero siempre la mandaban para casa. Hasta que la tercera vez la ingresaron por metástasis en el estómago. Estaba verdaderamente mal... y el cáncer estaba tan avanzado que la única solución para paliar el dolor era ingresarla en un hospital de cuidados paliativos. No habían llegado a pasar ni dos años de la muerte de mi abuelo y justo ella cae enferma gravemente... ¡Qué injusto era!

Sin pensármelo dos veces, decidí ir todos los días al hospital, cada mañana la paseaba por los jardines, le hacía fotos y hablaba con ella hasta que comía y se echaba una siesta. Creo que fue gracias a eso que pude asimilar mejor su muerte, aunque en el fondo nunca estás preparado para ese momento. En mi caso y después de cómo lo pasé con la muerte de mi abuelo, intenté enmendar mi culpa y no cometer los mismos errores con ella. Gracias a los calmantes que le ponían no sentía dolor, pero iba decayendo poco a poco. Día tras día cada vez se movía menos, cada vez comía menos... e inevitablemente eso nos recordaba que cada vez estaba más cerca el momento en el que nos dijese adiós.

Era sábado, como cada mañana habíamos paseado por los jardines a pesar del frío invernal de diciembre. Al subir de nuevo a la habitación encontramos a varias personas que habían ido a visitarla. Le habían llevado bombones y unas flores, estuvieron un par de horas hasta que llegó la hora de comer. Los acompañé a la puerta y volví a la habitación con mi abuela.

Estábamos hablando y parecía que se había quedado dormida. Intenté despertarla y no había manera, en ese momento me temí lo peor... Asustada, fui corriendo a buscar a la enfermera para ver si podía hacer algo o decirme unas palabras de aliento, pero cuando entró en la habitación y le tomó el pulso, ya no había nada que hacer...

Llamé a mi padre para darle la noticia mientras se me caían las lágrimas de los ojos. Pero esta vez fue mucho más fácil, por lo menos para mí. Ya sabía lo que era perder a un ser querido, pero la diferencia era que en esta ocasión no me había cogido por sorpresa y había podido mentalizarme para ese momento por mucho que doliera. Me sentía libre de culpa con respecto a ella, aunque por mucho que hubiera intentado enmendar lo que no se puede cambiar, no podía evitar pensar en lo mal que lo había hecho con mi abuelo. Nunca podría cambiar su sensación al irse, nos abandonó sabiendo que su nieta no había ido a verle en mucho tiempo. Y ese pensamiento me torturaba constantemente.

Enterramos a mi abuela también en el pueblo.

Una semana después tenía la cita en la clínica para interrumpir el embarazo y Mario seguía insistiéndome para que lo tuviera, a pesar de que no estuviésemos juntos:
—Yosu, de verdad, quiero un hijo tuyo. No te tienes que ocupar de nada, lo cuida mi madre, pero dame la oportunidad de tener un hijo contigo. Es lo más bonito del mundo y te aseguro que mi madre lo cría y se hace cargo -me decía con tal de que lo tuviera.
—¡¿Pero estás loco?! ¿En serio te crees que voy a tener un hijo para que lo cuide tu madre? ¡Se te va la olla! Si

decido tenerlo es para ser una buena madre, cuidarlo y educarlo yo, no para dárselo a nadie. No sé en qué estás pensando -contesté seriamente, sin dar crédito a lo que oían mis oídos.

—Pienso que es lo mejor que nos podía haber pasado. ¿No crees? -dijo él convencido.

—No, no lo creo. Ni creo que sea la decisión más acertada tenerlo. ¿Qué clase de vida le vamos a dar? Si no sabemos ni qué hacer con la nuestra… No tiene sentido, como tampoco lo tiene que lo cuide tu madre -contesté de nuevo.

Él siguió insistiendo, pero yo lo tenía claro. Llegado el día Mía me acompañó a la clínica. Estaba un poco nerviosa, nunca antes me habían operado, pero me tranquilizaba tener a Mía a mi lado. Una vez entré a quirófano, me sentaron en una especie de silla con las piernas abiertas. Me inyectaron la anestesia, la enfermera me empezó a preguntar cosas cotidianas sobre mi día a día. No recuerdo nada más.

Cuando me desperté todo había terminado. Mía me esperaba y al verme me vio me dio un abrazo enorme, era lo único que necesitaba en ese momento.

Al llegar a mi casa miré a mi madre. Pensé en contárselo, pero no lo hice. ¿Para qué? Probablemente acabaríamos discutiendo. Así que me limité a guardarlo en lo más profundo de mi corazón y ya.

Hasta el día de hoy muy pocas personas saben esto sobre mí. No es un tema que puedas hablar con cualquiera. Es un tema difícil de abordar, puesto que por lo general la gente opina en base a su realidad y a su criterio, olvidándose de que tú también tienes el tuyo y por eso has tomado una decisión. Es muy fácil señalar con el dedo y criticar, lo difícil es ponerte en el lugar del otro y entender «no lo que ha hecho o por qué», sino los motivos o casuísticas que le han llevado a tomar esa decisión y empatizar con ello.

Es muy fácil expresar tu opinión en contra de algo como el aborto y quedarte tan ancha, después de haber acusado de «asesinas» a quienes alguna vez han tenido que hacerlo por el motivo que fuere. Lo realmente complicado es ser consciente de que muchos niños son maltratados porque sus padres no los quieren o pasan penurias porque sus padres no pueden mantenerlos o simplemente son odiados porque no eran deseados y los padres pagan con el niño sus propias carencias y frustraciones... Eso hace que muchos de esos niños siendo adultos se conviertan en asesinos en serie, violadores, etc. Y es muy fácil volver a dar tu opinión diciendo que hay padres que no deberían serlo. Pero la realidad es que hay que pensar en las circunstancias de cada uno antes de juzgar y de opinar sin haberse puesto sus zapatos, porque en ese momento, a lo mejor te das cuenta de que no tienes razón.

Vivimos en una sociedad en la que se supone que ya no hay tabúes y que todo está mucho más aceptado, pero no es así. La realidad es que está todo bien aceptado si opinas igual que la mayoría de la gente, porque si tienes criterio propio y quieres exponerlo, prepárate. Hemos llegado al punto en el que hay que hablar entre algodones porque todo ofende, pero cuando los ofendidos hablan, cambian los algodones por cuchillas bien afiladas para terminar haciendo lo mismo que un día criticaron. Y es triste, porque es maravilloso que todos seamos diferentes. Que aburrido sería el mundo si todos penásemos igual

¿no? Cuanto más diferentes somos, más aprendemos de los demás.

Creo que lo importante es cómo sea tu fondo, no las decisiones que has tomado en un momento determinado de tu vida. Hasta estando entre rejas hay gente que termina una carrera. Porque como diría el gran Capitán Jack Sparrow «El problema no es el problema. El problema es tu actitud frente al problema».

Las personas estamos en continuo cambio, la esencia prevalece, pero el tiempo y los acontecimientos nos cambian a veces incluso sin que nos demos cuenta. Hoy no somos los mismos que ayer, ni seremos los mismos que mañana. Pero por mucho que la vida te cambie, si eres fiel a tus principios y a tu criterio, aunque tengas al mundo entero en tu contra, habrás entendido una pequeña parte de la vida y, aunque no lo creas, estarás más cerca que muchos otros de la felicidad.

El año terminó y dio paso a otro nuevo. Con él llegaba mi cumpleaños, caían veinte años ya… y parecía que ayer hubiera cumplido los dieciocho. Así que tenía que empezar el año con una buena fiesta de celebración: fui con mis amigas a una discoteca del centro y cogimos un reservado para todas.

Lo estábamos pasando en grande, no nos faltaba nada, Leire era la única que no había podido ir ya que curraba todos los fines de semana. En un momento dado, Camila me dijo que necesitaba hablar conmigo, así que nos apartamos un poco del resto para poder hablar:
—Tía es que no sé cómo decírtelo -empezó.
—¿El qué?, ¿qué ha pasado? -dije extrañada.

—Pues tía, que no sé cómo… pero me mola Gales -dijo ella.

—¡¿Qué?! ¡Pero si te cae fatal y le pones siempre a caldo! -dije sorprendida.

—Ya, tía, no sé…Es que me has hablado tan bien de él siempre y ahora que hablamos más por Tuenti, me he dado cuenta de que me gusta. ¿A ti te importa? -contestó.

—¡Pues claro que me importa tía, es Gales! Sabes que siempre ha sido mi espinita clavada y sabes toda la historia. Jamás os podría ver juntos… ¡Anda que no hay tíos en los que fijarte! -contesté visiblemente molesta.

—¡Pero no tenéis nada, Yosu! -me reprochó.

—Ya, pero yo jamás me liaría con un chico que te mola y menos si me has estado hablando mazo de él y le conozco por ti. Que no, Camila, que ya te digo que con él no. Además tú te lías con quien quieres, cuando quieres ¿qué más te da? -dije seriamente.

—Ya, sí, tienes razón y sabía que me dirías algo así. No te preocupes, si por eso te lo he preguntado, porque quería hablarlo contigo antes de nada -dijo ella.

Zanjamos el tema y todo quedó claro, pero inevitablemente Camila me había dejado con el run-run y me daba pavor imaginar que podían llegar a tener algo. Confiaba en ella, pero no se me iba la idea de la cabeza. A fin y al cabo, vivían en el mismo barrio, no lo tenían muy difícil y yo no tendría por qué enterarme.

Unas semanas después hablando con Gales, me ofreció que fuera a verle ya que se había independizado con unos colegas, tenía un cachorro de pitbull y estaban poniendo la casa mona.

Le vi como siempre, aún tenía los pelos largos y llevaba tiempo escuchando temas de *rock* de Extremoduro y de Marea. Se me hacía raro ya que él siempre fue de escuchar música electrónica a muerte. Muchos colegas me habían recomendado que escuchara a esos grupos y nunca me habían llamado la atención, pero Gales te los ponía a todo trapo y tenías que escucharlos sí o sí, así que gracias a eso me fue metiendo en el rock y hoy me encanta.

A raíz de ese día, fui a verle más frecuentemente. Una tarde cuando me disponía a irme, empezó a caer una tromba de agua monumental, por lo que Gales me ofreció que me quedara a dormir en su casa .Seguimos a lo nuestro, después cenamos, vimos una peli y nos quedamos dormidos.

Yo me había quedado KO, estaba profundamente dormida cuando noté que él se arrimó a mí por detrás en modo cucharita, nos empezamos a frotar un poco y en ese momento me bajó el pantalón y directamente entró en mí. No me lo podía creer… después de tanto tiempo por fin sabía que le gustaba y encima iba a ser una noche inolvidable para los dos. O al menos eso pensaba… porque ni un beso le pude dar. Según empezó, terminó y se quedó dormido. No tuve ni cinco minutos de gloria, fue visto y no visto. Y me quedé tan sorprendida que no supe ni qué decir, así que no dije nada y me dormí pensando en que por la mañana echaríamos uno en condiciones o que, al menos, hablaríamos del tema. Pero tampoco fue así.

Él se levantó primero y fue a la cocina a preparar café. Cuando vino al cuarto me preguntó que a qué hora me pensaba ir, así que le dije que me tomaba un café con él y me iba. Al ver su actitud pasota, no supe cómo abordar el tema, pero no paraba de comerme la olla pensando: «Será que para él ha sido un aquí te pillo aquí te mato y no quiere nada conmigo» o «¿Se acordará o a lo mejor estaba dormido y no es consciente de que ha pasado?» o «A lo mejor le da vergüenza que haya pasado eso conmigo» entre otras cosas.

Me gustaba tanto, que me imponía demasiado como para sacar yo el tema. Incluso después de haber tenido una relación larga de pareja, era incapaz de decirle nada por miedo a que pensase que seguía siendo una niñata que no era capaz de diferenciar una relación de sexo sin compromiso. En vez de coger y hablar las cosas con naturalidad…

Una semana después quedé con Mariana en su barrio y aproveché para avisar a Gales y que bajara a fumar con nosotras un rato. Le mandé un wasap:
—Gales, estoy en Alcobendas con Mariana. ¿Te bajas a echar uno?
No tardó mucho en contestar, cuando me puso:
—Hola, Yosu, no voy a bajar. Me he echado novia y no creo que le haga mucha gracia que quede contigo.

Me quedé pálida. Gales con novia… así de repente. No sabía muy bien cómo encajarlo pero rápidamente contesté:
—No entiendo qué tiene que ver que tengas novia para que bajes a fumarte un *peta* con nosotras. Somos amigos, ¿no?
—No creo que le haga mucha gracia, por favor, no me vuelvas a escribir -contestó él.
—Ok -contesté y no le volví a escribir nunca más.

Ese día me desahogué con Mariana, todo lo que pude y más. Estaba claro que yo no había venido al mundo a ser feliz, todo me salía mal y si pensaba que algo podía salir bien, la vida ya se encargaría de demostrarme lo contrario.

Pasaba el tiempo y Mario me llamaba todos los días e intentaba una y otra vez arreglar las cosas entre nosotros, pero yo tenía miedo de volver a darlo todo para que después por cosas pasadas que ya no podíamos cambiar, todo se fuera de nuevo al traste.

Por aquel entonces iba mucho a ver a mi abuela Marga y estando de visita en su casa, Mario me llamó y me dijo:

—Yosu ¿qué tal?, ¿qué haces?

—Estoy en casa de mi abuela Marga -respondí.

—Ah vale, ¿hasta qué hora vas a estar allí? -preguntó.

—Hasta las nueve, ¿por? -respondí extrañada.

—Porque me quiero pasar a verte, ¿vale? -dijo él.

—A verme ¿para qué? -pregunté de nuevo.

—Nada, solo te quiero dar una cosa. Luego a las nueve me paso ¿vale? -dijo él.

—No, Mario. No podemos seguir así, esto no es sano y tiene que acabar -dije yo.

—Yosu de verdad, que va a ser solo un momento. Té doy una cosa y me voy, de verdad. Quedamos a las nueve ¿vale? -insistió él.

—Vale —contesté.

Cuando bajé, me acerqué al coche y me dijo:

—Pasa, que hace frío.

Entre al coche, le di dos besos y me dio una rosa blanca, la cual, llevaba un cartel de «Te Quiero» sujeto con unas pincitas blancas que terminaban en un corazón rojo cada una. Y en ese momento me dijo:

—Yosu, con todo esto no pretendo volver. Solo quiero que sepas que te quiero, me has aportado mucho a mi vida y lo siento. No tenía que haberme puesto así con lo del Litos y lo he jodido todo. Me encantaría volver contigo y si vuelves te juro por mi perro que no te volveré a echar nada en cara de lo que ha pasado, ni con tus amigos, ni con la fiesta, ni nada. Solo quiero estar contigo te lo juro.

—Eso me dijiste la última vez y el problema es que aunque me lo digas, porque sé que me quieres, luego eres incapaz de olvidarlo y siempre lo echas en cara. Al final cuando volvemos me das todo y luego poco a poco me vas cortando las alas, cada vez un poco más hasta que me vuelvo a ver enjaulada… y no voy a volver a eso, estoy bien sola -le dije.

—Yosu, si me das otra oportunidad, vas a ver que lo digo en serio, no me importa lo demás, solo quiero estar bien contigo. Es que esa noche cuando me enteré, no pude controlarme, no me lo creía y me jodió muchísimo. Pero te he perdonado y no te lo voy a volver a echar en cara. Yo también he hecho cosas mal y tú me las has perdonado en su momento -dijo él.

—¡Ah! ¡Entonces te enteraste esa noche! Pues eres un mentiroso porque si te enteraste esa noche solo te lo pudo decir una persona, Mariana. ¡Qué hija de puta y me mintió en la cara! ¡Verás cuando la pille! -dije cabreada mientras se abría la verdad ante mis ojos.

—¡No! ¡Yosu, no fue Mariana de verdad! ¡Ella no fue, fue otra persona! -dijo él nervioso.

—Ah ¿sí? ¿Y quién fue entonces? Porque la única que lo sabía era ella, ¿quién fue? ¡A ver! -le dije de nuevo, esperando que la verdad no fuera cierta.

—¡Fue Camila!-dijo él desesperado.

—¿Camila? ¿En serio? —pregunté de nuevo.

—Sí, fue ella -dijo él.

—Entonces eres un puto mentiroso y todo lo que me estás prometiendo es mentira -le espeté.

—No, ¿por qué dices eso? -preguntó extrañado.

—Porque me juraste por tu perro que Camila no había sido y ahora resulta que sí que fue ella. Y ahora me estás jurando por tu perro que vas a cambiar y es ¡¡TODO MENTIRA!! -le grité mientras me bajaba del coche.

Mario salió tras de mí desesperado suplicando que no me fuera, pero no había nada que hacer. Fue entonces cuando me dijo:

—¡Yosu, lo siento! Tienes razón, lo siento ¡Fue Mariana, me lo dijo Mariana! Pero no te enfades, por favor, que le prometí que no te diría nunca nada.

—¿Ahora resulta que sí que fue Mariana? Se te están cayendo las mentiras por todos lados -contesté.

—De verdad, entra al coche y te lo explico, por favor - dijo él.

Entré al coche de nuevo y me contó lo ocurrido la noche del Fabrik y cómo consiguió sonsacárselo sin que ella se diera cuenta, cuando fueron a por hielos. En ese momento solo podía pensar en todas las veces que le pedí a Mariana que me dijera la verdad y en todas las ocasiones que me había desahogado con ella durante meses por ese tema. Me costaba creer que había sido tan hipócrita conmigo. Mario y yo seguimos hablando y finalmente nos dimos otra oportunidad.

Al día siguiente escribí a Mariana. Necesitaba hablar con ella y aclararlo todo:

—¿Quedamos hoy en Atocha? Tenemos que hablar- le escribí.

—Sí, tía. ¿Quedamos a las 20:00 h? -contestó.

—Sí, quedamos donde siempre -le dije.

—Vale ¿de qué quieres hablar? -preguntó.

—Nada, luego te digo -contesté.

—Vale tía, pues luego te veo. Un besito -dijo ella.

Al llegar a Atocha, fui andando por el andén hasta el final del mismo y ahí estaba Mariana, sentada en un banco esperándome. Nos saludamos y cuando me senté a su lado me dijo:

—Bueno, tía, ¿qué me tenías que decir?

—Pues creo que la que tiene algo que decirme eres tú -contesté.

—¿Yo? No sé a qué te refieres tía -dijo ella.

—Pues que me he enterado de algo y prefiero que seas tú la que me lo digas -contesté de nuevo.

—Tía, no sé a qué te refieres, de verdad -dijo ella.

—Mariana, estoy muy enfadada. No quiero discutir y te estoy dando la oportunidad de que me lo cuentes aunque ya lo sepa. Así que dime -dije seriamente.

—Es que no sé de qué me hablas tía -dijo haciéndose la tonta, hasta que ya no pude más al ver que no me lo iba a decir ni así y le dije:

—¡Pues que fuiste tú la que le contaste a Mario lo del Litos! ¡Que me he enterado, Mariana!

—¡Ay, tía, sabía que era eso! -dijo ella.

—Y si lo sabías... ¿por qué no lo has dicho? Te lo he preguntado varias veces -dije sorprendida.

—No sé, tía... Porque no sabía cómo decírtelo, es que él me lo sonsacó sin que yo me diera cuenta Yosu. Te lo juro -dijo ella.

—Ya, sí sé cómo te lo sonsacó y puedo entender que no me lo dijeras la primera vez que te lo pregunté. Pero te lo pregunté más veces, te dije que no me iba a enfadar y aun así me mentiste en la cara. No solo eso, sino que en las vacaciones, cuando te llamé llorando y todas las veces que te he contado el calvario que estaba viviendo desde que Mario se enteró, tampoco has sido capaz de decírmelo... No sé cómo has podido aconsejarme y consolarme todo este tiempo sin decirme la verdad, sabiendo que habías sido tú. No me esperaba esto de ti. Y que ahora no me lo hayas dicho tampoco y al decírtelo me digas «sabía que era eso». Me demuestra que como esto hay más cosas y cómo no sabías exactamente «qué era lo que sabía» no te la has querido jugar... -dije tajantemente

—Yosu, lo siento. De verdad que no hay nada más, pero no estaba segura y después de todo, no me atrevía a decírtelo. Eres mi mejor amiga y te quiero mazo, no quiero perderte, de verdad que lo siento -dijo ella.

—La verdad es que si me hubiera enterado durante todo el tiempo que Mario me lo ha estado echando en cara, no sé cómo hubiera reaccionado... Ahora aunque me joda ya me da igual, porque Mario y yo lo hemos arreglado y me ha perdonado. Pero yo he perdido confianza en ti y me jode que precisamente hayas sido tú. Además me he enterado de puta casualidad porque Mario no te quería delatar...-contesté.

Seguimos hablando y aunque la perdoné, ya no la veía de la misma forma.

Mario y yo estábamos cada vez mejor y esta vez para demostrarle que quería estar con él toda la vida, hice algo que nunca quise hacer. Me tatué su nombre y el mío en el muslo. Mario tenía varios tatuajes, a él le encantaban y yo le había diseñado unos cuantos, pero yo en cambio, no tenía ni uno y este iba a ser el primero. Le encantó la idea y estábamos mejor que nunca.

Unos meses después a mi abuela Marga le dio un ictus, era muy mayor y nos pusimos en lo peor, pero gracias a la resistencia que tenía se recuperó. Aunque al poco tiempo le volvió a dar otro, del cual, también se recuperó y así estuvo todo el año. Tuvo un total de siete ictus que la dejaban en la nada, pero contra todo pronóstico salió airosa de todos. Tenía ya sus 97 años y su sueño siempre fue llegar a los cien. Yo creo que eso era lo que la hacía recuperarse una y otra vez.

Durante ese año fui casi todas las semanas a verla, ya era la única abuelita que me quedaba y tenía que aprovechar todo el tiempo que pudiera.

Capítulo 8

De nuevo pasó otro año. Ya tenía veintiuno y decidí apuntarme a la escuela de adultos y terminar de sacarme el graduado escolar. Seguía currando donde Sofi que me llamaba cada temporada y lo compaginé con las clases hasta que se me terminó el contrato y decidí centrarme en terminar los estudios.

Ese mismo año falleció mi abuela Marga con nada más y nada menos que noventa y ocho años. Le dio un último ictus del que no pudo recuperarse. Estaba todo el día en la cama sin apenas moverse, dependía para todo de los demás... Tenía una interna que la cuidaba, pero era devastador verla así acostumbrada a su vitalidad. Así que decidí irme unos días a dormir con ella en su casa para aprovechar con ella los que parecían ser sus últimos momentos. Todos los días le hablaba, aunque ella no contestaba a nada, ya apenas comía y le costaba tragar. Realmente era una cuenta atrás. La tercera noche que me quedé a dormir fue cuando falleció. Al despertarme ya no estaba con nosotros. Al igual que con mi abuela Arelisa, no me fue complicado dejarla ir, estaba mentalizada con que de un momento a otro podía pasar y tenía la tranquilidad de que ella sabía que yo la quería y que había estado a su lado.

La enterramos en Madrid y vinieron todos los primos de León. Fue un velatorio incluso animado, diría yo, porque el hecho de reencontrarnos toda la familia era un gustazo. Y todos coincidimos en lo mismo «Si la abuela Marga nos viera, estaría feliz de que gracias a ella estemos toda la familia reunida». Porque mi abuela Marga era dicharachera y le encantaba ver a la familia junta y feliz, por lo que, incluso siendo un momento triste, consiguió que todos volviéramos a estar de nuevo juntos y felices.

Fijaos cómo es la cosa que desde ese día no nos hemos vuelto a reunir toda la familia. Por lo que dentro de lo malo, tengo un grato recuerdo de aquel momento. Nos regaló tanta felicidad a nuestros corazones en vida, que no imagino mejor forma de recordarla que sabiendo que nos observaba desde el cielo con una sonrisa.

Terminé de sacarme el graduado escolar en verano y, en septiembre, como estaba motivada con los estudios, decidí apuntarme para sacarme un grado superior de Comercio Internacional. Además, como había trabajado de comercial varios años, se suponía que me convalidaban las asignaturas específicas y no tendría que examinarme de ellas. Las asignaturas comunes me las daban en un centro de adultos.

Ese año para estar centrada de verdad en los estudios decidí no trabajar, pero necesitaba algo de dinero y mi madre no me lo daba. Así que me busqué la vida para poder sacar dinero y pagarme mis productos de higiene, maquillajes, etc. Y llegué a un acuerdo con madre para la comida:

—Mira, mamá, voy a estudiar, que es lo que siempre has querido. No te voy a pedir dinero ni para espuma, champú, maquillajes, ni nada de eso, me lo pago yo. Solo te voy a pedir que me dejes cincuenta euros para hacer la compra cada mes. Vamos juntas y tú lo pagas. Así no adelgazo, porque tú comes muy poco y yo necesito más. ¿Te parece?

—Vale, pero cincuenta euros, ni uno más. Y vamos a la compra juntas -dijo ella.

—Vale, sin problema -contesté.

Después de unas semanas yendo a clase, me comunicaron que no me convalidaban las específicas con el trabajo de comercial ya que no había cotizado. Las específicas que eran economía y geografía se me daban bastante mal, por lo que mi madre decidió pagar a una chica para que me diera clases particulares dos días a la semana.

Ese año conocí a mucha gente del barrio. Poco a poco me hice amiga de Tamara, que vivía a cinco minutos de mi casa, y venía a pillar casi todos los días. Quería entrar en el ejército, todos los años se presentaba a hacer las pruebas pero siempre se quedaba a las puertas. También conocí a Macarena que estaba loquísima, era superalta, pelo castaño con mechas californianas, ojos rasgados, pelo liso, piel morenita y espalda ancha. Macarena no tenía vergüenza alguna y además era muy espontánea. Tenía una amiga, Milena, que a veces venía con ella, pero era muy callada y apenas hablábamos. Gracias a esos momentos en los que venían a pillar y nos poníamos a hablar de cualquier cosa mientras fumábamos, se me hizo más ameno y llevadero el estar siempre en el barrio y tener el dinero justito para lo básico.

Todo parecía marchar bien, había engordado 4 kg en los tres meses que mi madre me había dejado hacer a mí la compra. Siempre he sido muy delgada y exceptuando la época en la que estuve en el reformatorio, me ha costado mucho engordar por poco que fuera y para mí era todo un logro, pero mi madre parecía no verlo con los mismos ojos. Algunas veces, en vez de cincuenta euros, tal vez eran cinco o diez euros más y mi madre no perdía ocasión para hacerme sentir mal. Una de las veces Anabel nos había acompañado y cuando estábamos en la caja para pagar mi madre dijo cabreada:

—¡Yosu, cincuenta y siete euros! Esto te lo descuento de la comida del mes que viene, que te vas pasando euro a euro y dijiste solo cincuenta.

—Ya, mamá, pero que es comida... Tampoco te pongas así, todo lo que he cogido lo necesito. Descuéntamelo de lo del mes que viene si quieres, pero que son solo siete euros... -respondí.

Era surreal... En otra ocasión en que me pasé diez euros, tuve que quitar un montón de cosas del carro hasta que dieron los cincuenta exactos. No entendía a mi madre y ella tampoco parecía entenderme a mí. Cada vez que hacíamos la compra acabábamos discutiendo y fue entonces cuando al cuarto mes me dijo:

—No te voy a volver a dar los cincuenta euros para comida. A partir de ahora hago yo la compra y te apañas con lo que compre, porque abusas y no me da la gana.

—¿Pero abuso de qué? Que te quejas por siete o diez euros de comida, ni que te estuviera pidiendo para fiesta... he engordado cuatro kilos en estos tres meses, no me puedes hacer esto -le dije.

—Claro que puedo, a partir de ahora hago yo la compra y punto -sentenció.

A finales de ese mes, ya había perdido 3 de los 4 kg que había engordado comiendo correctamente. Me veía mal. Mis pantalones me quedaban grandes y no había una talla más pequeña que pudiera comprar. Estaba frustrada pues me había acostumbrado a tener mi propio dinero con el que comer lo que quisiera donde quisiera. Pero, a partir del momento en que había tomado la decisión de estudiar antes que trabajar, lo estaba perdiendo todo. Mi madre, en vez de apoyarme y sostenerme con la única cosa que le había pedido, la comida, me chantajeaba. Yo no lograba salir de mi asombro por su postura. Y no lo pude soportar:

—¿En serio prefieres que adelgace antes de hacer la compra conmigo? ¡Son solo cincuenta euros de comida, que no te estoy pidiendo medio sueldo! -le reproché.

—Yo no te veo tan delgada. No inventes, porque hay comida en la nevera y no me puedo permitir ese gasto, ya te pago la chica de las clases. ¿Qué más quieres? -dijo ella.

—En la nevera solo hay cosas tuyas que yo no como y aunque lo comiera, no engorda, que es lo que necesito. ¿No tienes dinero para comida, pero sí para la chica? ¿Cuánto te cuesta la chica? -pregunté.

—Exacto, tengo para la chica pero no para la comida. La chica me cuesta cincuenta euros al mes -dijo ella.

—Ah, ¿sí? Pues ya no quiero que me dé clases la chica, prefiero comer. Así que con el dinero que te vas a ahorrar de ella, me pagas la comida -le dije.

—¡Pero cómo le voy a hacer eso a la chica! Ella ya cuenta con el trabajo, deja de decir tonterías y aprovéchala -dijo ella.

—¿O sea que te preocupa más la chica que yo? ¿Prefieres pagarle a ella antes que comprarme comida a mí? Yo alucino contigo... es que ni haciendo lo que tú quieres estás a gusto... ¿Ves por qué prefiero trabajar? ¿Ves por qué si puedo no estoy en casa ni para dormir? ¡Porque no hay quien te aguante! Eres lo peor...-dije frustrada

—Bueno, pues si lo ves así ponte a trabajar. Pero yo aprovecharía las clases de la chica ya que te la pago -dijo ella.

—¡Que no las quiero! ¡Y este año voy a sacarme esa prueba me cueste lo que me cueste y me pise quien me pise! Pero no voy a acudir a esas clases, así que tú misma si la quieres pagar para nada -le dije mientras me iba a mi cuarto y cerraba de un portazo. En estos momentos llegaba a odiarla de verdad, no la entendía. Había terminado el primer trimestre de puta madre y me quería joder con lo único que podía hacerlo, como siempre...

Mario y yo terminamos nuestra relación a los pocos meses de haberme tatuado, antes de empezar las clases, y esta vez la habíamos terminado definitivamente. Ahora me quedaba pensar en qué haría para taparme el dichoso tatuaje.

Cuando llegó mi cumpleaños, todas mis amigas me habían preparado una fiesta sorpresa y me habían hecho una tarta con varias fotos de ellas conmigo y una dedicatoria en el medio que decía: "Felicidades. Farru, te queremos». El mote de «farru» me lo puso Linet porque decía que era una «farruquita», que ojo el que se metiera conmigo.

Fue una sorpresa increíble y en el momento que abrí la tarta empezó a caer una chupa de agua increíble, así que subimos todos a mi casa a comernos la tarta y a resguardarnos. Éramos como doce, por lo que nos metimos en mi cuarto como pudimos... Yo acabé comiendo la tarta en el suelo porque literalmente ¡no había espacio! Pero la pasamos en grande.

Macarena me caía muy bien y al final empezamos a salir juntas de fiesta. Un día iba con ella y con Milena, íbamos a una discoteca cercana a los bajos de Orense. Estábamos en el vagón de Metro cuando Macarena decidió bajarse dos paradas antes para ir a buscar a un chico que le gustaba, el cual, estaba por esa zona y luego quedar con nosotras en la discoteca. Milena y yo nos quedamos un tanto perplejas en el tren y yo lo primero que pensé fue: «A ver ahora qué hablo yo con esta chica».

Pero nada más lejos de la realidad, empezamos a hablar y nos dimos cuenta de que nos habíamos descubierto la una a la otra. En ese momento le dije:

—¡Tía, eres una máquina! No sé cómo no me he dado cuenta antes ¡Molas mazo, te lo juro!

—¡Sí, tía, tú también, macho! ¡No sé cómo no hemos hablado antes! -dijo ella.

La realidad es que congeniamos a la perfección. Esa noche Milena y yo no solo nos descubrimos mutuamente, sino que nos solapábamos para todo. Milena era más bajita que yo, de pelo moreno, largo y rizado, piel blanca y ojos marrones. Las dos éramos muy vacilonas y estábamos siempre de risas, hicimos un buen equipo a partir de ese momento. Además se convirtió en mi tesorera y siempre que iba a mi casa era la encargada de la caja en la que guardaba los *petas* y el dinero. Confiaba mucho en ella y hoy puedo asegurar que es mi hermanita pequeña. Ella y Leire son dos pilares inquebrantables de mi vida, no concibo la vida sin ellas.

Las cosas con mi madre cada vez estaban peor y yo cada vez estaba más frustrada con más rabia contenida, iba a clase y me negué a dar las clases particulares, pero aunque ya no pagase a la chica, se negaba a hacer la compra conmigo como los meses anteriores y yo me consumía al mirarme al espejo o cuando me vestía, pero no podía hacer nada y ya que me había puesto a estudiar quería terminarlo.

Celebraban la CODE 100 en Fabrik por aquel entonces. Milena y yo quedamos con Carla, una chavala de Las Rozas que cuando nos juntábamos las tres, éramos un terremoto, nos lo pasábamos en grande. Ese finde habíamos ido el viernes a Fabrik y nos liamos de mañaneo hasta que empezó a llegar la gente de la CODE.

Los coches iban entrando al parking desde un poco antes de medio día. Una vez allí, la gente colocaba sus botellones, su música y empezaba de nuevo la fiesta. Nos quedamos de estacionamiento hasta las 22:00, cuando nos fuimos en el tren, Carla se quedaba a dormir en mi casa y Milena se iba a la suya. Al llegar estábamos muertas de hambre, fui a ver qué había en la nevera para comer y no había nada. No tenía dinero y me daba vergüenza decirle a Carla que no había nada de comer, pero no hizo falta, ella misma se dio cuenta y me dijo de coger una pizza en el chino. Yo estaba cabreada por el tema de la comida, así que entre el cabreo, la frustración, el hambre, la fiesta y la falta de sueño directamente exploté y le grité a mi madre desde la cocina:

—¡No te da vergüenza que venga con una amiga a casa y tenga que comprar ella la cena!

—¿Qué dices? -dijo mi madre.

—¡Que no hay nada para cenar! y se va a tener que gastar Carla los dos euros que tiene, en comprar algo porque tú no compras nada ¡Te da igual que me muera de hambre! -grité de nuevo.

—¡Oye, a mí no me grites que soy tu madre! -dijo ella.

—Sí, eres mi madre ¡¿Y para qué?! Para putearme, es para lo único que eres mi madre ¡Asquerosa! -le grité.

—Yosu no te preocupes, vamos a por la *pizza* antes de que cierre el chino -dijo Carla intentando apaciguar la situación.

Bajamos a comprar la pizza. Al volver nos pusimos a calentarla en el microondas, cuando apareció mi madre y preguntó:

—¿Qué estáis haciendo?

—La cena ¡Qué vamos a estar haciendo! ¡Déjame en paz que no te quiero ni ver! -dije cabreada.

Empezamos a discutir a gritos. Quise evitar que la movida fuese a más y me dirigí a mi cuarto para encerrarme en él. Ella me seguía mientras me increpaba cosas, hasta que se puso delante de la puerta para que yo no entrara a mi cuarto. En ese momento la aparté hacia la derecha con el brazo izquierdo con tal de que me dejara pasar y cuando lo hice, empezó a gritar como una loca:

—¡Ahhhhhhh! ¡Socorro! ¡Socorro! ¡Auxilio!

La miré y le dije:

—¡¿Qué haces?!

—¡Me has pegado! ¡Me has pegado! Voy a llamar a la policía, te vas a enterar -dijo ella.

—¡Pero si solo te he apartado!¡Deja de inventar y de gritar, dramática! -contesté mientras flipaba en colores con la situación.

No le di mayor importancia, sabía que lo hacía para llamar la atención y dejarme en evidencia delante de mi amiga. Me fui a la cocina a cenar con Carla, no llevaba ni dos trozos de *pizza* cuando de repente, llaman al telefonillo y veo y que mi madre abre. Miré a Carla y le dije:

—¡Vamos a la habitación!

—¡Qué dices! ¿Crees que tu madre ha llamado a la policía? -preguntó ella sorprendida.

—Sí, tía, ¿si no quién va a ser? Si así me la lio cuando me metieron al reformatorio. Toma, ponte un pijama y nos metemos en la cama, hacemos como que estamos dormidas y a lo mejor así pasan del tema y ven que está loca -le dije.

Y así lo hicimos, nos metimos en la cama y en cuestión de segundos la policía abrió la puerta y preguntó por mí. Según me identifiqué, me dijeron que tenía que acompañarlos.

En un primer momento me negué, pero no me dieron opción. Me puse un chándal y me fui con ellos. Pensaba que solo iba a ir a declarar, pero mi madre me había denunciado y la realidad era otra. No tenía ni idea de qué había puesto mi madre en la denuncia, ni de cómo transcurrirían los acontecimientos. Por el momento los policías no fueron muy amables.

Al llegar a comisaría, se quedaron con mis pertenencias y me metieron en un calabozo. Me dejaron unas mantas y allí pasé la noche. Ni declaré ni nada, no sabía que iba a pasar a partir de ese momento y nadie me decía nada. Pasé una noche horrible, se oían ruidos, las luces del pasillo estaban encendidas y, a pesar del cansancio que tenía, no podía dormir. Al día siguiente por la tarde me llevaron a los calabozos de Moratalaz, allí me tomaron las huellas de las dos manos, incluidas las palmas. No sabía qué pensar, esto iba en serio y ya no había marcha atrás.

A primera hora de la mañana nos trasladaron a los juzgados de Pza. Castilla. Una vez allí nos iban metiendo a todas en la celda, la peor que he visto en mi vida. Tenía un banco en frente de otro y un agujero en el suelo a modo de váter. Sin paredes que te tapen, ni nada. Éramos por lo menos diez chicas ahí metidas y la agonía se hacía notar.

No sabías a qué hora te podía tocar el juicio, porque todo iba con retraso y nadie tenía reloj.

Miraba a mi alrededor y solo podía pensar «Qué coño hago yo aquí», «Todo por la puta comida», «Te tenías que haber callado la boca». Después lo pensaba en frío y me daba cuenta de que me hubiera dado igual. Si no era ese día, hubiera sido cualquier otro.

Tras varias horas esperando en el calabozo, me pasaron a otra sala para poder hablar con la abogada de oficio que me habían asignado. Me explicó la situación, pero yo no entendía nada y entonces me dijo:

—Es que ha dicho que las has pegado y que rompiste un cuadro, entre otras cosas.

—Eso es mentira, yo no rompí nada y tampoco le he pegado. Solo la aparté con el brazo para que me dejara pasar -contesté.

—A ver… No sé si eres consciente que si tu madre gana el juicio, tú vas a ir presa -dijo ella.

—¡¿Qué?! -dije sobresaltada

En ese momento todo mi mundo se vino abajo. No me lo podía creer… ¿presa?, ¿por qué?, ¿por qué cojones me tenía que pasar a mí esto? Nunca había delinquido, ni había hecho mal a nadie. ¡Pero daba igual! Era mi propia madre la que me quería hundir como fuera. ¡Mi propia madre! Daba igual si trabajaba o estudiaba: siempre me iba a poner la zancadilla… «Amor de madre» una frase tan bonita y totalmente carente de significado para mí.

No quería volver a perder mi libertad… no quería volverme a ver en una situación parecida a la que ya había vivido. Después de hablar con la abogada me volvieron a meter en la celda, los minutos no podían pasar más lentamente, aquello era un sin vivir. Se acercaba la hora de comer y si los jueces se iban a comer, todo se retrasaba más y eso me desmoralizaba. Quería salir cuanto antes y lo veía complicado. Pero gracias a Dios, o a mi ángel de la guarda, que en ese momento pudo ser cualquiera de mis abuelos/as, me llamaron antes de la comida. Cuando me subieron de los calabozos al juzgado, daba pena verme, la ropa, la cara, los pelos... parecía una vagabunda y encima llevaba sin ducharme desde el sábado y ya era lunes...

Primero declaró mi madre. Cuando terminó, entré a declarar yo. No la vi. Después que declaré, me volvieron a llevar al calabozo. La abogada me dijo que si salía de libertad me lo comunicarían y en caso contrario me iba directamente a la prisión.

Os juro que nunca he sentido tanta impotencia, rabia, asco y miedo a la vez. Si me metían presa iba a ser por algo que no había hecho. Sí, había discutido con mi madre y le había gritado, pero no hice nada de lo que ponía en esa denuncia.

El juez finalmente me dio la razón y gané el juicio. Además sentenció que al estar estudiando tenía el derecho de vivir en mi casa y que al no tener trabajo, mi madre no me podía echar. Después del juicio me volvieron a meter en los calabozos a la espera de que saliese el auto. Tardaron otra media hora, que se me hizo eterna, y después me dieron mis pertenencias y me soltaron. Cuando me detuvieron, con las prisas no cogí la cartera, así que no tenía ni el abono, ni dinero, ni nada.

Le pedí a la celadora que si me podía dejar un euro y algo para el tren, pero ella me dijo que no tenía nada encima. Entonces me puse a pensar a quién podía llamar y solo se me venía una persona a la cabeza, Mario. La celadora le llamó dos veces, pero como no obtuvo respuesta me tuve que ir. Al salir de los calabozos en plaza Castilla me tenía que colar, no me quedaba otra, así que preferí andar hasta la estación de Chamartín y coger allí el tren directamente. Iba desmoralizada, no tenía ni un cigarro siquiera, por la calle todo el mundo se apartaba de mi camino... y todo eso se lo debía a mi madre.

Cuando llegué a casa, intenté abrir la puerta y no pude. Timbré y me abrió mi madre. No podía ni mirarla a la cara prácticamente y le pregunté:
—¿Por qué no abre mi llave?
—Porque he cambiado la cerradura de casa. A partir de ahora o entras a casa antes de las 22:00 o hasta las 8:00 no podrás entrar -dijo ella.
—¡¿Qué?! No puedes hacerme eso -le reproché.
—Uy, que no puedo... Ya está hecho. Así que ya sabes, si quieres entrar en casa adáptate al horario -dijo ella.

En ese momento respiré hondo y llamé a la abogada. No entendía por qué mi madre se comportaba así después de que yo había ganado el juicio y que me dieran la razón. ¿Cómo podía cambiarme la cerradura e imponerme de repente el horario que ella quisiera?

Cuando hablé con la abogada, me dijo que la tenía que denunciar por delito de coacción. Acto seguido fui a comisaría a poner una denuncia, de la cual, nunca volví a saber nada. O tienes un buen abogado que te la mueva o directamente queda en el olvido. Y fue entonces cuando empezó mi calvario.

Cargué el móvil y al rato me llamó Mario, le conté lo ocurrido y me dijo que al ver las llamadas perdidas llamó al juzgado, pero ya me había ido y no pudo localizarme hasta que llegué a casa. Estuve un rato hablando con él, pero estaba tan sumamente frustrada que nada me levantaba el ánimo. Ese día empezó mi decadencia.

Seguí acudiendo cada mañana a clase, pero al llegar a casa me topaba de bruces con la triste realidad. Me encontraba el vaso del café que había desayunado, sucio en la cama por no haberlo fregado o una sartén después de comer junto con el plato que había usado. Era una situación difícil de gestionar... Antes de discutir respiraba hondo y lo fregaba todo para no volverme a encontrar cacharros sucios en mi cama, pero eso no era suficiente para ella y empezó a dejarme la rejilla del sumidero del fregadero llena de restos de comida encima de mi cama...

Para mí la situación era insostenible, quedaba con mis amigas por las tardes, quienes, no solo me acompañaban y me aconsejaban en esos momentos, sino que, como yo no tenía dinero para nada, me invitaban y compartían todo conmigo. Entre todas se volcaron para no dejarme sola. Yo estaba deprimida y bebía casi todos los días para olvidar o evadirme de la realidad, hasta tal punto que le acababa contando mis penas y mi situación a cualquiera que me escuchara, aunque no le conociera, para después terminar llorando por la impotencia que sentía al verme así.

No disfrutaba las fiestas, cuanto más salía, más bebía y cuanto más bebía más me sumía en mi mierda. Acababa lamentándome y llorando borracha, sin encontrar alivio y consuelo en nada.

Tamara se volcó totalmente a mí, me acogía en su casa siempre que podía. Sus padres me ponían un plato de comida y la verdad que me daban todas las atenciones que no tenía en mi casa. Pero aun así me sentía desterrada, siempre de prestado, teniendo que pedir favores y a veces ni eso... Me lo ofrecían antes de pedirlo.

No he podido estar mejor acompañada, pero nunca me ha gustado sentirme «la pobrecita» y así me sentía... sola e incomprendida, a pesar de todo el apoyo que tenía.

Cinco meses después, ya en marzo, Mario y yo decidimos volver a estar juntos. Durante esos meses hablábamos semanalmente y en lo que pudo me ayudó también. Dada mi situación en casa, me fui a vivir de nuevo a la suya. Gracias a él pude olvidar un poco la mierda que tenía dentro, pero al estar en Fuencarral y tener las clases en Aluche, no me sentía con fuerzas ni con ganas y dejé de ir a clase.

Me puse a trabajar de nuevo de comercial, me hice autónoma y básicamente curraba entre doce y dieciséis horas por día. Sumadas a la ida y la vuelta a casa, eran prácticamente dieciocho horas que pasaba fuera de casa currando como una condenada para hacer dinero y poder hacer mi vida a mi aire.

Gané mucho dinero, pero no paraba y apenas descansaba. Mario se cansaba de que estuviera todo el día fuera trabajando sin siquiera vernos y que el único día que librase solo quisiera dormir. Le compraba regalos caros siempre que podía para compensar mi ausencia, pero él siempre me decía que prefería poder tomarse un batido una tarde cualquiera conmigo en una terraza. Pero en ese momento yo no podía darle más. Cuando llegó su cumpleaños, Mario iba a celebrarlo a Fabrik. Fuimos todos juntos en el tren, de buen rollo, bebiendo y demás. Al llegar me encontré con una amiga que hacía mucho que no veía, la saludé y me quedé un rato con ella. Al volver con Mario y sus amigos, este se había enfadado porque yo me había quedado un rato con mi amiga y empezamos a discutir. Discutimos tanto, que yo misma llamé a sus padres para que me llevaran mis cosas a Aluche de nuevo.

Las cosas no podían ir peor. O al menos eso pensaba.

Después del Fabrik me quedé a dormir en casa de Tamara y a la mañana siguiente fui a la mía. Le expliqué a mi madre que volvía porque lo había dejado con Mario, pero que tenía trabajo y normalmente terminaba a la medianoche, así que o me daba llaves o me abría la puerta cuando llegase, pero no me podía permitir el lujo de quedarme en casa de nadie y mucho menos dormir en la calle si al día siguiente madrugaba… Pero no lo entendió en absoluto, ella no estaba dispuesta a dar su brazo a torcer ni por mi trabajo. Y yo no sabía cómo salir de ese hoyo en el que ella y solo ella me había metido.

A la mañana siguiente me estaba arreglando en el baño para ir a trabajar y mientras lo hacía mi madre me miraba desde el pasillo y me decía:
—Ves, no te quiere nadie.

—¿Me puedes dejar en paz? -dije mientras alucinaba con ella.

—Ni tu novio te quiere, que te ha dejado... -seguía ella.

—¡Para tu información le he dejado yo! Pero solo te pido que me dejes en paz, me voy en cinco minutos al trabajo -le reproche mientras se me caían las lágrimas.

Ella seguía con su tónica, riéndose mientras me decía todas esas cosas. Yo lloraba de la impotencia porque si saltaba, ella ganaba. Pero me costaba, ya no podía más con la situación, estaba desbordada y sus palabras, que eran dardos envenenados, me hacían mella en la cabeza. Me tenía que ir al trabajo y no sabía qué pasaría a la vuelta...

Al salir del baño, ella se puso en medio y simplemente al pasar, mi hombro chocó con el suyo. En ese momento ella empezó a gritar como la última vez:

—¡Socorro! ¡Auxilio!

Esta vez se fue directa al descansillo a gritar. Yo no daba crédito, así que cogí mis cosas y me fui. Una vez fuera de casa llamé a Aitor, un colega que vivía en Vallecas con su hermana y le dije:

—Aitor, ¿puedo irme a vivir contigo y con tu hermana? No puedo seguir donde mi madre, se le ha ido la olla que flipas y al final voy a perder el trabajo.

—Sí, tía, no te preocupes, vente aquí sin problema -dijo.

—Vale, sería para ir esta noche, voy a llamar a Segis y al Bolas a ver si me pueden ayudar a llevarme las cosas en el coche -contesté.

—Vale, pues esta noche me avisas cuando vengas -dijo él.

Estaba llegando al trabajo, iba hecha una mierda por dentro, no tenía la cabeza para vender nada. Cuando llegué, vi a un compañero. Me miró y me dijo:

—¿Qué te pasa?

Lo escuché y rompí a llorar. Estuvimos un rato hablando, le conté todo lo que había pasado, me desahogué y después de eso me fui a currar sola a Campo de la Naciones.

Mientras iba a la zona, le daba mil y una vueltas a todo. Maldecía mi propio destino y mi propia existencia, sin comprender absolutamente nada de nada. No quería trabajar en absoluto, tenía cero ganas, pero en el momento en que se me pasaba por la cabeza renunciar e irme, pensaba: «Si te vas y no curras, es un día que haces cero *pasta* y eso solo va a complicar más tu situación, necesitas dinero, aunque no quieras tienes que currar. Tu madre ya te ha jodido el día, pero no va a conseguir arruinártelo, tú puedes con eso y con más». Y saqué fuerzas para ponerme a ello.

A las 20:30 recogí para ir a la oficina con la facturación del día y de ahí irme a mi casa, pero se me estaba echando la hora encima. Eran las 21:45, estaba en Atocha corriendo a por el tren, cuando se me fue en mis narices. El siguiente pasaba en 8 minutos, por lo que era imposible que llegase antes de las 22:00. Escribí a mi madre para que me abriera la puerta al llegar y le mandé una foto con el tiempo que le quedaba al tren, que no llegaba tarde por gusto. Pero no me contestaba.

Avisé a Segis y a Bolas también de que llegaba un poco más tarde. Cuando llegué al portal, timbré a mi madre y no me abrió. Eran las 22:15 y no me abría. Conseguí entrar al portal, cuando un vecino salió a tirar la basura.

Subí al séptimo piso y empecé a tocar el timbre una y otra vez, pero era inútil, nadie abría... Después de diez minutos timbrando abrió la puerta la vecina de al lado, una alquilada con la que nunca había hablado más allá de «hola y adiós», y me dijo:

—¿Quieres pasar a mi casa y esperas aquí?

—No... solo necesito coger mis cosas para irme -dije mientras se me saltaban las lágrimas.

—¿Pero por qué no te abren? Siempre te tienen mínimo diez minutos llamando hasta que te abren. Yo siempre se lo comento a mi marido porque desde casa lo oímos, pero no entiendo por qué te tienen así -dijo ella extrañada.

—Porque me ha cambiado la cerradura mi madre y hace lo que sea con tal de putearme... yo hoy me iba a ir de aquí y tampoco me deja. Tiene todas mis cosas y no puedo cogerlas, así que mira, esta vez voy a llamar yo a la policía -contesté.

—Anda pasa a mi casa y te doy un vaso de agua, tranquila -dijo ella mientras abría la puerta para que entrara.

Llamé a la policía, les expliqué la situación y a los diez minutos llegaron. Les volví a contar la historia completa y todo lo ocurrido. El agente me dijo:

—Vale no te preocupes, vas a poder coger tus cosas. Voy a hablar con tu madre un momento y ahora te ayudamos a sacarlas.

—Vale -dije más tranquila.

El agente entró en casa de mi madre, estuvo cinco minutos dentro y al salir me dijo:

—¿Sabes qué pasa?

—¿Qué? -pregunté.

—Que tu madre ha ido esta mañana a comisaría y te ha puesto una denuncia -dijo el agente.

—¡¿En serio?! -le interrumpí.

—Sí… y tenemos que llevarte detenida -continuó.

—¡¡Nooooooo!! ¡¡Otra vez noooo!! -grité mientras me tiraba al suelo del descansillo llorando.

—A ver… solo nos tienes que acompañar a declarar, nada más -dijo el agente.

—¡No! Eso me dijeron la otra vez y al final estuve tres días… -contesté.

—Venga tranquila, que va a ser un momento, ya verás -insistía el agente.

—¿Puedo llamar a mi jefa por si mañana no puedo ir a trabajar? -pregunté.

—Sí, claro -dijo el agente.

Llamé a mi jefa y le expliqué todo lo ocurrido, en principio iba solo a declarar pero no sabía lo que podría pasar. Lo entendió perfectamente y no me puso ninguna traba.

Al bajar con los agentes estaban Bolas y Segis esperándome en el portal. Al verme con los agentes se quedaron un tanto perplejos y entonces les dije:

—Tío que mi madre me ha denunciado esta mañana y tengo que ir a declarar. Esperadme aquí y cuando vuelva hacemos la mudanza, avisad a Aitor de lo que ha pasado para que esté al tanto.

—Vale, Yosu, no te preocupes, aquí te esperamos -dijo Segis.

Dos agentes me acompañaron al coche mientras los otros dos se quedaban hablando con Segis y Bolas.

Al llegar a comisaría, me requisaron mis pertenencias y me metieron al calabozo. Ahí me di cuenta de que la historia se repetía de nuevo y que no iba a volver con Segis y Bolas. Otra vez la misma puta mierda. Sentía que por mucho que intentara salir a flote y hacer las cosas bien si no era mi padre, era mi madre la que me metía de nuevo en el hoyo…

Esta vez por lo menos los agentes fueron muchísimo más amables, me recordaban de la otra vez y se dieron cuenta que la realidad era muy distinta de lo que había plasmado en esa denuncia.

Después de volver a hacer «la ruta del calabozo» tuve el juicio y lo volví a ganar, esta vez presentó un parte de lesiones, con lesiones de patologías previas que eran anteriores a ese día. Yo gané el juicio, pero veía claro que no podía volver a casa con mi madre, si lo hacía o acababa loca u ocurría una desgracia. Lo primero que hice al salir, fue ir a ver a Mario. Le conté todo lo ocurrido y le dije:

—Mira, yo no puedo estar más donde mi madre. Si quieres llamo a mi padre, le digo que tengo novio, perro y nos vamos a vivir a la casa de mis abuelos en San Cristóbal. Está vacía y le vendrá bien que se la mantengamos. ¿Qué me dices?

Mario accedió sin problema, él siempre quiso que nos fuéramos a vivir juntos y que le presentara a mi padre. Después llamé a mi padre, le conté todo lo ocurrido y a pesar de estar un tanto reticente, llegamos a un acuerdo. En un mes entraríamos a vivir.

Durante ese mes me quedé en casa de los padres de Mario. Ellos no estaban de acuerdo con que retomásemos la relación después de todo, pero también accedieron a pesar de las reticencias que pudieran tener al respecto. Fue entonces cuando me llegó una citación del juzgado, habían trasladado el caso de mi madre al juzgado de lo penal y debíamos acudir al juicio. Le dije a la abogada que me asignaron, que en este caso llevaría testigos. Y así hice. Llegado el día, Anabel, Leonora, Milena, Segis, Carla, Tamara y Mario acudieron para testificar.

Ese día caía una tromba de agua monumental y Mario y yo nos íbamos empapando en la moto de camino al juzgado. La M-30 estaba inundada y todos los coche parados. El agua casi nos llegaba a las rodillas, pero aun así conseguimos llegar hasta Ventas. Aparcamos la moto y allí cogimos el metro, el cual, también estaba inundado, pero funcionando. La tormenta nos había retrasado y la hora se nos había echado encima. Todos los testigos habían llegado, menos nosotros, y el juicio iba a comenzar, le expliqué la situación a mi abogada para que pudiera ganar algo de tiempo.

Cuando llegamos al juzgado parecía que nos habían tirado diez barreños de agua a encima a cada uno. En cuanto vi a la abogada, me acerqué a ella. La abogada me miró y me dijo:
—No hay juicio, tu madre ha retirado la denuncia.
—¿En serio? ¿Y por qué la ha retirado? -pregunté extrañada.
—No lo sé, puedes hablar con ella si quieres. Pero estate tranquila porque ya no hay juicio -dijo ella.

Fue un alivio escuchar eso, pero me hubiera encantado celebrar el juicio y dejarla como la mentirosa que era. En ese momento estaba rabiosa y empapada. Fuimos a los baños a intentar secarnos de alguna manera la ropa, pero la única forma que encontramos fue con los secadores de manos, lo cual no servía de mucho. Cuando terminé en el baño, fui con todos mis amigos. ¡Por fin había terminado ese calvario!

De pronto se acercó el abogado de mi madre y me dijo:
—Yosua, tu madre quiere hablar contigo.
Le miré fijamente a los ojos y le dije:
—Pues yo no tengo absolutamente nada que hablar con ella.
—Te recomiendo que vayas, tiene algo importante que decirte -insistió él.
—Que me lo hubiera dicho antes de montar este circo - contesté fríamente.
Él siguió insistiendo hasta que cedí.

Me acerqué a mi madre, no podía ni mirarla a los ojos del asco que le tenía. Había intentado hundirme la vida, una y otra vez, porque sí, sin más, y le dije:
—A ver, qué quieres decirme.
—Yosu, solo quería decirte que tenías razón... que nunca te he querido, pero si me dejas, ahora te voy a demostrar que te quiero con locura, eres mi niña.-dijo ella.
Me quedé helada... No podía creer lo que mis oídos habían escuchado. Pero me dije a mí misma «Has ganado, no permitas que te joda el momento. Solo quiere hundirte y ella contigo no puede, lo sabes». Cogí aire e intenté ser indiferente:
—Eres una hipócrita, por eso nadie te quiere y te vas a quedar sola. Para mí estás muerta. -Me di la vuelta y me fui con mis amigos.

Cuando me vieron llegar, todos me preguntaron «qué me había dicho», no quería contestar, por lo menos no delante de ella. Si lo hacía, rompería a llorar y no quería que viera mi debilidad, quería que viera que me daba igual. Y al salir del juzgado me puse a llorar mientras se lo contaba a los que se habían convertido en mi verdadera familia.

El 1 de julio de 2015 hicimos la mudanza. Me pedí dos días libres en el curro para poder hacerla en condiciones un lunes y un martes.

Al entrar en la casa, mil recuerdos inundaron mi cabeza. Estaba todo tal como lo recordaba, solo que cubierto de polvo. Era una casa de unos 65 metros cuadrados con tres habitaciones y un baño.

Milena me ayudó con la mudanza esos dos días, la casa llevaba cuatro años vacía y había mucho que hacer. Después de dejarlo todo limpio, decoré las paredes como me dio la gana, con fotos mías y de mis amigas/os. Puse una bandera enorme de España con el escudo del Real Madrid en el salón y compré unas litronas de cerveza para tomárnoslas al terminar. Ese día Mario vino con un amigo suyo. Acabábamos de abrir una litrona y sonó el telefonillo. Era mi padre.

Como sabía que no le haría mucha gracia ni la bandera del Madrid -puesto que es colchonero[7]-, ni que estuvieran mis amigos en casa, ni las cervezas, ni nada… cerré la puerta del salón. Pero él al abrirle, entró directamente, miró todo de arriba abajo, cerró la puerta y fue a la cocina.

Una vez en la cocina me dio un contrato de usufructo con cuatro o cinco cláusulas y me dijo:

---

[7] Término que hace referencia a los aficionados y a los jugadores del Atlético de Madrid.

—Toma, léetelo bien y si estás de acuerdo lo firmas.

—Vale -contesté yo.

Lo leí entero y cuando me dispuse a firmar, me dijo:

—¿Lo has leído bien?

—Sí -dije yo.

—Pues yo creo que no, vuélvetelo a leer que creo que no has entendido lo que pone -dijo él muy serio y pedante.

—Lo he entendido perfectamente y si lo dices por las fotos y la bandera, no te preocupes, que cuando me vaya de aquí me lo llevaré conmigo -dije mientras firmaba y le entregaba su puto contrato.

—El contrato dura cuatro meses, así que vendré a los cuatro meses y te lo renovaré si todo marcha bien. No obstante, te quiero dejar bien clara una cosa, y es que esto no es una tasca -dijo él.

—Ya sé que no es una tasca, es una casa. ¿Por qué lo dices? -pregunté.

—¡Porque no entiendo qué hacéis bebiendo cerveza un martes y no quiero que conviertas la casa de los abuelos en una tasca de mala muerte! -dijo cabreado.

—Mira, bebo cerveza un martes porque después de la paliza que me he pegado limpiando creo que me la merezco, punto número uno. Si hay amigos en el salón, no es porque esto sea una tasca, sino porque me han estado ayudando a limpiar y gracias a su ayuda he terminado hoy, de lo contrario seguiría limpiando. Así que lo siento si no es de tu agrado o no consideras oportuno que me tome una cerveza por ser martes, pero no por ello me la voy a dejar de tomar- respondí.

—Bueno, sólo te digo que creo que no has entendido el contrato. Yo que tú me lo volvía a leer -dijo él.

—¡¿Pero de qué vas?! Si crees que no he entendido algo, coges y me lo explicas. ¡Que eres mi padre! Yo flipo… -le espeté.

—Mira cómo te pones… no se puede hablar contigo. No tengo nada que explicarte, pero léetelo de todas formas - dijo él.

Le acompañé a la puerta y se fue. Me fastidiaba tanto la forma que tenía de ser conmigo… No entendía por qué me habían tocado los padres que tenía, era tan distinta a ellos. No me quería parecer en lo más mínimo a ninguno de los dos, tenían una forma extraña de pensar y de pasar por el mundo. Una forma que no encajaba para nada conmigo.

Los primeros días en el piso fueron bien, pero no duró mucho la felicidad en el paraíso. Solo había pasado un mes y había llegado hastiada y cansada del trabajo. Al llegar cené, me quedé viendo la televisión y me fui a la cama. En ese momento Mario vino en plan cariñoso a darme amor, pero a mí no me apetecía en absoluto y le dije que me dejara dormir. Pero Mario no era de los que aceptaban un «no» por respuesta y siguió insistiendo. Yo le pedía que parase y que me dejara dormir, estaba realmente cansada, pero él no estaba por la labor y cada vez se estaba cabreando más ante mi negativa.

Me fui a la habitación pequeña a dormir, pero no funcionó: me persiguió y me bajó el pantalón del pijama. Yo me resistía y le gritaba que me dejara en paz, hasta que se puso hecho una furia y me dijo:

—Ah, ¿sí? Te vas a cagar, voy a llamar a tu padre y le voy a decir que fumas porros y que eres una desgraciada para que sepa la hija que tiene y que te eche de la casa.

—¡¿Pero qué dices tío?! ¿Estás loco? ¿Todo esto por un puto polvo que podemos echar mañana? ¿Qué te pasa? ¿No puedes respetar que esté agotada de trabajar y tenga sueño? -contesté.

Mario no atendía a razones, cogió el teléfono y llamó a mi padre que estaba de vacaciones en la playa con su mujer, así que cuando descolgó y escuchó a Mario flipó en colores. Mientras tanto seguíamos discutiendo y forcejeando, por lo que mi padre terminó llamando a la policía para que vinieran a mi casa.

Mario se fue y cuando la policía llegó, él ya no estaba.

Obviamente terminamos definitivamente la relación y aunque por aquel entonces no fue de forma nada amistosa, hoy tenemos una relación extraordinaria y es una de las personas en quien más confío.

A finales de mes dejé el curro, estaba harta de ser autónoma. Al mes siguiente encontré otro de teleoperadora en ventas. Parecía que todo se iba a estabilizando por fin.

Nunca me han gustado las Navidades, pero ese año deseaba que no llegaran nunca. No me hablaba con mi madre, mi padre se iba a Gijón con su mujer y ni se le pasaba por la cabeza llevarme... y si iba con mis tíos tendría que darles alguna explicación o mentirles y me negaba rotundamente a hacer una cosa u otra. Entonces, me hice a la idea de que la pasaría sola y después del año que había tenido me resultaba complicado llevarlo de manera positiva.

Pero cuando menos me lo esperaba, como antes había pasado con Leire, la persona que menos me imaginaba me dijo:
—Tía como les he contado a mis padres un poco por encima tu situación según han ido transcurriendo las cosas, me han preguntado qué ibas a hacer en fin de año y les he

respondido que no sabía. Y me han dicho que si no tienes otro plan, te puedes venir a cenar a mi casa, lo celebramos todos juntos en familia y así los conoces ¿qué te parece? —dijo Milena

No tenía palabras, lo juro…

—¡Ay, tía! ¡Muchas gracias! ¡Claro que quiero, me hace muchísima ilusión! -contesté con entusiasmo.

Pase un fin de año increíble e inolvidable. Es aluci- nante como la vida pone a personas mágicas en tu vida y no te das cuenta hasta que en tu momento más oscuro aparecen con su luz para que no te apagues nunca.

Al mes siguiente se me presentó la oportunidad de ha- cer un curso de tripulante de cabina de pasajeros, que cos- taba unos 4000 euros y me permitiría aprender cosas nue- vas, además de poder optar por otras opciones de trabajo. Y la aproveché.

Estaba deseando contárselo a mi padre, pensé que se alegraría de mi decisión y me empezaría a ver con otros ojos. Pero nada más lejos de la realidad, lo primero que me dijo al escucharme fue:

—¡¿Vas a dejar el trabajo?!

—No. ¿Cómo voy a dejar el trabajo? Si dejo el trabajo no puedo pagar el curso -contesté.

—No sé, pensaba que querías que te lo pagara yo -dijo él.

—¿Eso es todo lo que tienes que decir? Siempre os habéis quejado de que trabajo y no estudio y ahora que voy a hacer las dos cosas, en vez alegrarte… ¿Eso es lo único que me dices? -dije decepcionada.

—Bueno, no sé qué quieres que te diga, es que todo te molesta. Pero mira, como veo que ahora ya te van bien las cosas ya te puedes buscar otra casa para cuando termines el curso. Yo ya te he hecho el favor que necesitabas. -dijo él.

Una vez más no era ni la vida, ni mis actos los que me condenaban, sino mi padre. De nuevo cuando sacaba la cabeza del hoyo... ¡PUM!, para abajo.

Me entristecía ver que mis padres realmente no deseaban que me pasara nada bueno o simplemente no querían verme feliz... ¡Yo qué sé! Tenían una guerra constante conmigo y nunca entendí el porqué. Simplemente me limité a decirle:
—No te preocupes, que ya me has hecho el favor... Cuando termine me voy de aquí; que veo que prefieres tener una casa vacía en que se acumula mierda a que tu propia hija la cuide y se haga cargo de los gastos. Pero desde este momento olvídate de que tienes una hija. -Y le colgué.

Tras dejar de fumar *petas* durante seis meses, pude empezar el curso. Se trataba de un curso presencial y duraba cuatro meses en los cuales iba a poder dormir sólo 4 horas por día; estaba acojonada y me daba miedo no aguantar. Pero no estaba dispuesta a rendirme y me repetía día tras día: «Son sólo cuatro meses de toda tu vida, sólo cuatro meses de toda tu vida». Al final, lo llevé bastante bien, pero hinchándome a cafés y, aun así, luchando a brazo partido contra el sueño.

Hacía ya dos meses que había comenzado el curso. Era un día de trabajo, un día cualquiera. Bajé a fumar en el descanso y cuando miré el móvil, vi que había recibido un wasap desde un número que yo no tenía registrado, en

cuya foto de perfil se veía un perro en un atardecer. Leí el mensaje que simplemente que decía:
—Hola, Yosu.
—¿Quién eres? -contesté.
—Gales

Se me aceleró el corazón, pero después de todo lo vivido, prácticamente era de hielo. Entonces, con la mayor de las indiferencias le escribí:
—Ya ves…
—¿Eso es bueno o malo? -contestó.
—Pues no lo sé… ¿qué quieres? -dije con firmeza.
—Nada. Quería saber qué tal estabas, ha pasado mucho tiempo… Ahora vivo en Málaga -contestó él.
—Yo estoy bien, aquí en el curro -contesté.
—Vale, pues te dejo currar, me alegro de que estés bien. Cuando tengas un rato me gustaría hablar contigo -escribió él. Pero dado que ya se había terminado el tiempo del descanso no lo vi hasta que salí del trabajo. Entonces le contesté:
—Vale, cuando llegue a casa te aviso

Estaba tranquila, pero lo cierto es que inevitablemente no paraba de darle vueltas en la cabeza mientras volvía a casa. «¿Qué querría decirme Gales después de tanto tiempo?». Desde luego, yo ya no era la niña que conoció en su día. Habían pasado tres años desde que dejamos de hablar y yo no estaba ni para tonterías, ni para medias tintas. Me merecía ser feliz y no estaba dispuesta a complicarme.

Al llegar, le escribí:
—Ya estoy en casa. ¿Qué querías decirme?

Según leí su respuesta me quedé muda. No me esperaba en absoluto un mensaje semejante de su parte, pero ya no era la misma niña con la que un día jugó por lo que mi respuesta fue muy clara.

Para saber lo que estaba sucediendo, habrá que esperar...

En este libro os he dejado plasmado un poco de mí. Mi único objetivo es que valoréis cada minuto de vuestra vida, incluso cuando no estáis en vuestro mejor momento. Hay cosas que debemos aprender y que, a veces, solo te las enseña el dolor. Es fundamental que tengamos clara una noción simple y contundente a la vez: la vida sigue con o sin dolor.

Creo que una historia, si no se escribe desde el corazón, no hace falta contarla. Si por el contrario crees que puedes inspirar a otros, escribe un libro, que además sirve de terapia. La vida duele y golpea fuerte, pero a pesar de ello os aseguro que es maravillosa.

Siempre podemos vislumbrar un poquito de luz en la oscuridad, descubrir el Yin en el Yan, podemos encontrar un solo motivo, por pequeño que sea, que resulte suficiente para seguir adelante, aunque estés caminando... sin zapatos.

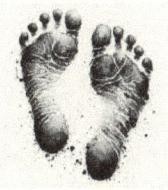

Vive como si fueras a morir mañana y aprende como si fueras a vivir para siempre.

Yehosua Mikaela Arcas De La Varga

ÍNDICE

europa
ediciones